Armin Peter

Pechstein – eine Glocke für Genf

Armin Peter

Pechstein – eine Glocke für Genf

Die Recherche

FSC
www.fsc.org
MIX
Papier aus verantwortungsvollen Quellen
Paper from responsible sources
FSC® C105338

Ein Projekt der Agentur am Aspersort
August-Krogmann-Straße 174, 22159 Hamburg
Telefon 040-64551454, E-Mail: peter-aspersort@t-online.de
www.agentur-aspersort.hamburg

Gestaltung und Satz:
Christian Wöhrl, Hoisdorf, feingedrucktes.de
Umschlagmotiv: ILO Historical Archives, Geneva (photo Crozet/ILO)

Bibliografische Information der Deutschen Nationalbibliothek:
Die Deutsche Nationalbibliothek verzeichnet diese Publikation in der Deutschen Nationalbibliografie; detaillierte bibliografische Daten sind im Internet über dnb.dnb.de abrufbar.

Verlag: BoD · Books on Demand GmbH, In de Tarpen 42,
22848 Norderstedt, bod@bod.de
Druck: Libri Plureos GmbH, Friedensallee 273, 22763 Hamburg
ISBN: 978-3-7693-7842-9

Inhaltsverzeichnis

Statt einer Widmung

Waltraut Peter, geborene Thorborg, sechzig Jahre lang meine Frau, ist während meiner Arbeit an diesem Text im Jahr 2024 gestorben. Die Widmung, die ich ihr zugedacht hatte, hat sie nicht mehr gelesen. Ich habe daher auf die Widmung verzichtet, jedoch in die Darstellung meiner Recherche Episoden und Anekdoten eingearbeitet, die an ein gemeinsam angehäuftes Debattenkapital erinnern. Meine Partnerin hatte ein Faible für die Kunst- und Baugeschichte, und sie förderte den Denkmalschutz. Sie hat sich für die Probleme, mit denen es die United Nations of Labour seit über hundert Jahren zu tun haben, interessiert. Den Abschluss dieser Arbeit hat sie noch erlebt. Dafür bin ich dankbar, und auch dafür, dass sie in einem für sie gesundheitlich kritischen Jahr das Engagement ihres Mannes für eine sehr persönliche literarische Arbeit unterstützt hat. Im Text heiße ich Pitt, denn unter diesem Namen habe ich etliche meiner früheren Bücher veröffentlicht, darunter auch die, in denen meine Frau eine wesentliche Rolle gespielt hat, zweimal auch als stille Ko-Autorin und Herausgeberin im Rahmen unserer kleinen literarischen Agentur am Aspersort, deren Gesellschafterin sie war.

1 Die leeren Fenster

Auf einer Zufallsreise gen Süden, vor zehn Jahren, machte ein alter Mann mit seiner Frau, nostalgisch bewegt, einen Abstecher nach Genf, in die Stadt der „humanitären Erleuchtung“, und drang unbefugt ein in das Centre William Rappard in der Rue de Lausanne, das Hauptquartier der Welthandelsorganisation am Ufer des Lac Leman. Dieses Haus hatte er einmal besucht, vor fünfzig Jahren, als es noch der Sitz des Internationalen Arbeitsamtes war.

Das Gebäude, das er in der Erwartung betrat, das Erlebnis eines eigenartigen Kunstwerks erneuern zu können, hatte sich verändert. Seine Helligkeit im ausladenden Treppenhaus befremdete ihn. Hatte er das Haus etwa verwechselt? Nein. Über der Treppe standen fünf hohe Fenster, die das Licht des Sees hineinfließen ließen. Doch diese Fenster waren früher farbig gewesen, hatten fasziniert durch eine leuchtende Buntheit, die das Licht gedimmt hatte. Sie waren Kunstwerke der Glasmaler, die mit der Sonne malen[1] und auch den dunklen Farben Leuchtkraft schenken. Vor diesem Erinnerungsbild wirkte die Helle des Raums grell, und der Eindringling verließ das Gebäude verschreckt ohne einen Blick zurück. Er fühlte sich vor seiner Frau, der er Wunder was von den Fenstern vorgeschwärmt hatte, etwas blamiert.

Er war enttäuscht. Er ist ein oberflächlicher Kunstgenießer, der pflichtschuldig die Ausstellungen besucht, die angesagt sind oder im kulturellen Gedächtnis oder im aufgeregten Zeitgeist eine Rolle spielen. Dies alles ist ihm ein intellektuelles Spiel, das keine Wurzel in der Passion hat. Doch diese fünf Glasfenster hatten ihn mächtig berührt – wegen ihrer Farben, wegen der Formen, wegen ihrer Botschaft? Wegen ihrer ungeheuren strahlenden Präsenz?

Ein Künstler, nach dessen Namen er niemand fragen konnte, hatte in seinen Glasbildern für das Arbeitsamt die Arbeitswelt dargestellt, in fünf Fensterfeldern mit den markanten Figuren der klassischen Gewerke.

Kann die Welt der Arbeit so faszinierend sein? O ja, die Kunst geht auf den Kern von Menschen und Dingen, und im Reich der Arbeit begegnen sich Mensch und Dinge in Lust und Leid, in humaner Bewährung und im menschlichen Scheitern, in Erfüllungen und Enttäuschungen, in Frust und Lust. Der Maler, der Arbeit darstellt, schafft ein Abbild der gleichzeitig solitären und solidarischen Welt und sein Selbstbildnis als Arbeiter. Pitt, der sich gern von strahlenden Kirchenfenstern überwältigen lässt, war schon klar: ohne einen immensen handwerklichen Aufwand war diese Glasfarbwand über der Treppe nicht zu schaffen gewesen.

Fünfzig Jahre vor dieser Begegnung mit den Fenstern, die einem Bildersturm zum Opfer gefallen zu sein schienen, nämlich 1965 und 1966, war Pitt Delegierter der 49. und 50. Internationalen Arbeitskonferenz gewesen, als Technischer Berater attachiert der Gruppe der Arbeitnehmer in der deutschen Delegation, einer aus der bunten Schar der Vertreter der vielen Nationen, die im emsigen Gewusel das schöne wuchtige Palais des Nations am Parc de l' Ariana, den Völkerbundpalast an der Avenue de la Paix, für einige Wochen bevölkerten. Er hatte auch das separate Arbeitsamt besucht, doch aus persönlichen Gründen, denn dort war ein Freund tätig gewesen, der eine Ausbildung und eine Aufgabe hatte, um die Pitt ihn glühend beneidete.

Als er sich nämlich zwei Jahre zuvor als frisch gebackener Volkswirt um eine Anstellung in einer Genossenschaftszentrale beworben hatte, wurde er dort nebenbei über ein Programm für die Ausbildung von Genossenschaftsberatern in den Entwicklungsländern, wie sie damals genannt wurden, informiert. Die landwirtschaftlichen Raiffeisen-Genossenschaften, die Genossenschaften des Gewerbes, des Konsums und des Wohnungsbaus hatten es gemeinsam als einen kleinen Hebel des Fortschritts geplant, um vor allem ärmeren Ländern Hilfen für die genossenschaftliche Arbeit, in der starke Entwicklungsimpulse zu sehen waren, zu vermitteln. Zwanzig junge Männer, meist frisch diplomiert, konnten sich im Studium der organisatorischen Grundsätze und der Praxis des Genossenschaftswesens fit machen für ihren Einsatz in der weiten Welt.

Oh, wie hatte dieses Programm in seiner Zusammenarbeit von Volks-, Betriebs- und Sozialwirten den Berufsanfänger als eine in Herzblut getauchte Perspektive interessiert! Doch ein Einstieg in den Ausbildungsgang[2] war nicht mehr möglich, er lief schon in etlichen Runden. Zwar war die Bewerbung um die Volkswirtsstelle im Genossenschaftsverband erfolgreich, doch der Jobtraum war so schnell zerstoben, wie er ins Bewusstsein getreten war.

Dass sein Verband ihn etwas später zur Teilnahme an der Internationalen Arbeitskonferenz nominiert hatte und die Gewerkschaften, die gemeinsam mit den Arbeitgebern und den Regierungen die Geschicke der Konferenz in ihren Händen halten, ihn – trotz schwacher Berufserfahrung – als Berater akzeptierten, war für ihn ein Glücksfall und eine Kompensation der entgangenen Chance. Ja, eine lebensprägende Erfahrung war ihm ermöglicht worden. In Genf verhandelte die Arbeitskonferenz unter anderem eine Empfehlung (Recommendation) zur Förderung des weltweiten Genossenschaftswesens.

Für je ein paar Wochen in zwei Jahren konnte der junge Mann das geistige Flair einer wunderbaren Stadt und die Arbeitsatmosphäre einer großen Weltverbesserungsanstalt erleben. Die Völkerbundwelt, Kants Idee des ewigen Friedens – hier in Genf war sie vor allem mit den praktischen Problemen der Völkerwohlfahrt befasst, so in der ILO, der Internationalen Arbeitsorganisation, dem weltweiten Roten Kreuz und der Weltgesundheitsorganisation, dem Flüchtlingsrat und eben der WTO, der Welthandelsorganisation, in deren Hauptquartier sich Pitt verlaufen hatte. Die Kirchen nicht zu vergessen.

2 Im Haus des freien Handels

Er hatte immer einen Hang zu den Gewerkschaften, und mehr als einmal hatte er in der Versuchung gestanden, das genossenschaftliche Feld zu verlassen, um sich für gewerkschaftliche Ziele zu engagieren, die ja das Zeug und die potentielle Macht haben, die Lage von Arbeitnehmern direkter zu verbessern, als es Genossenschaften können. Als Rentner wurde er von einem Gewerkschafter, der ihm in seiner Passion für die gewerkschaftliche Sache immer sehr imponiert hatte, für ehrenamtliche Aufgaben in der gewerkschaftlichen Seniorenarbeit in Hamburg shanghait. Der Kollege Gerhard Hachmann hatte sich als Personalleiter in der Genossenschaftszentrale sogar einmal – in einem einmaligen Vorgang, über den sogar der „Spiegel" berichtet hatte – durch ein Arbeitsgericht „entleiten" lassen: Obschon er Managementaufgaben hatte, wollte er als Arbeitnehmer gelten, um für einen Betriebsrat kandidieren zu können. Auch Pitt war „Leitender" gewesen, hatte nie unter dem Schutz der Tarife gestanden, doch seiner langjährigen Mitgliedschaft und Mitarbeit in der Gewerkschaft hatte das nie im Wege gestanden.

In seiner Stippvisite im schönen Rappard-Gebäude der Welthandelsorganisation war ihm erneut bewusst geworden, dass die Gewerkschaftspolitik einigen Grundüberzeugungen eines Volkswirts, der er ja nun mal war, widersprach. Er hatte sich immer nur für die Mitgliederwerbung und die tarifpolitischen Auseinandersetzungen interessiert, eben die wahren Machtfragen der Gewerkschaft und Fortschrittshebel. Seine Gewerkschaft ver.di – und vor allem ihre Hamburger Landesorganisation – hatte sich in Linkspositionen verbissen, die nach seiner Meinung mit originären Gewerkschaftsaufgaben wenig zu tun haben. Irgendwann wurde sogar ein frustrierter DKP-Funktionär – ja, das gab es tatsächlich noch, und der kandidierte mit seiner Splitterpartei sogar für ein Parlament! – zum Vorsitzenden des Landesverbandes gewählt. Mit dieser Wahl, die ja keine Revolution bedeutete, konnte er leben. Aber es gab eine Sache, mit der konnte er nicht leben. Und die war ihm hier im Gebäude der Welthandelsorganisation wieder begegnet.

Der Welthandel! Die Gewerkschafter sahen in ihm ein Gespenst, das Wohlstand und Wohlfahrt der Arbeitnehmer bedrohte. Er sei grundsätzlich „nicht fair“, aus vielen Gründen. Welthandel ja, wenn er das Leben der Arbeitnehmer verbilligte und bereicherte und die Exporte, die Hunderttausende von Arbeitsplätzen sicherte, förderte – aber doch nicht die grenzenlose globale Wirtschaftsgemeinschaft mit Regeln, in die Regierungen zur Freude von Gewerkschaften nicht eingreifen können, wenn der internationale Wettbewerb einmal brenzlige Schärfen annehmen sollte! Dass Welthandel ein Geben und Nehmen ist und dass in diesem Tausch auch die Arbeitnehmer der Länder, deren Arbeitsbedingungen vergleichsweise schwach sind, vom Wohlfahrtsgewinn des freien Handels profitieren – nein, das wollen sie nicht akzeptieren.

Und das äußerte sich auch in einer gewaltigen Kampagne der Gewerkschaften und vieler Linkskreise gegen zwei von der Europäischen Union mit den USA und Kanada ausgehandelten und ratifizierungsreif gemachten Abkommen zum Schutz von freiem Handel, ungehinderten Investitionen und freiem Kapitalverkehr. Wenn sich die Investoren der Weltwirtschaft grenzüberschreitend wechselseitige Investitionen in Aussicht stellen, wollen sie bestimmte Gewissheiten haben, dass ihre Anlagen nicht durch willkürliche staatliche Entscheidungen, die dem Geist von Verträgen widersprechen, entwertet werden. Also müssen einige vertragliche Garantien gegeben werden, und es muss ein faires Schiedsverfahren für den Streitfall geben, auf das sich beide Seiten verständigen, um nicht in die Mühlen von Instanzenzügen zu geraten. Gegen diese Selbstverständlichkeiten richtete sich der Widerstand der Gewerkschaften hauptsächlich. Garantien für Investoren, so sagte ihnen ihr antikapitalistisches Gen, gehen immer zu Lasten von Arbeitnehmern. Das Abkommen mit Kanada (CETA) wurde später teilweise in Kraft gesetzt, das Abkommen mit den USA (TTIP) wurde vom radikalen Präsidenten Trump, der in Europa eben so viel Hinterlist walten sah wie die europäische Linke in den USA, kurzerhand in die Tonne getreten. Sein Vorgänger Obama hatte um das Abkommen geradezu gebettelt.

An der größten Demonstration gegen TTIP, zu der aus allen Teilen des Landes Gewerkschafter mit Bussen und Bahnen heranfuhren, nahm auch Pitt teil, aus Solidarität mit den eifrigen Kolleginnen und Kollegen, die er ihnen als Vorsitzender einer Seniorengruppe schuldig war. Und so stand er dann im Zentrum Berlins eingekeilt in 250 Tausend Demonstranten, eingehüllt in den Schall von Rasseln und Trillerpfeifen und vom Blinkfeuer von Tausenden Parolen, die er nur selten gutheißen und oft nur als Nonsense identifizieren konnte – zum Beispiel die Sorge um die Volkshochschulen, die von den Amerikanern okkupiert werden könnten.[3] Bei den Grünen war das amerikanische „Chlorhuhn" ein demagogischer Trigger.

Und plötzlich war sein Blick auf ein Straßenschild an einer Brücke gefallen, die sich in ein Menschenband verwandelt hatte: Friedrich-List-Ufer. Dieser Ökonom und Eisenbahnpionier hatte sich im 19. Jahrhundert in tausend Kämpfen für einen deutschen Zollverein eingesetzt, gegen viele Widerstände, in Gefängnis und Exil, und hatte jenseits der schier unzählbaren feudalen Grenzen von Kleinstaaten die Grundlage geschaffen für einen freien deutschen Markt, die Basis der drittgrößten Industrienation der Welt. Ein „reiner" Freihändler war er nicht, denn er meinte, zum Schutz aufblühender Länder seien vorübergehende Schutzzölle legitim. Er hat die Dynamik seiner Idee nicht mehr erlebt und sich 1846, offenbar tief deprimiert, noch nicht 60 Jahre alt, mit seiner siebenzölligen Reisepistole das Leben genommen. Pitt hörte den Schuss im Grundrauschen der Sprechchöre. Und er, Bewohner eines Kontinents in Wohlstand, Lists undankbarer Erbe, demonstrierte gegen ihn! Die Grenze der immer geschuldeten Loyalität gegen seine Kolleginnen und Kollegen war erreicht, und er zog sich nach zehnjähriger Leitungsfunktion aus ihrer Arbeit zurück, ohne sie jedoch zu verlassen. Natürlich hätte er sich für seine Position gegen eine Mehrheit stark machen müssen: aber wer will schon gern in einer Gemeinschaft auf Nebenschauplätzen streiten.

Die World Trade Organisation (WTO) war 1995 aus dem GATT (General Agreement on Tariffs and Trade) entstanden, einer Weltvereinbarung, die den Verwüstungen der Kriege die Idee des Wiederaufbaus in fairem Wettbewerb entgegengesetzt hatte, gewissermaßen in Regeln des „ehrbaren Kaufmanns“. Sieben Jahre haben die Länder um das neue Abkommen gerungen, zuletzt in Uruguay. Dieses kleine Land war vor dem Zweiten Weltkrieg Fleischlieferant Europas gewesen, war zu Reichtum gelangt und hatte mit seiner Hilfe einen Wohlfahrtsstaat aufgebaut, der im Nachkriegschaos mit seinen neuen Grenzen zerfallen war. Pitt hatte das Land in der Zeit der Tupamaro-Guerilla als Genossenschaftsberater besucht. Heute profitiert das charmante Land – dessen Hauptstadt Montevideo „sich anhört wie ein Vers“ (Jorge Luis Borges)[4] – von den Regeln der neuen Welthandelsorganisation.

Und heute, am 6. Dezember 2024, stand Uruguay wieder einmal im Zentrum einer historischen Entwicklung: Die EU-Präsidentin, Ursula von der Leyen, und ihr Handelskommissar, Maroš Šefčovič, brachten in Montevideo das lange verhandelte Handels- und Investitionsabkommen zwischen der EU und den fünf südamerikanischen Mercosur-Staaten, das eine Freihandelszone für 700 Millionen Menschen schafft, unter Dach und Fach; und der Vorsitzende des EU-Handelsausschusses, Bernd Lange, sprach angesichts der weltwirtschaftlichen Egoismen von einem „Hoffnungsschimmer und Lichtblick für die EU“.[5] Uruguay hatte nach 1933 über zehntausend deutschsprechende jüdische Emigranten aufgenommen, weil es eines der wenigen Länder war, die noch eine Einreise- und Aufenthaltsgenehmigung boten.[6]

3 Das kollegiale Geschenk

Ein bisschen wehmütig war Pitt gestimmt, als er nach seinem Rücktritt das Seniorenbüro verließ. Er hatte viele Stunden seines wohlverdienten Ruhestandes an die Gewerkschaftsarbeit gegeben, oft auch in diesen beiden Räumen, in dem in Selbstverwaltung die bürokratische Arbeit geleistet wurde, ohne die auch eine soziale Organisation nicht auskommt. Das „Alten-Büro“ liegt im Hamburger Gewerkschaftshaus am Besenbinderhof, ein Haus mit trutzig imposanter Fassade und einem Labyrinth aus An- und Umbauten, das vor hundert Jahren als „Waffenschmiede des Proletariats“, wie August Bebel bei der Eröffnung gesagt hatte, entstanden war, nicht ohne finanzielle Unterstützung der Genossenschaften. Manchmal sann er darüber, welche Aktionen in ereignisreichen hundert Jahren in „seinem“ Büro wohl geschmiedet worden seien.

Als Erinnerungsgabe der Kollegenschaft hatte er sich den im Büro unter Glas gerahmten Druck eines Bildes gewünscht – sein Motiv drei Segelboote an einem Fluss oder einer Bucht mit Fernblick aufs Meer, in einem warmen Ockerton. Das Bild war, wie aus einem Klebeband auf seinem Rücken zu erkennen war, mit der Deutschen Angestelltengewerkschaft im Zuge der Fusion mit der Gewerkschaft Öffentliche Dienste und weiteren drei Gewerkschaften zur Großgewerkschaft ver.di um die Jahrhundertwende ins Haus gekommen. Unter vielen Umzügen hatten der dünne Holzrahmen und das Passepartout gelitten, das Bild war durch ein flotteres Design ersetzt worden und lehnte lange Zeit als Ruine an der Wand eines Nebenraums. M. Pechstein 1923. Die Signatur hätte ihm nichts bedeutet, auch wenn er sie beachtet hätte.

Er mochte dieses Bild. Er wusste noch nicht, dass es einmal eine Erinnerungsbrücke zurück in die strahlende Stadt Genf sein würde, die mit der Hansestadt die Lage an einem stolzen schönen See gemeinsam hatte. Als er sich später klar gemacht hatte, dass das Bild in einem zunächst verborgenen Zusammenhang mit der Internationalen Arbeitsorganisation stand, hat es ihn inspiriert, im Gewerkschaftshaus für alle Aktiven, nicht nur für die alten, einen Vortrag über die Internationale Arbeitsorganisation und einige der vielfältigen Gegenstände ihrer Konferenzen zu halten. Nicht nur die Ver.dianer hatten die Genugtuung erlebt, dass einer der ihren, der frühere Chef der Angestellten-Internationalen und spätere Generalsekretär des Internationalen Gewerkschaftsbundes, der Brite Guy Ryder, zum Generaldirektor der ILO bestellt worden war.

Der fachmännisch sanierte Druck hängt jetzt seit etlichen Jahren in einem Haus, dessen Wände von mehreren Schiffsbildern geschmückt wird. Denn in ihm hatte einer der jungen Männer gelebt, die 1957 mit dem Segelschulschiff „Pamir" ihr Leben verloren hatten. Der frühere Hausbesitzer, ein Kapitän und Reeder, hatte im Haus eine kleine Foto-Strecke seiner Küstenmotorschiffe hinterlassen, darunter das Gemälde ihres Flaggschiffs, das den Namen seiner Tochter Waltraut Thorborg, Pitts Frau, und des später auf See gebliebenen Sohns Klaus-Diedrich trug.

Was wären die Männer ohne die kunstbegeisterten Damen in ihrer Umgebung? Im Seniorenbüro gab es einen Kreis von Kolleginnen, die Vorschläge für interessante gesellige Kultur- und Wissensveranstaltungen planten – auch mit der Nebenabsicht, die Mitglieder im Ruhestand zu motivieren, ihrer Gewerkschaft auch ohne den Druck der Arbeitswelt die Treue zu halten und kleine Beiträge zu leisten (man nennt das „Haltearbeit"). Von der Chefmuse dieses engagierten Kreises (Pitt wird ihm diese Arbeit dankbar zueignen) wurde er im Sommer 2017 angehalten, mit der Gruppe an einer Führung in einer Kunstausstellung im Hamburger Bucerius Kunst Forum teilzunehmen. Er hatte sich oft auch von seiner Frau Waltraut anregen lassen, mit ihr dort und anderswo Ausstellungen zu besuchen.

Das Forum lag im Herzen der Stadt, direkt am Rathausmarkt in den ehemaligen Schalterräumen einer Großbank, die einen Sinn für ornamentale innenarchitektonische Gestaltung gehabt haben musste, denn die Räume selbst waren in ihrer sechseckigen Grundgestalt und ihren von Kachelmosaiken ummantelten Säulen ein Augenschmaus (sie ist umgesiedelt in die Langweiligkeit moderner Ausstellungsräume in ökonomischer Zweckmäßigkeit, wie ja auch die ILO diesen Tribut an die Moderne zahlen musste). Er mag keine Führungen durch Bilderfluten, aber in diesem Fall hat er es nicht bereut, im Strom der Schaulustigen mitzuschwimmen.

„Max Pechstein, Künstler der Moderne“ – so der Titel der Ausstellung. Die dringlich vorgetragene Einladung zu ihr war mit der Aufklärung für Pitt verbunden: „Du kennst ihn doch, und das Bild im Büro gefällt dir.“ Als „modern“ hatte Pitt das schöne Aquarell nie empfunden, eher als Tuschidylle eines heimatverbundenen Künstlers. Das Plakat, das für Pechstein warb, zeigte das Bild eines „sitzenden jungen Mannes“ namens Harry Kaprolat, gemalt vor hundert Jahren, einer eleganten Erscheinung in Anzug und Hut, Hemd und Krawatte in kantiger Korrektheit.

An siebzig Werken vorbei wanderte die Gruppe unter kundiger Leitung, wobei die wunderbare Lyrik der Kunstdeutung abgelöst wurde durch interessante biografische Einblicke, garniert von Vermutungen über den Zusammenhang zwischen dem künstlerischen Ausdruck und der Veränderung von Lebenssituationen. Das wandlungsreiche Werk gefiel Pitt. Und – heureka! – er konnte plötzlich sein Aquarell einem Ort zuordnen: Leba an der pommerschen Ostseeküste, einem Rückzugsort des Künstlers, der oft schwierige pekuniäre Situationen mit Hilfe von Angel und Fischernetz durchstehen musste. Und nebenbei eine kleine Enthüllung: der gemalte junge Mann des Plakats, ein Akademiker aus Greifswald, war der Bruder von Charlotte Krapulat, mit der Max Pechstein bis zum Ende des Ersten Weltkriegs verheiratet war und die ihn auf einem Aussteigertrip zur Südseeinsel Palau begleitet hatte.

Es gehöre nicht zum Thema, sagte der Cicerone, aber es sei eine historisch interessante Vermutung, dass die Frau des Malers Modell gestanden habe zum bekanntesten Werk des Bildhauers Georg Kolbe, der „Tänzerin“, dessen Ankauf durch die Berliner Nationalgalerie, wo es seitdem als Ikone gehütet werde, von Kaiser Wilhelm höchstselbst genehmigt worden sei. Oh, den Kolbe kannte und mochte Pitt, der ja einen landläufigen Kunstgeschmack hat. Er hatte am Ufer des hannoverschen Maschsees, als zehnjähriger Schüler der nahegelegenen Bismarck-Schule, oft über die Körperpracht des athletisch nackten „Menschenpaars“ gestaunt und Jahrzehnte später manchmal im Frankfurter Rothschildpark im „Ring der Statuen“ gestanden, als wollte er sich von so viel Menschenschönheit beschützen lassen.

Er hatte, seine Gruppe weiterziehen lassend, lange das Porträt des sitzenden jungen Mannes aus dem Berliner Brücke-Museum, das er auch schon einmal mit seiner Frau besucht hatte, betrachtet. Das Gesicht leuchtet in einem tiefen Ocker, fremd sitzt der rostrote, von einem grünen Band geteilte Hut auf dem streng gezeichneten Kopf über dem schimmernden Weiß des Kragens, das ein schräg einfallender Lichtstrahl modifiziert. Was war es, das Pitt an diesem Bild wie auch an anderen, zum Beispiel der in einer Farbexplosion untergehenden Abendsonne, an die Glasmalerei erinnerte, dessen ferne, doch unverlierbare Spur er in der Villa Rappard gesucht hatte? Waren es die intensiv leuchtenden, so übertrieben wirkenden Farbflächen, die in manchen Bildern wie angestückt, wie zusammengenäht auf der Leinwand lagen?

4 Licht und Farbe

Den Katalog hatte Pitt – der ja nicht „zum Sehen geboren“[7], sondern nur zum Lesen bestellt ist – sehr aufmerksam studiert. Er muss immer die dicken Kataloge, die Stapelware, nach Hause schleppen, und Pechstein hatten die Kuratorinnen[8] einen starken Band mit spannenden Texten gewidmet. Tatsächlich alle gelesen, auch mit dem Nebengedanken, vielleicht einen Hinweis auf glasmalerische Aktivitäten des Künstlers zu finden. Nein, nichts, was in irgendeiner Form auf die Genfer Wundererscheinung deuten könnte. So ist das, dachte Pitt, wenn der Kunstlaie sich von seinen oberflächlich-assoziativen Blicken narren lässt.

Doch wozu gibt es die Detektive der Firma Google & Co? Sind wir nicht alle schon dem leisesten Verdacht, der flüchtigsten Vermutung durch eine Recherche im Internet nachgegangen – sie macht ja Spaß, auch wenn man gar nichts Interessantes findet. Pitt fragte nach Glasfenstern von Max Pechstein. Und heureka! Der Hinweis auf eine Veröffentlichung von Ruth Göres zeigte, dass es acht Glasfenster von Max Pechstein im Kunstgewerbemuseum Berlin Schloss Köpenick gibt.[9] Kunstgewerbe? War das der Grund dafür, dass Pitt nirgendwo ein Foto dieser Kunstwerke gefunden hat? Dass die Glasmalerei seit vielen Jahrhunderten ein hochkünstlerisches Handwerk ist, hat er schon beim Stöbern in dem von seinem Großvater geerbten „Meyers Konversations-Lexikon“ von 1890 erfahren – in einem zwölfspaltigen Artikel, ohne die beigegebene doppelseitige Farbtafel mit exquisiten Beispielen vor allem aus der Kirchen- und Klosterbaugeschichte (da kommt Wikipedia nicht mit).

Der erste effektive Köder schärft den Spürsinn ungemein. Pechsteins Glasmalereien im Schloss Köpenick sind in den 1960er Jahren von Denkmalpflegern vor Schäden durch Chlordämpfe gerettet worden und Alltagskunst ist in Museumskunst verwandelt worden. Denn sie waren Teil des neuen Stadtbads Berlin Mitte, eines von einem Kunstsammler und Mäzen gestifteten Volksbads, das 1929/30 neugestaltet worden ist.

Im Sport- und Freizeitleben Ostberlins spielte es eine wichtige Rolle. Aufnahmen aus den 1950er Jahren zeigen eine großzügige Schwimmhalle mit vielen Fensterfronten.

Für Max Pechstein waren die Fenster, wie Pitt aus späteren Zusammenhängen erfuhr, „Brotarbeiten". Die wirtschaftliche Lage der bildenden Künstler war prekär. Die Inflationszeit bis 1923 hatte ihnen viele Aufträge verschafft, weil die Schönen und Reichen nicht so recht wussten, wohin mit dem immer wertloser werdenden Papiergeld. Nach der Währungssanierung waren Aufträge, auch für die Kunst am Bau, rar geworden. Pitt meint, nachdem er das Wirken Pechsteins und auch seine politischen Vorstellungen besser kennengelernt hat, dass er den Auftrag gern übernommen hat. Freude, Frische, Spaß, Sport für alle – dazu passen Motive wie „Das Bad als Jungbrunnen" oder „Die Vierjahreszeiten". Die Künstler der „Brücke", zu denen Pechstein gehörte – die Kuratorinnen der Bucerius-Ausstellung hatten in ihren Katalog auch Werke dieses Künstlerkreises aufgenommen – haben häufig Glasfenster gestaltet. Ausgeführt wurden die balneologischen Fenster von der Deutschen Glasmosaikanstalt Puhl & Wagner/Gottfried Heinersdorff in Berlin.

Ruth Göres zeigt sich glücklich darüber, dass die Bilder bewahrt wurden. Viel Kunst sei durch den Krieg und die Kulturdestruktion der Nationalsozialisten vernichtet und verschleudert worden. In Pechsteins künstlerischer Hinterlassenschaft klafften große Lücken. Er habe viele Glasfenster entworfen, von denen nur wenige den Krieg überdauert hätten. Wenn Max Pechstein in einem schier sensationell erscheinenden Zusammenhang auch in Genf gewirkt hätte, dachte Pitt, hätte die Historikerin doch auf die dort erhaltenen Meisterwerke mit besonderem Nachdruck hinweisen müssen. Ihr Bericht stammte aus Pitts erstem Genfer Jahr – ein Zahlenzufall, der Pitts Spürtrieb Futter gab.

Als er in seinen Recherchen so weit gekommen war, mochte er den „Verdacht" nicht abweisen, Max Pechstein könnte der Künstler des ILO-Werks sein. Das bergende Haus, das Genfer Arbeitsamt, wurde 1926 gebaut. Vielleicht, dachte er, hatte er den Auftrag für das Berliner

Stadtbad erhalten, weil seine Genfer Arbeiten international Anklang gefunden hatten, auch bei Mitgliedern und Mitarbeitern der Reichsregierung oder der Gewerkschaften in Berlin, die in der Genfer Organisation ein- und ausgingen. Auch war Pechstein seit 1923 Mitglied der Preußischen Akademie der Künste.

Nach Genfer Bildern konnte Pitt in den Werkverzeichnissen nicht fahnden, denn dann hätte er wissen müssen, nach welchen Bildern und Bildtiteln er suchen musste. Einfach nur unter dem Stichwort „Glasmalerei" stöbern: das würde einen großen Maler doch zu sehr auf sein „Kunstgewerbe" reduzieren. Obwohl: Es gab ja berühmte Glasfenster, die von Chagall in Mainz zum Beispiel, die Pitt oft gesehen hat. Und das allerneueste, viel diskutierte Glasgemälde wurde 2023 geschaffen von Markus Lüpertz für die hannoversche Marktkirche. Pitt liebt diese Kirche, deren Turmspitze er aus der Ferne am Fenster seines elterlichen Hauses 1943 brennend hat einstürzen sehen.

Die Idee zu diesem Fenster hatte Altkanzler Gerhard Schröder, der bereit war, es mit über hunderttausend Euro privat zu finanzieren. Zwei Probleme hatte es mit dem Bild gegeben: Die Hannoveraner mussten sich an die dicken, ja grässlichen Fliegen, die durch das Sonnenlicht laufen und ein bisschen das Böse symbolisieren sollen, nach denen Luther (das Werk heißt „Reformationsbild") sein Tintenfass geworfen hat, erst gewöhnen, und das versprochene Geld wurde nicht angenommen, weil es „stank", denn der Sponsor hatte sich von seinen lukrativen russischen Mandaten und seinem Hang zum „lupenreinen" Demokraten und Kriegsherrn Putin nicht distanzieren wollen. Der Künstler, ein wahrer „Malerfürst", bezeichnete sein Werk als das „Dokument der Freundschaft" mit seinem Initiator, der durch seine politische Sturheit in die Isolation geraten war.[10]

5 Pechstein, der Glasmaler

Der Aufsatz von Ruth Göres steht unter einem Satz von Max Pechstein: „Kunst ist Steigerung des Handwerks“ (1946). Aus dem Katalog der Bucerius-Ausstellung erfuhr Pitt, dass Max Pechstein, der 1906, als 25jähriger, zur Künstlergemeinschaft „Brücke“ in Dresden kam, schon dem Monumental- und Raumkünstler Otto Gußmann in seiner Dresdner Meisterklasse bei Aufträgen für Wandmalereien, Glasfenster und Mosaiken für Kirchen und öffentliche Bauten assistiert und dafür sogar ein sächsisches Reisestudium nach Rom erhalten hatte. Er hatte das Metier praktisch gelernt. Hatte er sich damit vielleicht auch eine Reiseberechtigung für Genf erworben? Er war in der Kunst der Glasmalerei offenbar firm und hatte sich einen Namen gemacht; sogar der spätere Bundespräsident Theodor Heuss, der sich im Deutschen Werkbund engagiert hatte, hat einmal ein Glasfenster Pechsteins besprochen.[11] Die Künstler der „Brücke“ haben sich oft in der Glasmalerei betätigt[12], denn offenbar kam das Medium ihrem Farbfanatismus und ihrer Formenklarheit entgegen.

Pechstein stammte aus einer Handwerkerfamilie, und ein Schulbesuch über die Volksschule hinaus war nicht möglich. Er ging bei einem Dekorationsmaler in die Lehre und besuchte gleichzeitig die Gewerbe- und Innungsschule, also eine Berufsschule. Seine elementare künstlerische Ausbildung machte er als Autodidakt.[13] Die Mitglieder der „Brücke“ kamen in der Regel aus gutbürgerlichen Familien und wurden von ihnen unterstützt, während Pechstein sich mit Gelegenheitsarbeiten durchschlagen musste.[14] Großer Erfolg 1909 in der Berliner Secession: er verkauft für 300 Reichsmark das Bild „Märzenschnee“ an den literarisch ambitionierten Walther Rathenau, Mitglied des AEG-Aufsichtsrats und weiterer 80 Aufsichtsräte und späteren Reichsaußenminister (er wird ihm jedoch bei einer Genfer Bewerbung nicht geholfen haben können, denn er wurde 1922 ermordet).

In den Fußnoten der Aufsätze des Katalogs stieß Pitt immer wieder auf den Briefwechsel zwischen Max Pechstein und seinem Malerfreund Alexander Gerbig. Einen halben Tag – den er eigentlich für Recherchen für ein politisches Buch reserviert hatte – saß Pitt im Lesesaal der Staats- und Universitätsbibliothek und blätterte und las in dem wunderschön gestalteten und sorgfältig kommentierten Briefwechsel[15], Zeugnis einer lebenslangen wechselseitigen Ermutigung und Anfeuerung. Die klaren Handschriften, die Vignetten, die Skizzen von Gemälden, die visualisierten Ideen, der schnelle klare Strich, der Witz! Fast hatte er bei seiner unterhaltsamen Lektüre ihren Zweck vergessen. Er hatte sich gesagt: wenn du erfahren willst, ob Pechstein Glasfenster für die ILO gestaltet hat, hier wirst du es erfahren. Ja, Pechstein berichtete seinem Freund auch von seiner Aussicht auf den Auftrag für das Berliner Stadtbad, er "hofft" auf den Zuschlag, denn das Geld ist knapp (obwohl er 1928 den Preußischen Staatspreis für das Gemälde „Nordweststurm", mit 2000 Mark dotiert, erhalten hatte). Er würde, schreibt er seinem Freund, „lieber figürlich" arbeiten.[16]

Doch in keinem Brief an den Freund eine Mitteilung über einen Auftrag aus oder für Genf! Wenn es einen gegeben hätte, wäre er doch gewiss eine Freudenbotschaft an den Kunstgefährten wert gewesen. Den vergleichsweise alltäglichen Berliner Auftrag im Brief beschreiben und über einen internationalen Ruf schweigend hinweggehen? Pitt begrub seinen Gedanken, in Pechstein den Urheber seiner Faszination in der Villa Rappard finden zu können.

Er erinnerte sich daran, dass er ein Jahr zuvor, 2016, hier in der Bibliothek die Ausstellung „Deutsche Kunst und Malerei 1936" gesehen hatte. Sie rekonstruierte die letzte Ausstellung des Hamburger Kunstvereins, die von dem Hamburger Maler Heinrich Stegemann organisiert worden und sofort vom Nazi-Innenminister Frick verboten worden war – zu viele „entartete Künstler". Die Ausstellung[17] war von der Heinrich-Stegemann-Stiftung gefördert worden, die von Dr. Burchard Bösche, einem bedeutenden Genossenschafter, und seiner Frau, der

Künstlerin Anne Moderegger, gegründet worden ist. Wahrscheinlich war auch ein Bild Pechsteins unter den Werken der Gedenkausstellung gewesen. Er wollte seinen Freund anrufen, ging zur Schrankwand, in der Tasche und Mantel verwahrt waren, und stand ratlos vor den Fächern: er hatte zwar die Pin im Kopf, aber den Namen seines Faches vergessen – in der starken Ablenkung durch einen geistreichen Briefwechsel zwischen Freunden. Das Handy lag in der Tasche. Alles lag in der Tasche, auch Portemonnaie und Schlüssel. Ungefähr konnte er sich an die Lage des Faches erinnern. In der gelinden Panik fand er kein Sesam-öffne-dich. Eine junge Frau half ihm bei der schweißtreibenden seriellen trial-and-error- Suche nach dem richtigen Fach.

Als er, das Telefonat vergessend, erschöpft zurückgewankt war in den Lesesaal, war er sicher: den Schlüssel zu den verlorenen Genfer Fenstern würde er nie finden. (Heute hat er Anne Moderegger – ihr Mann ist 2019 verstorben – angerufen: ja, ein Pechstein war 1936 wie 2016 dabei gewesen, mit dem Bild „Nach der Heimkehr“ aus dem Jahr 1927, eine Fischerszene aus Leba. Künstlerische Stärke galt 1936 eben als „Verfall“ und „Entartung“, Pechstein war mit insgesamt 522 Bildern an den Aussonderungen der Farb- und Formblinden beteiligt.)

6 Erster Ruf der Glocke

Noch manchen Nachmittag und halben Abend hat Pitt im Lesesaal auch über dem Briefwechsel einer Freundschaft gehockt. Wie mühsam haben diese besessenen Künstler ihr Leben gefristet, wie scharfäugig haben sie Ausschau gehalten nach Chancen für Ausstellungen, Präsentationen, absatzfördernden Kontakten, wie sorgfältig haben sie ihre Netzwerke gepflegt (Pechstein war dabei erfolgreicher als sein Freund Gerbig). Heute liest Pitt in der Zeitung, dass Max Pechstein unter den zehn teuersten Kunstwerken in deutschen Auktionen im Jahr 2023 zweimal vertreten ist, im Ranking auf Platz 4 mit dem „Selbstbildnis, liegend" von 1909, Öl (also noch aus der Hungerphase), Taxe 1,5 bis 2 Mio, Zuschlag bei 2,5 Millionen € (bei Lempertz), auf Platz 7, „Die Ruhende", 1911, Öl, Taxe 1,2 Mio, Zuschlag 1,8 (bei Ketterer).[18] Die Bilder sind in den über hundert Jahren ihrer Existenz nicht besser geworden, aber die Marke „Pechstein" hat sich zu absoluter Rarität verfestigt, und wer sich mit seinem Namen schmücken will, muss blechen wie Investoren bei erfolgreichen Fußballklubs.

Eine Zeitlang dachte Pitt, die vielen Bilder aus Palau, von Nidden, aus Leba seien Ausdruck einer Weltflucht, hin zu den Rändern der Zivilisation, wo Ruhe, Licht und Farben die Produktivität steigern. Und ein solcher Künstler sollte ein so weltzugewandtes Kunstwerk wie die Glasmalereien im Genfer ILO-Zentrum geschaffen haben? Konnte er ein Sensorium gehabt haben für die Eigenart der Arbeitswelt? Die Briefe der Freunde zeigen, dass die Ortswahl auch von geldlichen Sorgen bestimmt war – zwar fern von den Erwerbsquellen, aber nah an den Subsistenzquellen. Pitt hat ein Dutzend Bücher veröffentlicht, aber wenn er von ihrem Ertrag hätte leben sollen, hätte er verhungern müssen. Lukrativ waren nur die Vorträge über seine Bücher, die er vor Managern gehalten hat, aber er kam sich dabei vor wie ein alter Schlagerstar in einem Möbelhaus. Gottfried Benn, für viele der größte deutsche Lyriker des Jahrhunderts, Zeitgenosse Pechsteins, hat einmal geschrieben, dass er – vor dem Ruhm und dem finanziellen Segen des Büchner-Preises am Ende seines Lebens – monatlich 4,50 Mark im Durchschnitt verdient habe.[19] Das hat er als Arzt wohl mit einer einzigen Spritze für einen Patienten mit venerologischen Sorgen verdient.

Pitt war in dieser Zeit mit Studien zum Parteiwesen[20] beschäftigt. Seine Lektüre der so reich und gründlich kommentierten Briefe der Künstlerfreunde schenkte ihm – ein guter Synergieeffekt! – interessante Einblicke in die Wirren der Zeit, in der sich in Deutschland die parlamentarische Demokratie und ein klug strukturiertes Parteienwesen mühsam aus ihren Eierschalen befreiten, immer wieder attackiert von den Anhängern der alten Ordnung und den Freunden der Utopie. Max Pechstein und Alexander Gerbig waren in dieser chaotischen Zeit offenbar Realisten. Pechstein wandte sich entschieden gegen die revolutionären Spartakisten und schlug sich auf die Seite der gemäßigten Sozialisten um den späteren Reichspräsidenten Friedrich Ebert, für die er auch seine Plakatkunst einsetzte.[21]

Wer war in der revolutionären Phase nach dem Ersten Weltkrieg kein „politischer Kopf"?[22] Pechstein war Mitbegründer einer „Novembergruppe" mit Künstlern der Linken (was immer das heißen mag) wie Feininger, Kandinsky, Meidner, Grosz, Nagel, Schlichter, Dix, den Architekten Behrens und Gropius, wie Weil und Eisler.[23] Er gehörte einem „Arbeitsrat für Kunst" an, später war er Mitglied der Liga für Menschenrechte, eines Arbeitskreises Neues Russland und der Internationalen Arbeiterhilfe. Als Pitt seine Parteienstudie vorbereitete, interessierte er sich für das Phänomen der „Bürgerräte", eine Idee, die immer wieder hochwallt bei Menschen, die der parlamentarischen Demokratie misstrauen. 2024 wurde tatsächlich ein Bürgerrat durch die sog. Ampel-Regierung und das Parlament als ein Rat ausgeloster Bürger etabliert; wenig wurde gelernt aus der Räte-Bewegung der noch unreifen Demokratie mit ihren Tausenden kurzlebiger und effektloser Bürgerräte, die im Schatten der ambitionierten Räte der Arbeiter und Soldaten standen.

Das Stichwort „Künstlerkooperative“ weckte Pitts besondere Aufmerksamkeit, was Wunder. Genossenschaften, durch die sich Künstler, die ja von Natur Einzelgänger sind (wie Heinrich Böll einmal betont hat), einen besseren Vertrieb ihrer Werke und damit auch eine stabilere Schaffensbasis versprechen, hat es immer wieder gegeben. Auf der Suche nach näheren Informationen kam er zu der Zeitschrift „Die Glocke“, einer sozialistischen Wochenschrift, dem Organ von sozialdemokratischen Intellektuellen, die sich auf einem (manchmal sehr) rechten Flügel der SPD positionierten, hart am Rande der Trennung und des Ausschlusses. Für die theoretischen Diskussionen, die immer wieder Zündstoff für parteisprengende Experimente sind, hat er, seit sechzig Jahren Mitglied der SPD, keinen Sinn. Aber der Titel der Zeitschrift hatte sich wie ein Blitz vor seinem Auge entladen.

Glocke, Glocke, Glocke. Ganz klar stand die Glocke vor seinen Augen: Sie hatte sich einmal, vor fünfzig Jahren, vor seinen Augen ganz oben im Mittelfeld der fünf Glasfenster im Internationalen Arbeitsamt bewegt. Noch deutlicher die jähe Erinnerung: sie war aus der Richtung des Sonnenstrahls nach links ausgeschlagen.

7 Das Hohelied der Arbeit

Als hätte die Glocke – als Goethes wandelnde Glocke – ihn gerufen, war er überzeugt, er würde den Weg zum Urheber der Glasfenster von Genf finden („Die Glocke tönt, und so ist dir's befohlen"). Da er in der Bibliothek die Memoiren Max Pechsteins nicht fand, suchte er im Antiquariat nach ihnen und fand eine wie von Pechstein persönlich gestaltete Ausgabe mit 105 Zeichnungen des Künstlers, einen Nachdruck der 1960 im Limes Verlag erschienen Ausgabe (das war der Verlag Gottfried Benns), von der Deutschen Verlagsanstalt in ein warmes weiches Leinen gebunden, das ihm in der Hand lag wie ein uraltes in Samt gebundenes Gesangbuch.

Der Leser will es dem Herausgeber der „Erinnerungen", dem Direktor der Berliner Nationalgalerie, kaum glauben, wenn er darauf hinweist, dass Hermann Max Pechstein seine Memoiren einer Sekretärin diktiert habe, frei aus dem Gedächtnis, denn der Krieg hat viele Zeugnisse dieses ereignisreichen Lebens zerstört. „Aber eine Neigung zum Nachdenken, zur Rückschau ist mir geblieben." Auch die Bilder, von denen er spricht, wird er nicht beleghaft um sich gehabt haben, keine Kunstbände und Kataloge, wie Pitt sie jetzt besitzt.

Und da ist jetzt die Seite 111 und zwischen einem Angler an wildbewegtem Wasser oben rechts auf der Seite und einem Angler an einem stillen See links unten der elektrisierende Text, den Max Pechstein 1946 diktiert hatte: „Noch im Jahr 1926 fertigte ich im Auftrag der Reichsregierung eine fünfteilige Glasfenstergruppe an, die als Spende für das Internationale Arbeitsamt in Genf bestimmt war. Auf diesen Fenstern suchte ich das Hohelied der Arbeit zu singen. Im oberen Teil des Mittelfensters placierte ich die Glocke, deren Klang das Tagewerk bestimmt. Unter ihr und neben ihr gestaltete ich den Arbeiter in Eisen, linksseits den Bergarbeiter, als nächstes links den Bauer, die Landwirtschaft, rechts vom Mittelfeld den Bauarbeiter und abschließend den Transportarbeiter. Jedes dieser Fenster war figurenreich. Über ein Jahr arbeite ich daran bis tief in die Nacht. Ich hatte keinen Sonn- und keinen Festtag. Alle Gläser, die verwandt wurden, suchte ich selbst aus, bestimmte die Stärke der notwendigen Verbleiung, so wie ich als Muster für den Glasmaler das eine Fenster selbst in dem Schwarzlot wischte."[24]

Zur Schweiz hatte Pechstein eine glückliche Verbindung. Dort lebte in Montreux der Arzt Dr. Walter Minnich, der nicht nur seine Bilder sammelte, sondern sich auch als ein Mäzen der besonders großzügigen Art erwies. Er besuchte ihn häufig, korrespondierte mit ihm, und in den Jahren 1924 und 1925 stellte er ihm eine 3-Zimmer-Wohnung in Montreux zur Verfügung, von der aus er Reisen nach Italien unternahm, mit Ideen und Entwürfen zurückkehren und sie in der Atmosphäre des Genfer Sees ausarbeiten konnte. Seinem Freund Gerbig berichtete er, er könne von seinem zum See hinausgehenden Fenster den Dent du Midi und den Grandmont sehen. Und der Genuss ist doppelt: denn der Aufenthalt bedeutet in der schwierigen Zeit nach der Inflation, dass er seiner Arbeit „ohne Nahrungssorgen" nachgehen könne – „und dies will in jetziger Zeit viel heißen."[25] Die finanziellen Sorgen lagen auch darin begründet, dass ihm der Kunsthändler Wolfgang Gurlitt Schaden zugefügt hatte.

Die Glasmalereien für Genf sind nicht am Genfer See entstanden. Doch das Erlebnis der grandiosen Szenerie am See mit seinem Perlenkranz anregender Städte, dem Gebirgspanorama und dem Licht, in dem sich die Wellen des Nordens und des Südens mischen, wird in der Berliner Werkstatt als frischer Eindruck wieder erfahren worden sein und geholfen haben, den Stress, das großformatige Werk für die ILO zu schaffen, als leichter empfunden zu haben. Hatte doch das Reich einen seiner prominenten Künstler in die Pflicht genommen, sein Geschenk zur Feier der Aufnahme Deutschlands in den Völkerbund würdig und sinnhaft zu gestalten!

Es ist nicht bekannt, ob Pechstein den künftigen Standort seines Werks in Augenschein genommen hat. Offenbar ist er sogar bei der Übergabe des Werks an die Genfer Hausherren nicht gegenwärtig gewesen. Der Auftraggeber und Spender des Werks war der Reichsarbeitsminister. Er hat das erste Fenster in Berlin gesehen, denn in einem Brief an Dr. Minnich schreibt der Künstler von seiner Hoffnung, dass sich der Minister „heute" mit dem Werk einverstanden erklären könne. Eine große Last wird von seinen Schultern gefallen sein.

Im Brief an Dr. Minnich von Anfang März 1926 finden wir ein Kurzprotokoll des Arbeitsprozesses. Für fünf Fenster des Treppenhauses musste er zahlreiche Studien („figurenreich") machen, um seine Entwurfskartons vollenden zu können, jeder war 4 zu 1,50 Meter groß. Nach vier Wochen hatte er den ersten Karton fertiggestellt. Er müsse jetzt die Gläser aussuchen für diesen Karton und nach Ostern gehe er in die Werkstatt zur Arbeit – „es ist eine Arbeit von einem halben Jahr, die ich jetzt mit Entwürfen, Skizzen und fertigen Kartons in der Hälfte der Zeit leisten muss." Anfang April hatte er den letzten Karton in die Arbeit gegeben und „jetzt währt es nochmals 3 Monate, bis die Fenster fertig sind." Das Fenster, das der Minister gesehen hat, war schon Mitte Mai fertig.

Am 11. August 1926, zur Feier der sieben Jahre alten Verfassung des Deutschen Reiches, wurden die Fenster im Reichstag gezeigt. Der Künstler hat an diesem Tag alle fünf Fenster zum ersten Mal vereint gesehen – „und bin ich zufrieden". Er ist enttäuscht, dass sich der Minister oder sein Ministerium jenseits der formellen Akzeptanz weder positiv noch negativ zu der Arbeit geäußert habe. Sogar zur Pressekonferenz des Sponsors war er nicht eingeladen worden. War die deutsche Öffentlichkeit immer noch nicht bereit, den Schritt in den Völkerbund mit Überzeugung und ein bisschen Begeisterung zu gehen? Auch die Bürokratie des noch jungen Internationalen Arbeitsamtes, der Nutznießerin der staatlichen Bilderspende, erwies sich als lau oder ahnungslos. „Nicht einmal in der Festschrift des Int. Arbeitsamtes hat man unter der Veröffentlichung des Mittelfensters meinen Namen als Künstler genannt."[26]

Er ist skeptisch hinsichtlich der Höflichkeit auf dem Genfer Parkett, auf dem sich doch auch Diplomaten tummeln, und er vermutet, dass er wohl zur Übergabe des Werks in Genf nicht eingeladen werde – die er gewiss gern gemeinsam mit Dr. Minnich erlebt hätte. Jeder Künstler braucht PR, und so wolle er versuchen, wenigstens die Kartons zu den

Fenstern in Berlin auszustellen. Wenn Pitt bedenkt, wie schwer es ihm gefallen ist, in den Besitz einer Fotografie des großen Werks zu gelangen, vermutet er, dass die Ausstellung kein großes Berliner Event gewesen ist.

Wenn es in der kunstgeschichtlichen Literatur nur diese knappen Informationen über die Entstehung der Glasmalereien für Genf geben sollte, würde Pitt von einem Skandal sprechen, der auch die Kunstgeschichte unter Anklage stellen müsste. In seinen Lebenserinnerungen widmet Max Pechstein keinem seiner wohl über 500 Werke so viele Zeilen wie seinem „Hohelied der Arbeit", dem er ja wohlbedacht, durchdrungen vom Gewicht seines Auftrags und in künstlerischem commitment in seinen Erinnerungen diesen pathetischen Titel gegeben hat. Hat das Werk überhaupt diesen Titel, oder dient er Pechstein nur zur Eigenwürdigung seiner Leistung und der Charakterisierung eines besonderen Sujets? Die Katalog-Werke mit allen Erläuterungen, ihrer kunsthistorischen Fundierung, den Interpretationen sind mit ungeheurer Gründlichkeit erarbeitet worden. Warum gibt es nur dürftige Informationen über das Werk für Genf? Pitt war froh, in einem Lexikon der Bildenden Künstler von der Antike bis zur Gegenwart (1931) immerhin unter dem Stichwort Pechstein die „Glasfenster f. d. Internationale Arbeitsamt in Genf" unter den „Hauptgemälden"[27] rubriziert zu finden.

Fündig zu werden im Katalog einer Ravensburger Ausstellung von 2016 mit dem so wunderbar auf das Genfer Gemälde passenden Titel „Max Pechstein – Körper Farbe Licht" hatte er gehofft. Dort gab es zwar das (nicht in der Ausstellung gezeigte) Bild des Glasgemäldes im Rathaus von Eibenstock von 1906[28], das im Jugendstil schwelgt, doch das Bild der harten Körperlichkeit der Arbeit in Farbe und Licht – ignoriert? Das nährt in Pitt den Verdacht, die landläufige Nichtbeachtung dieses Werks könne auch darauf zurückzuführen sein, dass die kunstgeschichtliche Kompetenz mittlerweile weitgehend in Frauenhand liegt.

Müsste nicht jeder anspruchsvolle Bildband, der das Lebenswerk Pechsteins belegt, eine Abbildung des fünfflügeligen Werks oder eines Flügels oder eines der 15 Quadratfelder aus einem der 5 Teile enthalten? Gut, das Werk ist immobil, es könnte in Ausstellungen höchstens im fotografischen Surrogat präsentiert werden, und in Auktionen spielt das unverkäufliche Werk keine Rolle. Was in der Öffentlichkeit oder bei den Aficionados der Kunsthallen nicht ins Bewusstsein getreten ist, hat gewissermaßen den Kopierschutz der Vergessenheit. Doch warum ist in der Kunstwelt nach dem Erscheinen der Erinnerungen Max Pechsteins – schon 1960 – niemand auf den Gedanken gekommen, das „Hohelied" zu würdigen – auch unter institutionellen und historischen, nicht nur kunstgeschichtlichen Aspekten? Da Max Pechstein auch nicht in die internationale Liga der Topwerke mit zweistelligen Millionensummen vorgedrungen ist (jedenfalls nicht im Ranking des Jahres 2023), hat man sich im weltbürgerlichen internationalen Genf wohl kein Bewusstsein bilden können, welchen Schatz seine Mauern bergen.

Die Glasmalerei, die Pechstein das „Hohelied" nannte, gehörte nicht zu den national und international „teuren" Bildern. Doch seinem Urheber waren sie teuer. Vielleicht muss auch die Kunstwelt mehr auf die Werte hinter den Preisen schauen.

8 Fahndung nach einem Foto

Gern wäre Pitt in die Archive der Internationalen Arbeitsorganisation und des deutschen Arbeits- und Sozialministeriums, dessen Verbindung zum Vorgänger in der Weimarer Republik wohl nicht ganz abgerissen wäre, vorgedrungen, um Detailspuren der Auftragserteilung zugunsten Pechsteins zu finden. Wer weiß, vielleicht fänden sich auch in den Kellern des Auswärtigen Amtes Hinweise auf Besonderheiten im zeitlichen Umfeld des deutschen Beitritts zum Völkerbund. Zuständig für die Vertretung bei der ILO war 1926 das Reichsarbeitsministerium unter dem Minister Heinrich Brauns, den man wegen seiner für die damaligen instabilen Regierungen ungewöhnlich langen Amtszeit von acht Jahren „Heinrich den Ewigen" nannte (aber wie hätte man denn Norbert Blüm nennen sollen, der es mit Helmut Kohl fast 16 Jahre geschafft hat?)

Sehr spannend hätte Pitt es gefunden, Näheres darüber zu erfahren, warum Max Pechstein den ehrenvollen Auftrag erhalten hat, den großen Blumenstrauß zu binden, mit dem das Reich mit Verspätung in den Völkerbund eintrat. In der ILO, jung wie der Völkerbund, arbeitete Deutschland schon seit ihrer Gründung im Jahre 1919 mit. Eine Ausschreibung des Auftrages hat es offenbar nicht gegeben.

Wer hat Max Pechstein vorgeschlagen? Hatte das Ministerium die Idee? Gewiss, Max Pechstein war in den frühen 1920er Jahren einer der führenden expressionistischen Maler mit öffentlicher Sichtbarkeit, auch als Mitglied der Preußischen Akademie der Künste seit 1923. Aber stand er nicht doch ziemlich weit links, gehörte er nicht zivilgesellschaftlichen Organisationen an, die manche als gar zu staatskritisch ansahen? Und waren in diesem Jahr 1926 der Reichskanzler und der Reichsarbeitsminister – nämlich Wilhelm Marx und Heinrich Brauns – nicht Zentrumsmänner? Allerdings: Heinrich Brauns gehörte dem Arbeitnehmerflügel des Zentrums an, vergleichbar dem einflussreichen christdemokratischen Arbeitnehmerflügel von heute.

Da Pitt auch das Klebeband der Deutschen Angestelltengewerkschaft auf dem Rücken des gerahmten Drucks, den ihm die Kolleginnen und Kollegen geschenkt hatten, nicht vergessen hatte, war der Gedanke in ihm aufgeblitzt, Pechstein hätte vielleicht mit dem früheren Deutschnationalen Handlungsgehilfenverband kooperiert, dem rechten Flügel der Gewerkschaften, die gewiss „links" operierten, auch wenn sie reaktionär und national dachten – den „Dackeln"[29], wie der Arbeiter Mörschel in Hans Falladas „Kleiner Mann – was nun?" die Angestelltengewerkschaft, der sein Schwiegersohn Pinneberg angehörte, verächtlich nannte. Was hatte einen exponierten Künstler der Moderne gereizt, einen Auftrag anzunehmen, der kein kleiner Nebenerwerb war, sondern ein zeitraubendes großes Werk, ein Plan, die „Arbeit" in archaisch anmutenden Bildern zu beschwören?

Pitt ist betagt und nicht frei von den Gebresten des Alters, die eine Reise und möglicherweise tagelange Studien in Archiven und Aktenkellern nicht ratsam erscheinen lassen. Der zeitgeschichtliche Hintergrund der nationalen Spende an die internationale Organisation ließe sich vielleicht aus den literarischen Quellen halbwegs erschließen. Aber zunächst wollte er die Fenster wiedersehen, die ihn vor fast 60 Jahren beeindruckt hatten. Er machte sich auf die Suche nach einer Abbildung des Werks, von der er nach der Betrachtung einiger Pechstein-Alben schon wusste, dass sie schwierig sein könnte.

Das immer so auskunftsfreudige Internet wusste nichts von Pechsteins „Hohelied", und auch wenn er Tausende von Gemäldefotos durchscrollte, fand er keinen Beleg. Auf den Seiten der internationalen „Zöllner", die jetzt, wie Pitt seit seiner letzten Genfreise wusste, das Centre William Rappard bewohnten, fand er eine Reihe stattlicher Wandgemälde, die verschiedene Staaten dem Arbeitsamt einst zur Feier des Neubaus geschenkt hatten, alle dem Thema Arbeit gewidmet – aber die Leerstelle, die Pitt erschreckt hatte, ließ sich ja nicht darstellen. Pechsteins Glocke – sie war Pitts Erinnerungstrigger, doch jetzt musste er oft an Gerhart Hauptmanns „Versunkene Glocke" denken, die Heinrich Vogeler in

Worpswede bebildert hatte, der strammsozialistische Reformer, der dem Charme des Neuen Russland, wie ja auch Pechstein, erlegen war, politisch und künstlerisch nach dort in den sozialistischen Realismus auswanderte und schließlich in den Fängen des NKDW elend starb.

Den ersten Tipp zur Entdeckung der Pechstein-Rarität gab ihm sein Kollege Wulf-Rüdiger Tölg, der ein passionierter Autor der freien Enzyklopädie Wikipedia ist und sich als Wünschelrutengänger für entlegene Objekte und Quellen eines gemeinsamen historischen Interesses, auch an der gewerkschaftlichen Arbeit, bewährt hatte. Ihm hatte er erzählt, dass Hermann Max Pechstein – dessen Ausstellung im Bucerius-Forum auch Rüdiger gesehen hatte – Glasfenster unter dem denkbaren Titel „Hoheslied der Arbeit“ für das Genfer Arbeitsamt geschaffen habe. Er signalisierte Pitt rasch: „einen Foto-Ausschnitt aus dem Werk findest du bei Christian Welzbacher.[30] „Hatte dieser Autor den Titel der Glasmalerei in den „Erinnerungen“ Max Pechsteins gefunden? Denn dass sie tatsächlich so heiße und so in ein Werkverzeichnis aufgenommen worden war, hatte Pitt – merkwürdig – nie angenommen. Die Rechte an dem Foto in einem kargen Schwarzweiß lagen bei der ILO. Die ILO würde Pitt ein Foto schicken.

Eines Tages hatte er eine Abbildung des Pechstein'schen Glockenwerks von Genf auf dem Bildschirm vor seinen Augen, und zwar gleich doppelt in seiner farbigen Pracht. Wie eindrucksvoll sah er wieder den Satz bestätigt, mit denen die Kenner nicht nur der Sonnen-Maler moderne Kunst beschrieben haben: „Der Expressionismus setzt auf den Eigenwert von Form und Farbe, unabhängig vom dargestellten Gegenstand“.[31] Ja, dem „Glauben an die magische Kraft des Glases“ war er sofort verfallen. Da er aber ein „einfältiger“ Kunstfreund ist, freut er sich immer, wenn sich starke Ausdruckskraft mit Gegenständlichem verbindet.

Zunächst hatte er die Presseabteilung der Internationalen Arbeitsorganisation gebeten, die Leere, die er im Treppenhaus ihres verlassenen Hauptquartiers schmerzlich empfunden hatte, durch ein strahlendes Abbild der Arbeiterszene zu füllen. Da er nicht davon überzeugt war, dass das Arbeitsamt es nach der dortigen Demontage wieder in die Riesenfront seines modernen, 1975 errichteten Verwaltungsgebäudes in der Rte des Morillons integriert hätte, gab er in seinem Brief den Tipp, die Fenster vielleicht im Fundus oder im Keller zu suchen.

Und tatsächlich schien es Schwierigkeiten gegeben zu haben, ein Foto für Pitt aufzutreiben. Da er als früherer Pressesprecher gewohnt war, alle Anfragen prompt zu beantworten, wurde er ungeduldig (aber die Verzögerung war wohl der Weihnachtszeit geschuldet), und er vergatterte auch die Presseabteilung der Internationalen Handelsorganisation, deren leere Flurfenster ihn erschreckt hatten, nach einem Foto zu fahnden. Da er in Sorge war, ob beide Organisationen die Anfrage, die wohl weit außerhalb des Tagesgeschäftes lag, vergessen oder auf eine sehr lange Bank schieben könnten, fügte er den törichten Hinweis hinzu, dass er als Steuerzahler seines Landes, das Mitglied der Organisationen sei, ein Recht darauf habe, ihre Dienste in Anspruch nehmen zu können (alte Männer neigen nicht selten zu einer gewissen Impertinenz).

Und dann hatte er plötzlich – wirklich an einem Tag – zwei Fotos, die in keinem der Kunstbände, die er sich mittlerweile gekauft hatte, auffindbar gewesen waren. Er war glücklich. Die WTO-Zöllner hatten ihm einen digitalen Bericht[32] der Stadt und des Kantons Genf über die Organisationsstars ihres internationalen Parketts gesandt, die am Fuß der Darstellung der ILO eine Abbildung enthielt. In Chapter 9 behandelte sie das riesige ILO-Gebäude und überschreibt das Kapitel „The bell tower of international Geneva". Glockenturm? Ob der Autor tatsächlich Pechsteins Glocke im Blick gehabt haben sollte? Von der ILO kam ein schöner Mail-Brief des Forschungsassistenten Jacques Rodriguez mit einem separaten Foto und einem nicht veröffentlichten Aufsatz[33], der Pechsteins Hoheslied beschrieben und gedeutet hatte, und die Abbildung des Mittelfeldes mit der Glocke, sozusagen die Werkstatt der Glockengießer, enthielt.

Mr. Rodriguez ergänzte seine Sendung auf eine weitere Anfrage durch die Information, das Glasgemälde befinde sich im neuen, aber auch schon fünfzigjährigen Gebäude der ILO an der Route des Morillons 4 im Erdgeschoss im Raum R2-South.[34] Mit der Angabe der Himmelsrichtung verband sich für Pitt eine irreale Hoffnung, dass sich das Kunstwerk wieder als echtes Glasfenster etabliert habe. Pitt weiß nicht, ob er es noch schafft, Jacques Rodriguez' freundliche Einladung zu einer persönlichen Führung wahrzunehmen. Er hat sich vorgenommen, sein Buch über Pechsteins Glocke anlässlich der 113. Konferenz im Juni 2025, sechzig Jahre nach der ersten Begegnung mit ihr, in die ILO-Bibliothek nach Genf zu tragen. Das Glasfenster hat seinen ursprünglichen Rang als Sonnengeschöpf verloren, es ist ein ornamentales Werk[35] geworden. Die fünf Paneele wurden in einen Metallrahmen gefasst und werden von innen elektrisch beleuchtet.[36] Pitt wünschte, wenn seine „Recherche" gelesen werden sollte, dass eine Völkerwanderung zu diesem Fenster einsetzte ähnlich der aktuellen (2024) in Hamburg zu den Bildern von Caspar David Friedrich, Schöpfungen einer bizarren Romantik, die nun wirklich nicht modern sind, doch von den Kuratoren als „Kunst für eine neue Zeit" sehr wirksam beworben werden.

9 Arbeit, Handel, Wohlstand

Den Haupteingang der Welthandelsorganisation (WTO) im Centre William Rappard behüten zwei Statuen aus der Zeit, in der die ILO dort die Hausherrin war. Sie haben Namen, links „Peace“, rechts „Justice“, geschaffen wurden sie 1925 von Luc Jaggi, dem Schöpfer der Genfer Büste Henry Dunants, des Gründers des Roten Kreuzes.

Die Plastiken gehören zu den immobilen Kunstwerken, die von der ILO nicht in das neue Gebäude transportiert werden konnten, wie viele symbolische Darstellungen an den Wänden prominenter Räume, wie z. B. in der Salle des Pas Perdus von Gustave-Louis Jaulmes die erhebende Darstellung der „joie universelle“ oder der „travail dans l'abondance“; festgefügt auch das Paneel der Delfter Kacheln von Albert Hahn jr. oder das schäumende portugiesische Marinebild von Jorge Colaço. Über allem schwebt die „Dignity of Labour“ von Maurice Denis, der nach Pechsteins Werk seine Gedanken noch einmal aufgegriffen hat; auch er, der Lehrer der Tamara de Lempicka, ist den Raubzügen der Nazis nicht entgangen. Die ILO-Werke der „entarteten“ Künstler „weathered the wartime“[37], wobei ihnen zu Hilfe kam, dass Deutschland die Völkerbundfamilie 1933 verlassen hatte.

Die symbolischen Figuren der alten ILO-Residenz passen auch zum Geist der Welthandelsorganisation, und die Architekten waren gut beraten, sie in allen Renovierungen am Leben zu lassen. Die Ideale von Gerechtigkeit und Frieden standen 1919 als Leitsterne über der Gründung der Arbeitsorganisation. Die ILO war als Chapter 13 des Versailler Friedensvertrags entstanden. Wir sprechen vom „Arbeitsfrieden“ in den Intervallen von Arbeitskampfen, als Gewerkschafter kämpfen wir für den „gerechten“ Anteil von Arbeitnehmern an der Wertschöpfung. Übernationale Vereinbarungen über Arbeitsbedingungen, die sich immer in Kosten niederschlagen, sollten Verzerrungen des Wettbewerbs zwischen den Ländern vermeiden helfen.

Diese Werte lassen sich aus der Arbeitswelt mit ihren Kontrahenten sehr wohl übertragen auf die länderübergreifenden Handelsbeziehungen. Im Handel soll der Kampf um Weltmarktanteile nicht in Unfrieden, ja imperialistische Attacken, die es gegeben hatte, ausarten und die Produzenten aller Länder, kleine und große, sollten die Chance haben, sich in den gemeinsamen globalen Wertschöpfungsketten mit ihren besonderen Leistungen nach fairen Regeln behaupten zu können. Lass sie sitzen, die beiden Damen, dachten sich Architekten und Organisatoren, als sie dem GATT, das 1995 nach langen Diskussionen zur World Trade Organisation mutierte, ein Domizil in der friedlichen Schweiz schufen.

Es lohnt sich für alle Menschen, einmal über den Zusammenhang zwischen den Weltassoziationen des Handels und der Arbeit nachzudenken. Ein Mann wie Pechstein wird sich viele Gedanken über den Charakter der Internationalen Arbeitsorganisation gemacht haben, nicht nur, weil er dem Auftrag neben den künstlerischen Anforderungen auch in der Sache gerecht werden wollte. Pitt wird später – mit den Worten Pechsteins – darstellen, dass er als verirrter Seefahrer die Arbeitswelt auf den alleruntersten Rängen, sozusagen auf dem Sklavenniveau, kennengelernt hat. Wir Weltbürger schauen immer auf die United Nations Organisation, die UNO – diese Utopie, die mit einem so sinnvollen Akronym die Eins, die Eine Welt, heißt. Dabei ist sie vielleicht die Institution, auf die ein normaler Arbeits- und Wirtschaftsbürger am wenigsten bauen sollte. Denn auf der Weltbühne der UNO hängen die Fragen des Weltgeschicks von Blockvoten der Großmächte ab, die im selbstverliebten Spiel der Potentaten und der Diplomatie in ihrem Gefolge völlig blind sind für die Sorgen der Menschen.

Hingegen die ILO und die WTO. Von den Wirkungen ihrer Beschlüsse sind wir jeden Tag in tausend Details betroffen, in nadelspitzenfeinen Dosierungen, oft mit der homöopathischen Verdünnung von Entscheidungen, die manchmal erst in Jahren wirksam werden. Die Handelswelt hängt mit der Arbeitswelt zusammen, die Arbeitswelt diktiert dem internationalen Handel Bedingungen für die Produktion, für den

Absatz, für die Einkommen, die aus ihm resultieren. Es ist ein ungeheures, fein verästeltes, in Milliarden Synapsen zusammenhängendes Steuerungssystem, das von keinem zentralen Willen bewegt wird, sondern von gebündelten staatlichen, non-gouvernementalen und privaten Einflüssen und Bestrebungen. Und die ILO und die WTO wachen über die Regeln dieses hochsubtilen Zusammenspiels. Sie können nicht verhindern, dass sich der souveräne Eigenwille der Staaten immer wieder brachial Bahn bricht, dass Staaten im nationalen Eigeninteresse die gemeinsame Arbeit blockieren, die Umsetzung gemeinsamer Beschlüsse verweigern oder sich stoisch sperren, bestimmte Probleme, die Menschen Sorgen machen, auf die Tagesordnung zu setzen. Und nicht selten wallen in den Mitgliedsländern volksbewegte Proteste gegen die Auswirkungen überstaatlicher Beschlüsse hoch und legen sie dann für Jahre auf Eis. Die Weltbank hat 2023 nahezu dreitausend Einschränkungen des internationalen Handels registriert, fünfmal so viele wie im Jahr 2015.[38]

Gerade in diesem Jahr (2024) – voll von Spannungen in den Beziehungen der Völker wie vor dem Ersten Weltkrieg, als Max Pechstein und seine Frau Lotte (Charlotte)[39] beschlossen, ihren explosiven Kontinent für eine entspannende Weile zu verlassen – hat es die WTO wieder schwer, ihrem Auftrag gerecht zu werden. Große Player, wie die USA, blockieren seit langem ihre Arbeit, große Mächte wie Russland sind vom Handel mit weiten Teilen der Welt ausgeschlossen, China versucht ungeniert, eigene Regeln zu etablieren, Indien hortet gewaltige subventionierte Lebensmittelvorräte, die wie Sperren im Handel wirken, die Handelswege zu Land und vor allem zu Wasser sind durch terroristische Angriffe gestört und die Länder locken Unternehmer mit gewaltigen öffentlichen Schuldenmitteln in die Industrieansiedlung oder schotten Märkte ab, wie es die alten vorindustriellen Merkantilisten taten. Immer wieder empfinden Länder die vereinbarten Regeln als lästig und schließen mit einzelnen anderen Staaten oder -gruppen Sonderverträge ab. Ein verhängnisvoller Artikel 21 der Satzung erlaubt es Ländern, eine Gefährdung ihrer nationalen Sicherheit zu behaupten und Strafzölle zu verhängen. Das alles bedeutet Wohlstandsverluste, das alles bedroht die Entwicklung, in der in den letzten zwei Jahrzehnten Milliarden Menschen aus der absoluten Armut geführt wurden. Selbst das starke Deutschland muss Sorgen haben, denn eine seiner starken Industriesäulen, der Maschinenbau, exportiert 80 Prozent seiner Anlagen ins Ausland.

Das durch die internationalen Handelsregeln bedingte Wachstum hat das Leben von Hunderten von Millionen Menschen verbessert. Seit 1995 ist der Anteil der in extremer Armut lebenden Menschen in Ländern mit niedrigem und mittlerem Einkommen von 40 auf etwa 11 Prozent gesunken, und der Handelsanteil am Inlandsprodukt hat sich auf 32 Prozent verdoppelt. Kindersterblichkeit und Unterernährung haben sich verringert, der Zugang zur Bildung, Gesundheitsversorgung und Elektrizität hat sich verbessert. Das Vorurteil, der globale Handel führe zu mehr Ungleichheit, ist längst widerlegt.[40]

Trotz mancher Probleme: Die WTO mit ihren 174 Mitgliedsländern bleibt für die Welt wichtig, und gerade in diesem Jahr sind wieder zwei Länder Mitglied geworden. Es sind nur kleine Länder, nämlich das asiatische Osttimor und der afrikanische Inselstaat Komoren. Das auch die Zwerge WTO-Mitglieder werden wollen, zeigt, dass der Welthandel auch im Schatten von Riesen kostbare sonnige Flecken offenhalten kann, in dem wertvolle Früchte für kleine Völker gedeihen.

Das Traumland, in das die Pechsteins 1914 entwichen – ja, anders kann man das nicht nennen –, ist heute noch so klein, dass es nicht einmal Mitglied der WTO geworden ist. Seine Einwohnerzahl ist nicht einmal halb so groß wie die des Ortsteils von Hamburg, in dem Pitt wohnt. Aber ganz und gar kann der kleinste Staat nicht internationaler Solidarität entbehren. In diesem Jahr (2024) ist Palau das 186. Mitglied der World Customs Organization geworden, der WCO. Sie ist ein Verein der Zöllner und der nationalen Zollbehörden, der sich um die Effizienz von Zollsystemen, um Erhebungs- und Kontrollmethoden und die Regeln für störungsfreie Abwicklung von Handelsströmen an den Grenzen kümmert. Vielleicht betreibt sie auch ein bisschen Imagepflege für einen Beruf, der seit biblischen Tagen sehr unfreundlich betrachtet wird. Selbst eine Welt, die völlig offen wäre, würde immer Grenzen kennen, so wie jede Gemeinde nicht ohne Zäune auskommen kann. Grenzen und Zäune gehören zur conditio humana, sind die minimalen Voraussetzungen dafür, dass Nachbarn friedlich miteinander auskommen.

Dazu gehört auch, das einer zwar auf einer Insel leben kann, aber keiner eine Insel ist. Den Eingangsvers des Gedichts von John Donne (1572–1631) hat Ernest Hemingway seinem Roman „Wem die Stunde schlägt" vorangestellt. Denn das Gedicht sagt an seinem Schluss, dass keiner fragen solle, wem die Stunde schlägt, denn sie schlägt auch für ihn: to whom the bell tolls. Die Stunden werden von den Glocken geschlagen.

10 Palau ein Traum

Eine Sonne in einem blauen Feld – das ist die Flagge, das sind die Farben von Palau. Die Welt sah sie am 26. Juli 2024 bei der spektakulären Eröffnung der Olympischen Spiele, als auch die Palauer mit über zweihundert anderen Nationen auf der Seine zum Eifelturm fuhren, jedes Team auf seinem Boot. Sie nimmt sich nicht so prächtig, nicht so strahlend, nicht so kontraststark aus wie Pechsteins „Aufgehende Sonne" von 1933, die Pitt im Saarlandmuseum gesehen hat, nachdem er sie zum ersten Mal in der Bucerius-Ausstellung vor seinen schier geblendeten Augen hatte. Kein Zusammenprall von Hellbläue des Himmels und des Tiefblaus einer Berg-und-Pinien-Szene, sondern eine schlichte Sonne, die sich aber auch nicht an ihrem Himmel verstecken will.

Wollte Pechstein seinen Kontinent für immer verlassen? Hatte er ursprünglich den Plan, für „einige Jahre" in den „Gefilden der Seligen" zu sein, so spricht er später, nachdem er sein Paradies als ein neuer Adam gefunden zu haben glaubte, von seiner Hoffnung „nicht nach Europa zurückkehren zu müssen".[41] Er ist ja in Begleitung einer Eva, seiner Frau Lotte, die in seinen Erinnerungen an Palau nur als ein Begleitschemen erscheint (er hat sich nach dem Krieg von ihr getrennt). Dass er schließlich zurückkehrte, war brutaler Gewalt geschuldet, nämlich dem Krieg. Europa verlassend, hatte er die Kulturerfahrung Dresdens, Italiens, Frankreichs, Berlins als „äußeren Behang" von sich „abgeschüttelt" und erlebt, wie in der neuen Landschaft, in der alles „zufriedenes Leben" atmet, in diesem „tiefsten Gefühl der Menschengemeinschaft" der „Junge" aus ihm „herausspringt", der in der Landschaft der Kindheit ineins mit der natürlichen Umgebung, mit Fischern, Bauern und Arbeitern gelebt hat.

Nur Seele und Körper sind auf den Inseln von Palau – es sind über dreihundertfünfzig. Sein Kopf muss im Deutschen Reich bleiben, denn die Inseln, die ursprünglich von Spaniern besetzt worden waren, sind nach einem spanisch-amerikanischen Krieg an das Deutsche Reich verkauft worden (und wurden nach dem Krieg ein Mandatsgebiet des Völkerbunds und bis zum Erlangen der Unabhängigkeit im Jahr 1994 der amerikanischen Administration unterstellt).

Der Hüter des kleinen Inselreichs im größeren von Deutsch Neu Guinea ist ein Herr Winkler, der sich – ganz im Sinne Pechsteins – eifersüchtig gegenüber der Welt zeigt und sein Dominium strikt abschirmt gegen alle europäischen Einflüsse, die einheimische Kulturen in anderen Gebieten der Südsee schon mit ihren Schrammen lädiert haben. Der Zauber der Inselwelt am Ende des Regenbogens (wie Palau sich positioniert) ist erhalten geblieben, mit allen ihren „primären Zeugnissen des Schönheitssinns" und der „Lust zur Formbildung", ausgedrückt auch in einer „primitiven Ornamentik". Die einzige Gabe aus dem Norden, die Pechstein einschleppt, sind die paar Gläschen Rum, die er den Häuptlingen zu ihrem Entzücken einschenkt als Dank für ihre uneigennützige kollektive Hilfe beim Bau seines Hauses und seiner Werkstatt.

Er spricht von Werkstätten und nicht vom Atelier. Er will nicht nur malen und zeichnen – was er unentwegt tut, jede Exkursion, jede Aktivität und das gesellige Leben mit seinem Stift begleitend –, er will auch handwerklich arbeiten, als Landwirt in der Produktion seiner Nahrungsmittel (er braucht „kein Geld zum Leben"), beim Angeln und Fischen, bei der Jagd und dem Schlachten der Wildziegen und -schweine, beim Schnitzen mit Teakholz, dessen Härte ihn herausfordert und entzückt, beim Bootsbau, bei der Herstellung von Werkzeugen. Er braucht keine Uhr bei seiner Arbeit, denn die Sonne „springt" nahe am Äquator um Schlag 6 auf wie ein Ball und fällt um sechs, und die Länge des eigenen Schattens gliedert den Tag. Die Sonne ersetzt beim Backen des Brots den Ofen. Schon auf der Reise nach Palau hatte er in Hongkong und in seinem Hinterland die „Kultur des Handwerks" studiert und bewundert.

Sein „auf ein paar Jahre" angelegtes Inselleben wird zivilisatorisch abgesichert durch die vierzig Kisten des Lebens- und Arbeitsmaterials, die er auf der Schiffsreise mit dem Dampfer „Koblenz" von Manila nach Angaur, der südlichsten Insel der Palau-Gruppe, durch einen Taifun, wie ihn die

Südsee oft erlebt, gerettet hat. Seine Erwartung einer „unentzweiten Einheit von Natur und Mensch" erfüllt sich rasch und glänzend. Und auch eine der kleinen unbewohnten Inseln nennt er irgendwann sein Eigen.

Pechsteins künstlerisches Schaffen auf Palau kann Pitt nicht beschreiben, und er kann auch nicht vermitteln, wie sich die schöne Prosa Pechsteins aus seinen unmittelbaren Notaten in eine poetische Erlebnissprache übersetzt, wie es Wolfgang Koeppen nicht besser gekonnt hätte, auch nicht Gottfried Benn mit dem reinsten lyrischen Phantasiewerk „Palau", in dem der Hörer – er hat es in seinem schönen Singsang vorgetragen – immerhin den Takt der Tänze erlebt, die Pechstein beschwört.

Mit Lust und Sorgfalt schildert der Maler Methoden und Materialien des handwerklichen Schaffens, beim Bau des eigenen Hauses, beim Bau des Kanus, das mit Fries und Perlmutt geschmückt wird, beim Pressen des Öls aus Steinnüssen, die er zum Kalfatern des Kanus braucht, beim Bau von Flößen zum Transport von Baumaterial, beim Bau einer Hütte für das Schnitzwerk. Für die Frühstücksbrötchen wird eigens ein Backofen gebaut, die Steine werden mit Mörtel aus schwarzer Erde gefugt, und der Sauerteig wird mit Hilfe des Kokoswassers gefertigt. Die Kochkunst und das Hantieren mit den Früchten der Südsee zu Land und zu Wasser werden zelebriert. Kurzum: er ist der typische Autodidakt in seinem handwerklich-technischen Selbststudium.[42] Er beobachtet die Kunstgriffe der Tätowierer und „sammelt" Flora und Fauna mit seinem Malerblick, sieht Schmetterlinge, die Blumen zu ersetzen scheinen.

Im Oktober 1914 hat der Krieg das Paradies erreicht. Der Postdampfer „Prinz Eitel Friedrich", zum Hilfskreuzer der Kriegsmarine umgerüstet und in den Handelskrieg geschickt, kreuzt vor den Inseln. Im Ersten Weltkrieg stehen die Japaner gegen die Deutschen und ergreifen Besitz von dem wundersamen Archipel über den Korallen, erst im Zweiten sind sie Verbündete. Pechstein muss alles liegen und stehen lassen. Der Kanonenschlag des Weltkriegs hat ihn aus allen Träumen von einem kreativen Leben ohne Zwang, aus dem „Schauen und Schaffen" gerissen. Befreit aus kurzer Gefangenschaft in seinem eigenen Haus, segelte er zum letzten Mal mit seinem Boot „auf den Wassern der Südsee“ zu einem japanischen Dampfer, der ihn aufnimmt – mit einem japanischen Dampfer und seinem liebenswürdigen Kapitän hatte er bei seiner Ankunft die „letzte Meile“ zu seiner Trauminsel zurückgelegt. Alles ist verloren, bis auf einen Tropenanzug und einen Anzug für die Zivilisation, einer Reisetasche und einigen Kisten mit Arbeitsmaterial.

11 Künstlers Verlockung

Ganz unbeleckt von westlichen Traditionen sind die Menschen des Inselstaates Republik Palau – mit ihrer den Vereinigten Staaten entlehnten Bundesverfassung mit 16 von Häuptlingen geleiteten Ländern – nicht: fast drei Viertel gehören christlichen Kirchen an. Die Missionare mit ihrem Zentrum auf der Insel Babeldaob sind sehr zielstrebig gewesen. Die von Pechstein geliebte Eigenart der Palauer haben die Missionare nicht beeinträchtigt, sogar ihre administrativen Bauten hätten sich, schreibt er, der „schönen Bauweise" des Ortes angepasst. Pechstein lobt sie dafür, dass ihnen die hygienische Fürsorge ebenso wichtig war wie das christliche Bekenntnis.

Was hat Max Pechstein mit Hygiene gemeint? Haben die Missionare die Neubekehrten zu Sauberkeit, Reinlichkeit angehalten, zu Vorkehrungen gegen die Gefahr epidemischer Leiden, ist eine umfassende Gesundheitsvorsorge gemeint? Er hat in seinem Umgang mit den Menschen – beim Baden, Fischen, Tanzen und Tafeln – gewiss keinen Anlass gefunden, um die Gesundheit der insularen Mitmenschen in seinem „Paradies" fürchten zu müssen. Gemeint ist wohl, dass die Missionare, ihre Missionszentralen im „Abendland" und die deutsche Kolonialverwaltung die wenigen Beamten auf dem Wege einer subsidiären Amtshilfe angehalten haben, die Zufriedenheit der Palauer und ihre Lebens- und Arbeitskraft zu erhalten, auch präventiv, denn die Mittel für ärztliche und klinische Betreuung Kranker werden schwach entwickelt gewesen sein. In den Kolonialgebieten standen oft die Krankenhäuser neben den Kirchen.

Pitt erinnert sich aus seiner Jugend an die große Begeisterung der Menschen für die Urwaldklinik Albert Schweitzers, des Arztes und tätigen Menschenfreundes im Zeichen des „Pelikan von Lambarene", eines humanen Protests gegen nachlässiges koloniales Regiment als Lebensaufgabe, wie es ihn selten gegeben hat. Pechstein hat in seinen Aufzeichnungen keine Kritik am Kolonialismus geübt, sondern ihn offenbar als Zeitphänomen naiv akzeptiert, zumal die okkupierte Inselwelt seinen persönlichen Ambitionen entgegenkam; als er sie schrieb, gab es noch nicht den (reichlich verspäteten) nachkolonialistischen Protest der heutigen Zeit.

Was hat das Paar Pechstein in seinen 40 Kisten als Reisegepäck mit sich geführt? Sicher ein Sortiment der zeitgängigen Medikamente gegen tropische Malaisen und elementare Instrumente und Mittel medizinischer Selbstversorgung, auch wohl alle die Utensilien der Körperpflege, auf die ein zivilisierter Mensch nicht gern verzichtet. Vielleicht hat er in den wenigen Monaten seines Insellebens aus einer Hausapotheke rasch wirkende Mittel gegen Unpässlichkeiten hervorgezaubert, die ihm das Image eines Medizinmannes gegeben haben, nicht nur wegen des Gläschens Rum, der überall in der Welt als Medizin gilt.

Ganz sicher wird er neben seinen künstlerischen Utensilien auch Werkzeuge und ein gewisses Do-it-yourself-Sortiment mit sich getragen haben, zu Zwecken der Wohnungsfürsorge, der Reparatur unverzichtbarer Geräte, vielleicht ein kleines Gewürzarsenal oder konservierbare Ingredienzen für Mahlzeiten, die doch manchmal an heimische Küche erinnern sollen.

Werkzeuge! Werkzeuge aus Stahl oder Eisen, die geschärft und in der Kraftübertragung Wunderdinge vollbringen helfen. In Ländern ohne Rohstoffbasis für diese überaus nützlichen Dinge in einer elementaren Volkswirtschaft, die noch nicht genug attraktive Tauschmittel für effektive Produktionsmittel einsetzen kann, stehen Werkzeuge an der Spitze der Wunschpyramide, mag der Besitzanspruch auch durch Genügen geprägt sein. Der „weiße Mann“, der in die frühen natürlichen Landschaften des Südens eindringt, wird von den Einwohnern auch als der Meister und Eigner der so wirkungsmächtigen Werkzeuge bewundert und ein bisschen beneidet worden sein. Symbolisch und wörtlich sind die „Hammer und Beile“ Objekte stärksten Begehrens. Das hat Heinz Schütte, Soziologe in Paris, viele Jahre Professor einer australischen Universität und Forschungsreisender in der Südsee, in einem spannenden Buch beschrieben.[43]

Als Künstler suchte Pechstein seine neue Welt, und sie konnte wohl nicht kleiner und unscheinbarer und dennoch vielversprechender sein als diese Eilande im Brillantsplitter vieler Kleinstterritorien. Vielleicht hat er räumliche Alternativen der Zivilisationsflucht, die ja im Kaiserreich wie in unserer Gegenwart in vielfältigen Formen attraktiv waren, gemieden, denn trotz einer wohl wenig antikolonialistischen Presse wird es Berichte von den Gräueln gegeben haben, die es neben den zivilisatorisch nachhaltigen Großtaten – Bildung, Gesundheit, Verkehrswege, Markterschließung – nicht nur vereinzelt gegeben hat. An der Jahrhundertwende werden die kriegerischen Massaker mit dreihunderttausend Toten allein in Tansania in der deutschen Öffentlichkeit nicht unbeachtet geblieben sein. Auch wird die Presse über die geradezu rituelle Hinrichtung des Stammesführers Mangi Meli mit achtzehn rebellischen Gefährten an einem weit ausladenden Akazienbaum in Old Moshi am Fuße des Kilimandscharos am 2 März 1900 berichtet haben – 125 Jahre später tut sie es jedenfalls gründlich.[44]

Heinz Schüttes melanesische Erkundungen galten der Frage: wie haben sich die Kolonialkontakte, wie haben sich kulturelle Kontraste auf die Menschen und die Gesellschaften in diesem Südseeraum ausgewirkt? Die Kolonialpolitik war im Prinzip an den Interessen derer ausgerichtet, die sich von kolonialen Besetzungen, Eroberungen, auch Verträgen, begünstigt sahen im Bewusstsein kultureller Überlegenheit, die im Deutschen Reich den Werthaltungen des deutschen Kleinbürgertums entsprach.[45] In diesem Zusammenhang waren auch die Missionen – sogar über den mentalen und geistigen Treibriemen der biblischen Botschaft – die Träger eines kulturell spezifischen Arbeitsverhaltens, von Ordnung, von so genannten guten Sitten, von Disziplin. Der Zivilisationsauftrag verlangte – auch als „Projekt der Missionen“[46] – eine Art vorindustrieller Domestikation zur Eingewöhnung in die rational-kapitalistische Arbeits- und Produktionsweise.[47] Die runde, bergende Welt natürlicher Räume wurde, wie es Schütte anschaulich formuliert, der „geraden Linie“ und dem „rechten Winkel“ eingepasst.[48]

Das alles griff tief in Lebensgewohnheit und Lebenslust ein. Wie beredt und begeistert schildert Max Pechstein die Gemeinschaftsgelage der Dorfbewohner, die ihm geholfen hatten, auch das Ineinander von harter Arbeit, Ausgelassenheit, Lachen und unterschiedlichem Arbeitstempo. Kapitalistische Arbeit ist regelmäßige Arbeit, das gilt auch dann noch, wenn in der westlichen Welt die Zeitumstände, wie Kriege oder die lähmende Pandemie der 2020er Jahre, den zeitlichen und räumlichen Rahmen lockern.

Für die Mitte des vergangenen Jahrhunderts hat der Generaldirektor der ILO, David A. Morse, in einem Bericht an die Konferenz[49] dargelegt, welch wichtige Rolle das Internationale Arbeitsamt – das ja den Interessen sowohl der Arbeitgeber wie der Arbeitnehmer dient – in den zu entwickelnden Ländern dabei spielen kann, den immer breiter werdenden Schichten der Bevölkerung, die in eine sich unaufhaltsam industrialisierende Gesellschaft gezwungen werden, zu helfen, althergebrachte familiäre und soziale Ordnungen zu verlassen und neue Werte und Arbeitshaltungen zu trainieren, wohlwissend, dass sie sich von den natürlichen Bedürfnissen der Menschen mehr und mehr entfernen, und manche verzögerte Anpassungen machen auch modernen Ländern noch heute mit Friktionen und Widerständen zu schaffen. Diese Transformation muss schonend aufgefangen werden, damit sie von der Bevölkerung akzeptiert wird. Nicht nur die Einzelnen, sondern die ganze Gesellschaft erleben die Arbeit als „wok"[50] – das ist in Melanesien der Ausdruck für eine erzwungene Arbeit, die nicht Sklavenarbeit ist, doch der Schlüssel zu europäischen Waren.

Max Pechstein ist den Weg der Industrialisierung und Kommerzialisierung gleichsam zurückgegangen, von belastend empfunden Zwängen zu den Ursprüngen ungebundener Kreativität in tragenden Gemeinschaftsformen und -erlebnissen. Er hat sich in seinem Erleben und seiner Kunst, auch in seinem alltäglichen Schaffen zur Sicherung des Lebensunterhalts, „entindustrialisiert" (dieser Prozess wird heute von vielen als „Entschleunigung" erstrebt und stilisiert). Es entzieht sich Pitts

Beobachtung und Urteil – doch vielleicht hat Pechstein als Maler einen Weg zurück aus den Formen des Expressionismus und seiner „Schulen" gesucht, um in einer Tiefenschürfung dem Eigenwillen in Freiheit wieder ein neues Wurzelwerk zu geben und Gassen zu bahnen.

Wahrscheinlich hat er auf diesem „Weg zurück", der nicht reaktionär ist, das gefunden, was auch der faszinierte Forschungsreisende Heinz Schütte an sich erlebt hat: nämlich die „Verlockungen des Ganz-Anderen" und die „Dechiffrierung des bei sich selbst Verborgenen, das sich im Prozess der Konfrontation des Eigenen mit dem Fremden herausschält."[51]

12 Höllensturz

„Alles geben die Götter, die unendlichen / Ihren Lieblingen ganz: / Alle Freuden, die unendlichen, / Alle Schmerzen, die unendlichen, ganz." Ergänzt werden Goethes Verse aus einem Brief an die Gräfin Auguste zu Stolberg durch einen Satz im „Wilhelm Meister": „Wir leben im Gewinn und Verlust". Und manchmal beschreiben die Zustände zwischen dem „himmelhoch jauchzend" und dem „zu Tode betrübt" eine Fallhöhe, die grotesk oder schikanös anmutet.

Vom Paradies auf ziemlich direktem Weg in eine Hölle, in der buchstäblich die Feuer brennen. Nach kurzer Gefangenschaft in Nagasaki gewähren ihm die chevaleresken Amerikaner Asyl in Manila, leihen ihm das Geld für eine Schiffsreise im Zwischendeck zwischen Chinesen, Malaien und Indern, gegen die er im Schachspiel verliert, und gönnen ihm einen Kurzaufenthalt in Honolulu und am Wai-kiki-Strand – wo er den fortschreitenden Entwicklungsprozess in Richtung Export und Tourismus kritisch beobachtet. Das Golden Gate ein Tor zum fernen Deutschland, New York Schauplatz einer halbjährigen prekären Plackerei, um das Geld für falsche Papiere zu verdienen, denn auf Deutsche sind überall Fangprämien ausgesetzt – ein Deutscher, der die Menschen umarmen möchte, wird zu ihrem Erzfeind. Der Heuerbas am Hoboken vermittelt durch Bestechung eine Stelle als Trimmer auf einem neutralen Schiff. In der Gluthölle eines Schiffs. Das Gefühl, kein Geld zu brauchen, war auf Palau ein Glücksgefühl, in der Zivilisation ist Mittellosigkeit ein demütigendes Gefühl, das nur durch Noblesse verhindert werden kann.

Vierzehn Tage im „elendsten Beruf", den es gibt, für 4,50 $ die Reise. Er geht unter die „Feuerleute", in drei Räumen je 24 Mann, in kastenförmigen Verschlägen auf den mit Trockenspänen gefüllten Matratzen, die Habseligkeiten in einem Fach, dessen Schlüssel sichernd am Körper getragen wird, ein Netztuch für den Schweiß, eine Kappe, Holzschuhe gegen Feuer und Brand. In drei Schichten täglich zwei Wachen von 5 bis

9 morgens, und 5 bis 9 abends, es läutet keine Glasenuhr zu den Wachen. Die Hölle hat 36 Feuer, jeder Feuerteufel muss 9 Feuer bedienen, ihre Asche abtragen, neue Kohlen auf Karren herbeischaffen, d. h. zwei- bis dreimal in der Stunde mit dem Eimer mehrere Etagen hoch auf heißen, glatten Eisenleitern als Elevator.

Die Industriewelt auf ihren härtesten Kern reduziert. Tempo, Tempo, Tempo. Der Mensch ein Anhängsel der Maschinen in Gluthitze, Kohlenstaub, grellem Licht. Nach drei Tagen weiß der „Trimmerkollege" Pechstein, dass er die Sklavenarbeit, die kein „wok" ist, körperlich und moralisch schafft. Verpflegung und Behandlung „nichtswürdig". Kurze Erholung am Waschbottich, Essen aus Bottichen, Labskaus (nicht das geliebte Labskaus, das Pitt im Old Commercial Room am Hamburger Michel genießt), schwarzer Kaffee, am Donnerstag ist „Fischersonntag", da gibt es Bohnen und Rindfleisch. Gestohlene Minuten für eine Tabakpause mit Pfeife (im Bucerius-Katalog eine Reihe von Selbstporträts mit Pfeife, eins heißt „Krankes Selbstporträt").

The möff – so nennen die Trimmer die Deutschen – muss sich gut tarnen, um seine nationale Identität zu verbergen. Er verbannt das Taschentuch und schneuzt sich mit den Fingern und spuckt artistisch über die Köpfe der Kollegen hinweg. Seine Mimikry ist perfekt, auch im Sprachlichen – er hätte wohl Günter Wallraff für seinen Türken Ali als Vorbild dienen können. Zu viele sind erpicht, ihn zu denunzieren, und mancher hat Verdacht geschöpft, und bis zuletzt, bis zu den britischen Kontrollen in Dover, hält er die Maskerade durch (dort werden fünf Deutsche gefangen von Bord geholt).

Vor nicht langer Zeit hat er sich im „tiefsten Gefühl der Menschengemeinschaft" wohlgefühlt. Jetzt muss er eine Strategie entwickeln, den „Ekel zu unterdrücken". Wo Menschen – und gewiss nicht der allerkultiviertesten Art – auf engstem Raum zusammen schuften, zusammen schwitzen, oft in körperlicher Berührung, wo die Solidarität des Arbeitsjochs oft genug durch Missmut, Gereiztheit und aggressive Abgrenzung gestört wird, wo Gerüche wabern, wo im Schmutz der Arbeit das Menschengesicht verdunkelt ist, wird der Mensch empfindlich auf den Mitmenschen reagieren, denn er wird dann als Gegenmensch gesehen. „Ekel“ ist ein brutaleres Wort für das feinsinnigere „Idiosynkrasie“, einer Empfindlichkeit gegenüber aufgezwungener Menschennähe, wie manche sie zum Beispiel im öffentlichen Personennahverkehr – nicht nur in den vollgestopften Zügen Tokios oder New Yorks zu Stoßzeiten – erleben.[52] „Ekel“ ist auch ein Ausdruck für die Verzweiflung einer Vergewaltigung.

Der Maler hat ein Überlebensmittel in diesem mörderischen Arbeitskampf. Er kann sich Bilder vorstellen – wie der taube Komponist sich Töne vorstellen kann, und das tut er in vielen Atempausen. Er sieht die Bilder, die niemand sieht, in einer „grün glühenden Grundfarbe“, nicht nur weil sie die Komplementärfarbe zum Glutrot ist. Sie ist das sinnliche Korpus der Erinnerung an das verlassene Paradies, an die „niegeglaubten Farben“ der Korallenriffe.

Das südpazifische Abenteuer, das in die absolute Freiheit führte, endete in mehrfacher Gefangenschaft. Ihr entflieht er endgültig in Rotterdam, wo er – wie einer der leichtsinnigen Kadetten auf einem Segelschulschiff – sich an der Ankerkette an die Mole flüchtet, den Seesack auf dem Rücken, weil auf dem Fallreep die letzte Gefahr einer Entdeckung lauert, über einen Eisenzaun klettert wie die Kokainschmuggler im Hamburger Hafen. An der deutschen Grenze eine neue Gefangenschaft, ihr Name ist Wehrdienst und Front und „Kadavergehorsam“, die zwischen zwei Soldaten mit Pickelhaube in Wesel beginnt. Er darf in Berlin seine Wohnung und sein Atelier aufsuchen – beide sind leergeräumt. Hier begibt er sich auf der „Pappkartonstraße“ zum Dienst mit der Waffe, erwirkt noch einen Urlaub für Zwickau, wo er seinen Sohn Frank wiedersieht.

Ob in den Sonnenuntergangsbildern der frühen 20er Jahre auch die Erinnerung an die Feueröfen glüht?

„Es war immer dieselbe Pfeife“ ist ein Kapitel[53] im Bucerius-Katalog überschrieben. Das grandios souveräne „Selbstbildnis mit Hut und

Pfeife“ von 1918 zeigt einen bald Vierzigjährigen, der die Vertreibung aus dem Paradies, die Arbeitshölle, Reisen durch Gefangenschaften und den Krieg überstanden hat.

13 Frieden und Gerechtigkeit: ILO

Peace & Justice – die Namen der Torhüterinnen der 1919 geschaffenen Internationalen Arbeitsorganisation (jetzt einmal: IAO statt ILO) und des 1926 erbauten Internationalen Arbeitsamtes (IAA) – stehen für die sozialpolitische Weltorganisation, deren geistige Wurzel in einem Satz der Präambel der ILO-Verfassung beschrieben ist: „Der Weltfriede kann auf die Dauer nur auf sozialer Gerechtigkeit aufgebaut werden". Die Verlierer des Ersten Weltkriegs, Deutschland und Österreich, traten ihr schon bei, als sie noch nicht Mitglieder des Völkerbundes waren. Die ILO ist Ausdruck eines „tätigen Internationalismus", die den „Lebensproblemen von Millionen Menschen"[54] (aber es sind Milliarden!) entspricht. Sie entstand aus dem Völkerbund-Diskurs während und am Ende des Ersten Weltkriegs als Teil des Friedensvertrages (Chapter 13), dem die Deutschen den Stempel „Versailles" aufgedrückt haben.

Max Pechstein, der sich in den Revolutionsmonaten bis zur Etablierung einer zerrissenen, doch stabilen Weimarer Republik als Künstler und als Mensch vielfältig für die neue Ordnung eingesetzt hat, wird auch die Diskussionen über die Gründung der ILO aufmerksam verfolgt haben. Der Künstler musste sich nicht betroffen fühlen durch die neuen universellen Arbeitsnormen, die schon 1919 in Washington aus dem Schoß der eben gegründeten ILO kamen: den 8-Stunden-Tag, das Verbot nächtlicher Frauenarbeit und den Mutterschutz, die Begrenzung der Kinderarbeit.[55] Hat er, der passionierte Pfeifenraucher, zur Kenntnis genommen, dass der weiße Phosphor, mit dem Zündhölzer gefertigt wurden, als hochgiftig verboten wurde (auf Palau hatte er das Verladen von Phosphatdünger auf seiner „Vogelinsel" beobachtet)? Doch aufgemerkt wird er haben, dass eines der ersten Übereinkommen der Schifffahrt galt, mit einer ersten Sonderkonferenz in Verona. Ihm steckten die Schrecknisse der transatlantischen Überfahrt eines Schiffes, das er als Sklavenschiff empfinden musste, noch tief in den Knochen.

Im globalen Feld der Wirtschaft – in der großen Schnittmenge von Welthandel und Arbeit – spielt die Schifffahrt eine konstitutiv große Rolle. Ihre wirtschaftliche weltverbindende Bedeutung steht in einem krassen Missverhältnis zu den traditionell schlechten Arbeitsbedingungen der Seeleute. Obwohl der Massentransport über die sieben Weltmeere die Stückkosten der Frachtgüter nur geringfügig beeinflusst, sind die Heuer und die soziale Sicherheit der Seeleute unangemessen niedrig. Die Reeder suchen sich die billigste Flagge, und an jedem Hafen der Welt finden sich genug „hands" – nicht nur die armseligen Trimmer –, die sich anheuern lassen, und sei es nur aus Sehnsucht nach der Ferne, die ja auch einen Pechstein irgendwann gepackt hat.

„Arbeit ist keine Ware", sagt die ILO. Einer ihrer Grundgedanken ist, dass der Wettbewerb der Unternehmen und der Staaten untereinander nicht auf dem schmalen Rücken der Arbeitnehmer ausgetragen wird. Die Einwerbung von Aufträgen soll nicht dadurch begünstigt werden, dass an der Stellschraube der Arbeitskosten solange gedreht wird, bis der Arbeitnehmer, wie unter einer Garotte, keine Luft mehr zum freien Atmen findet und Arbeitsbedingungen unmenschlich werden. Für die ILO war die Seeschifffahrt ein wichtiges prioritäres Feld. Man kann sich kaum vorstellen, dass bis zu den ersten maritimen Übereinkommen der ILO die Seeleute bei Schiffbrüchen keinen Anspruch auf Arbeitslosengeld hatten, dass Reeder Seeleute in Häfen entließen, ohne zu gewährleisten, dass sie zu ihren Familien reisen konnten, dass sie auf Trampfahrten viele Monate heimatlos wurden.

Die ILO hat die Regelung der Arbeitsbedingungen auf See für so wichtig gehalten, dass ein Gemischter Seefahrtsausschuss vor den Konferenzen zusammentritt, in dem ohne die Vertreter der Regierungen nur die Arbeitgeber und die Arbeitnehmer, deren internationale Gewerkschaft trotz der Zersplitterung der Arbeitsplätze über den Globus stark ist, beraten. Bis zur Mitte des 20. Jahrhunderts, als die meisten Missstände in Angriff genommen worden waren, hat die ILO 26 Übereinkommen mit der erforderlichen Zwei-Drittel-Mehrheit der vertretenen Seefahrtnationen – die von den nationalen Parlamenten ratifiziert werden mussten – und 10 Empfehlungen verabschiedet. Dass das Leben der Seefahrer immer noch schwierig ist, kann man in Hamburg in der Seemanns-Mission Duckdalben, dem „international seamen's club“, erfahren, in dem jährlich 35 Tausend Seeleute aus hundert Ländern einen Ruheplatz für Hilfe, Beratung und Service auf ihren Wanderungen finden. Es ist auch daran zu erkennen, dass die von den Regierungen unabhängigen Kontrolleure der Internationalen Transportarbeiter-Föderation bei ihren Visiten auf den Schiffen immer noch viele Anlässe zu Beanstandungen haben.

Die deutschen Gewerkschaften haben im Internationalen Gewerkschaftsbund vor dem Ersten Weltkrieg, der von dem Deutschen Carl Legien geleitet wurde, trotz vieler interner Differenzen die Idee einer internationalen Arbeitsschutzorganisation vorangetrieben. Da die Gründung der ILO eingebettet war in den Friedensvertrag, mussten sie ihre finale Struktur akzeptieren – wie ja auch die republikanische Regierung den Friedensvertrag. Glücklich waren sie nicht über die endgültige Gestalt – natürlich haben sie für die Verbindlichkeit der Beschlüsse und die „Hälftigkeit“ gefochten, nicht für die Dreigliedrigkeit in den Proportionen 2 (Regierungen), 1 Arbeitgeber, 1 Arbeitnehmer. Der Krieg hatte die kapitalistische Ordnung eben nicht gesprengt, wie viele gehofft hatten, und die revolutionär-chaotischen Kämpfe in Deutschland waren international mit Misstrauen beobachtet worden.

Tragikomödie für die deutsche Delegation: Für die erste Reise zur konstituierenden ILO-Konferenz nach Washington ließ sich keine Schiffspassage auf einem neutralen Schiff auftreiben, das pünktlich am Ort eines wahrhaften Weltereignisses, einer wirklich konstruktiven November-Revolution angekommen wäre, so dass die Delegation in Christiania (Oslo) zurückgerufen werden musste.[56] Natürlich hat es nicht an Verdächtigungen gefehlt, die USA als eine politisch und wirtschaftlich bedeutende Schifffahrtsnation könnten einen Grund gehabt haben, den Deutschen, die ihnen mit ihren Forderungen auf die Nerven gegangen waren, nicht rechtzeitig eine Schiffspassage zu verschaffen.

In Abwesenheit also wurde Carl Legien in den Verwaltungsrat der ILO gewählt. Prägend wirken konnte er in dieser Aufgabe wegen seines frühen Todes im Jahre 1921 nicht. Seine Nachfolger als Vertreter der Arbeitnehmer im Verwaltungsrat waren Theodor Leipart bis 1925, der Vorsitzende des Allgemeinen Deutschen Gewerkschaftsbundes, und seit 1925 der stellvertretende ADGB-Vorsitzende Hermann Müller (seitdem waren es immer die stellvertretenden, für die Sozialpolitik zuständigen Vorsitzenden, die das wichtige Mandat wahrnehmen). Da Pitt annimmt, dass sich auch der Verwaltungsrat der ILO mit den nationalen künstlerischen Gaben für die Ausstattung des Genfer Arbeitsamtes beschäftigt hat und da erfahrungsgemäß die Beschlüsse über die Kunst an oder in öffentlichen Bauten nicht übers Knie gebrochen werden, ja, sich manchmal – wie es auch in der deutschen Hauptstadt zu erleben ist – lange hinziehen, könnten Leipart und Müller ihren kleinen Einfluss auf das Motiv und die Wahl des deutschen Künstlers Pechstein für sein Hoheslied der Arbeit gehabt haben.

14 Genossenschafter

Der junge Pitt, Mitarbeiter der Konsumgenossenschaften und ihres Zentralverbandes, ist in sehr große Fußstapfen getreten, als er 1965 als Technischer Berater nach Genf reiste, wo er sich von Pechsteins Glasmalerei beeindrucken ließ, als hätten sich die Farben seines „hohen Liedes“ nicht nur den Fenstern des Arbeitsamtes aufgeprägt, sondern auch den „Augen, meinen kleinen Fensterlein“ (Gottfried Keller), ihren Glaskörpern hinter der Iris. Der erste Regierungsdelegierte der neuen deutschen Republik war 1919 nämlich August Müller, ein Vorstandsmitglied des Zentralverbandes, zeitversetzt Pitts Vorgesetzter.

Das war ein von deutschem Schicksal herausgehobener Mann. Der Volksschüler, der gelernte Gärtner, der junge Gewerkschaftssekretär war als Mentee Adolph von Elms, des Gründers der größten deutschen Konsumgenossenschaft „Produktion“ und der großen Versicherungsgesellschaft „Volksfürsorge“, Redakteur bei der „Magdeburger Volksstimme“ geworden, hatte ohne Hochschulreife in Zürich Nationalökonomie studiert, dort mit summa cum laude promoviert, und war 1912 in den Vorstand des genossenschaftlichen Spitzenverbandes eingetreten. Ihm waren wichtige Versorgungs- und Ordnungsfunktionen in der Kriegswirtschaft zugefallen. Da die Sozialdemokraten ihren „Burgfrieden“ mit den Kaiserlichen gemacht hatten und die Kriegsziele befürworteten, wurde er als erster Genosse in eine hohe Reichsbehörde berufen und 1917 zum Unterstaatssekretär im Kriegsernährungsamt ernannt. In der November-Revolution war er im Rat der Volksbeauftragten Staatssekretär im Reichswirtschaftsamt (das Wirtschaftsministerium).

Nach Etablierung der Reichsregierung war der Exminister Mitglied des Reichswirtschaftsrats – eines der wenig wirksamen Produkte des damals grassierenden Rätewahns. Als praktisch denkender Ökonom ist er später – gewissermaßen als Sozialliberaler echten genossenschaftlichen

Schrot und Korns – zur Deutschen Demokratischen Partei übergetreten, die ja in der Weimarer Republik häufig zur regierenden Koalition gehörte.[57] Der zweite ILO-Regierungsdelegierte war Rudolf Wissel, Nachfolger Müllers als Wirtschaftsminister und späterer Arbeitsminister. August Müller war nach dem Krieg als Professor und Publizist tätig. Vor seiner Arbeit im Vorstand des Zentralverbandes war er Redakteur der „Konsumgenossenschaftlichen Rundschau“ – und in dieser Zeitschrift (sie hieß später „Der Verbraucher“) hat auch Pitt[58] oft geschrieben (diese Fußstapfen, in die er getreten war, sind jedoch unendlich viel größer als die des ILO-Delegierten).

In David Morse's PR-Buch über die Erfolge der ILO in dreißig Jahren fand Pitt ein erstaunliches Bild: die ILO gliche einer Genossenschaftsbank.[59] Nicht nur der Gedanke der Solidarität im gerechten Nehmen und Geben rechtfertige dieses Bild, sondern auch die Tatsache, dass die Mitgliedsnationen – damals 69, heute 186 – ihre Erkenntnisse, Erfahrungen und Ideen gleichsam auf eine Bank brächten, wo sie dann bereichert und potenziert jederzeit von jedem Land und natürlich auch vom Arbeitsamt selbst abgerufen werden könnten; von den finanziellen Beiträgen der Mitgliedsländer abgesehen.

Und das zeige sich besonders ausgeprägt auch im Genossenschaftswesen. Die unendliche Vielfalt genossenschaftlicher, stets auf Freiwilligkeit beruhender Aktivitäten hat die ILO zweimal – 1966 und 2002 – inspiriert, ihren Beitrag zur Hebung der Lebensverhältnisse von vielen Millionen Menschen durch Empfehlungen zu würdigen und weiter zu steigern. Dass sie das mit dem Instrument der Empfehlung und nicht des verbindlichen Übereinkommens anstrebt, liegt in der Natur der Genossenschaften. Sie sind unabhängige persönliche Gebilde, deren Autonomie die nationale Gesetzgebung wie auch die ILO respektieren muss. Der Genfer operative Erfahrungsschatz ist immens, und er ist gesammelt auch im Internationalen Genossenschaftsbund, der unter dem Regenbogen die genossenschaftliche Welt auf dem Radar hat und eng in Forschung und Technischer HiIfe mit der ILO zusammenarbeitet, der sie „unschätzbare Aufschlüsse über die wirklichen Lebensverhältnisse der breiten Massen“[60] liefere.

Beispielhaft für den Einsatz genossenschaftlicher Expertise werden asiatische Länder genannt, die nach dem Zweiten Weltkrieg ihre Unabhängigkeit erlangt oder gefestigt hatten und ihre traditionellen Genossenschaftsformen mit Hilfe der ILO und ihrer Genossenschaftsspezialisten modern entwickelt haben, so der Iran, Birma (heute Myanmar), Ceylon (heute Sri Lanka), Thailand, Indien (wo auch Pitt einmal tätig war) und Pakistan. An der Universität Marburg hat man die Ausbildung von Genossenschafts-Promotoren – auch als Nachwuchs für die ILO – besonders systematisch betrieben.[61] Allen diesen Programmen dankt es Pitt, dass er den Sonnenmaler Pechstein in Genf kennenlernen konnte.

Wie gründlich sind die Fragebogen, die das Arbeitsamt den Mitgliedsländern sendet, um das Ist und das Soll sozialpolitischer Gestaltungsfelder zu ermitteln, ehe es in die Beratungen über Empfehlungen und Übereinkommen geht. Pitt kann sich gut an den Fragebogen für die Empfehlung Nr. 127 über die Rolle der Genossenschaften in der wirtschaftlichen und sozialen Entwicklung der Entwicklungsländer erinnern. Er hatte einen Horror vor den Versuchen mancher Länder, die Genossenschaften zu domestizieren und sie staatlichen Zielen dienstbar zu machen (obwohl das natürlich nützlich sein kann). Und so bekundeten er und viele Mitstreiter ihre Überzeugung, dass die Kontrolle über die oftmals von wirtschaftlichen Laien und Pionieren geführten Genossenschaften nicht bei staatlichen Stellen liegen solle, sondern bei Genossenschaftsverbänden in der demokratischen Selbstverwaltung ihrer Mitglieder, und dafür haben er und seine Mitstreiter in Genf auch mit Erfolg gefochten. In der Bundesrepublik Deutschland war das für alle Sparten wünschenswerter Standard.

Erschrocken war Pitt in den 2010er Jahren, als Genossenschaftshistoriker herausgefunden hatten, dass es in Deutschland im Jahr 1934 die Nationalsozialisten waren, die aufgrund von Vorarbeiten in der Weimarer Republik ins Genossenschafts-Gesetz geschrieben hatten, dass alle Genossenschaften Mitglieder eines Prüfungsverbandes sein müssen. Niemand in der freien und demokratischen Ordnung hatte daran Anstoß genommen. Doch aus einer konstruktiven, die Genossenschaften fördernden und ihre Entwicklung sichernden Vorschrift war bei den Nazis ein Instrument staatlich-totalitärer Überwachung und Lenkung geworden – sie mussten nur die Verbandspitzen austauschen und hatten die Kontrolle über die Arbeit vieler Millionen Genossenschaftsmitglieder und über große Vermögenswerte. Das hat sich Pitt ins Bewusstsein gebrannt: Jede demokratisch vernünftige und humane Regelung kann in ihr Gegenteil verkehrt werden, wenn sie in die Hand totalitärer Kräfte gelangt. Es gibt kein Bollwerk gegen absolute Macht.

Das totalitäre Denken, das oft in jäh oder langsam steigender Flut gegen die Dämme demokratischer Ordnungen anrennt, ist ein großes Problem für die ILO, und Deutschland hatte 1933 ein krasses Beispiel für den Behauptungswillen einer unabhängigen ILO geliefert, die zwar das Kunstwerk Max Pechsteins in ihren Mauern schützen konnte, nicht aber peace and justice in einer durch Terror und Tyrannei gefährdeten Welt – bis heute nicht. Heute sollte in den internationalen Organisationen Goyas Radierung von 1799 hängen: „El sueño de la razon produce monstruos."[62]

15 Monument d'Albert Thomas

Auf der Gründertafel der Internationalen Arbeitsorganisation stehen viele bekannte Namen. Verdient gemacht haben sich Gewerkschafter, Politiker, Unternehmer, auch Philanthropen wie Robert Owen, der Sozialunternehmer und schon 1818 auf dem Aachener Kongress der Heiligen Allianz Vorkämpfer einer internationalen Fabrikgesetzgebung.

Eingetragen hat sich auch Mrs. Edith Wilson, die Frau des amerikanischen Präsidenten Woodrow Wilson, der mit seinem 14-Punkte-Programm im Ersten Weltkrieg einen Völkerbund vor einem Rückfall in kriegerische Barbarei bewahren wollte, als Persönlichkeit erfolgreich war und als Politiker scheiterte, weil sein Land und seine Repräsentanten ihm nicht gefolgt waren. Er hatte kurz vor dem Beginn der ersten ILO-Konferenz einen Schlaganfall erlitten, und da sein Arbeitsminister sich angesichts von Widerständen im Senat nicht traute, ohne seine Zustimmung die erste Arbeitskonferenz zu eröffnen, ergriff die faktische Stellvertreterin des Friedensnobelpreisträgers die Initiative und gab grünes Licht. Sie war ebenso couragiert wie die Frau eines anderen Präsidenten, Franklin D. Roosevelt, der die USA schließlich 1934 in den Völkerbund führte. Eleanor Roosevelt hat nach dem Zweiten Weltkrieg maßgeblich an der UNO-Erklärung der Menschenrechte mitgewirkt. Ihr Mann, der genial-progressive Master des New Deal nach der Weltwirtschaftskrise, hatte sich schon als Staatssekretär für die Navy um die Gründung der ILO verdient gemacht, indem er seine Büros für die Beratungen zur Verfügung stellte.

Einem, der an der Gründung nicht beteiligt war, hat die Heimstatt der ILO mit vielen privaten Spendern ein Denkmal gesetzt, das Monument d'Albert Thomas in der Nachbarschaft seines Arbeitsamtes. Es ist dem ersten Generaldirektor der Internationalen Arbeitsorganisation und Chef ihres Arbeitsamtes gewidmet. Er hat die junge Organisation geprägt und ihr in der Initialphase ein starkes Profil gegeben: der Franzose Albert

Thomas. Anlässlich der Einweihung dieses Denkmals im Jahr 1937 sagte der Vorsitzende eines Freundeskreises, der belgische Regierungsdelegierte Ernest Mahaim: Thomas hätte einen Text zum Leben erweckt, der im Geist der Gründer eine Seele hatte, doch er brauchte Fleisch und Blut.

Wahrscheinlich ist er der einzige aus der Organisation, an den sich Max Pechstein in seinem späten Künstlerleben persönlich erinnern konnte, die anderen waren ihm wahrscheinlich Namen auf Briefen und Verträgen. Monsieur Thomas jedenfalls hat er in seinen „Erinnerungen" erwähnt, keinen sonst, der zu den Auftraggebern für sein Hohelied gehören könnte. Nein, nicht erwähnt, gerühmt.

Der Franzose wurde 1878 geboren und starb 1932, das heißt zu früh. Er „died at his post, killed by his task" (starb in den Sielen, wie wir bei uns sagen) – so Leon Jouhaux, der große französische Gewerkschafter, als Vizechef des Verwaltungsrats, der von den Deutschen ins KZ Buchenwald geschickt wurde.[63] Zwölf Jahre war Thomas rastlos in der Welt unterwegs, um den Kontakt zu den Trägern seiner dreigliedrigen Organisation zu intensivieren, und vor allem: bei den Regierungen und den Parlamenten dafür zu werben, die Übereinkommen der ILO in gültige Gesetze umzuwandeln. Auf einer dieser Reisen hat er Max Pechstein in Berlin besucht.

Es ist nicht selten, dass eine neue Institution, um deren Gründung sich Personen und Mächte bemüht haben, ihr stabiles Fundament, ihre Unabhängigkeit, ihre wirkende Ausstrahlung in der Gestalt einer überzeugenden exekutiven Persönlichkeit gewinnen. Nach der Gründung der UNO war es auch ihr zweiter Direktor, der legendäre Dag Hammarskjöld, gewesen, der das unvergessene Gesicht der UNO war (oder war er es, weil er es in Pitts empfänglichen jungen Jahren gewesen war und Fox' Tönende Wochenschau über den tödlichen Flugzeugabsturz des Generalsekretärs eindrucksvollere Bilder geliefert hatte als der Dauershower der TV-Bilder heute).

Thomas' granitenes Monument steht dem Arbeitsamt gegenüber an der Place Albert Thomas. Auf dem Sockel stehen vier Figuren, von denen jede einen Beruf und eine Herkunft („race") symbolisieren: da steht der europäische Metallarbeiter mit dem Schmiedehammer, der Afrikaner hält die Hacke, die ihm als Pflug dient, der Asiate ist ein chinesischer Kuli im Trab und der Amerikaner – ja, was wohl – ein Trapper, ein Pelzjäger. Die Symbolik wirkt ein wenig archaisch, aber die Welt war 1937 noch nicht eingefärbt in eine universelle Modernität. Aber am Basrelief der Redner, dessen Namen das Denkmal trägt, zu seiner ILO-Versammlung sprechend – auch heute, am 20. Juni 1937, spricht er zu den 400 Delegierten der Konferenz, auch zu den drei Enkelkindern, die ihm ihre Blumen darbringen. Er wird auf den drei anderen Seiten des Sockels eingerahmt von einem Landarbeiter, einem Bergmann und einem Fischer. Wer weiß: vielleicht hat sich der Schöpfer des Monuments auch von Pechsteins Glasmalerei inspirieren lassen.

Das ist der in Paris geborene Paul Landowski mit polnischer Herkunft, in Genf kein Unbekannter, denn er schuf dort die wuchtige Mauer der Reformatoren mit Calvin und drei anderen. Er ist der Schöpfer des gewaltigen, die Welt segnenden oder umarmenden Cristo redentor auf dem Corcovado in Rio de Janeiro.

Auch Inschriften fehlen nicht, ein paar Sätze aus den vielen Schriften, mit denen Thomas praktischer Sozialpolitik den argumentativen Nachdruck verliehen hat. „Labour should stand above all the battles of competition: it is not an article of commerce" – eine Erklärung des Satzes aus der Präambel der ILO. Und: „The man of my day has a sacred duty: to make peace."[64]

Mit Albert Thomas war ein Parteipolitiker – sogar Bürgermeister seiner Heimatstadt an der Marne war er gewesen – in ein Amt über den Parteien gekommen. Er war ein gemäßigter Sozialist, und er hat, wie die deutschen gemäßigten Sozialisten, am Beginn des Krieges teilgenommen an der patriotischen „Union sacré", die man in Deutschland „Burgfrieden" nannte. Der Friedenskämpfer wurde in diesem Krieg zum Rüstungsminister, der aus vielen Knappheiten – mit seinen Alliierten – einen Sieg machen musste. Er galt als ein hervorragender Organisator, der durch kluge Führung aus einem ihm wesensfremden Metier einen durch das nationale Ziel erzwungenen Erfolg machte. Das Amt des Arbeitsamtsdirektors war ihm, der sich publizistisch und in gewerkschaftlichen und genossenschaftlichen Bewegungen für eine progressive Sozialpolitik eingesetzt hatte, auf den Leib geschrieben. Er machte die ILO von einem bloßen sozialpolitischen Anhängsel des Völkerbundes zur eigenständigen, eigenwilligen Persönlichkeit eines übernationalen Rechts.[65] Er machte aus dem Chapter 13 des Friedensvertrages ein eigenes „Sozialgesetzbuch".

16 Romane am Genfer See

Wie gründlich mag sich Max Pechstein mit dem Charakter und der Arbeit der ILO beschäftigt haben, ehe er den Auftrag, das farbige Geschenk Deutschlands zur Feier seines Beitritts zum Völkerbund zu gestalten, angenommen hat? Galt sein Interesse mehr dem Völkerbund oder seiner Spezialorganisation? Ein Auftrag der Weltgemeinschaft wäre gewiss ehrenvoller und imageträchtiger als der Auftrag des Arbeitsamts, mit dem ein von Arbeitsplatzsorgen geplagtes Land die Vorstellung eines überflüssigen Aufwands verbunden hätte. Die Alternative gab es jedoch nicht. Die Aufgabe, für sein Land künstlerisch tätig zu sein, war nicht nur für das Mitglied einer revolutionär inspirierten „Novembergruppe“ attraktiv. Der Maler wird einen Blick für das humane Sondergewicht der ILO gehabt haben.

Als bildender Künstler hätte er ein Mitglied der Deutschen Kommission für geistige Zusammenarbeit sein können, deren Aufgabe es war, für die Reichsregierung Brücken zum Völkerbund zu bauen, mit dem Ansehen von fünfzig Geistesgrößen, darunter Albert Einstein oder Max Planck oder Thomas Mann. Vielleicht hätte er dann statt der Villa William Rappard dem Palais Wilson, dem Sitz des Völkerbundes, leuchtende Fenster schenken können. Hätte er sein Kunstwerk im Palais Wilson etablieren können, strahlte es jetzt in den Räumen des Hohen Kommissars der Vereinten Nationen für Menschenrechte – auch kein schlechter Platz.

Das Jahr 1925, in dem ja die Überlegungen der Regierung für eine geeignete Gabe für Genf gereift sein müssen, führte Max Pechstein für längere Zeiten nach Montreux zu seinem Gönner Dr. Minnich, seltener nach Berlin, häufig nach Leba an der Ostsee. Wie sollte ihm dort der Sinn danach stehen, in Archiven die letzten Jahrgänge von Zeitungen auf der Suche nach der jungen ILO zu durchmustern. Der Auftrag war ein Glücksfall für den Künstler, denn ihn plagten, wieder einmal, „finanzielle Sorgen“.[66]

In unserer Zeit, in der internationale Assoziationen fest verwurzelt sind im Bewusstsein der Völker und viel öffentliche Aufmerksamkeit finden, haben belletristische Autoren das Innenleben der UN oder der Europäischen Kommission ausgeleuchtet, so Nora Bossong und Robert Menasse. Für den Leser Max Pechstein hätte das der junge Jurist und spätere Romancier Albert Cohen tun können. Er war von 1926 bis 1932 – also bis zu Albert Thomas' plötzlichem Tod – Mitarbeiter der diplomatischen Abteilung der Internationalen Arbeitsorganisation. Später im Krieg vertrat er die Jewish Agency in London, und nach dem Krieg arbeitete er wieder in Genf bei der UNO für den Schutz der Flüchtlinge. Er hätte wohl jeden Rang in den Weltorganisationen innehaben können, wenn ihn nicht die literarischen Nebendinge zu stark von Karrierepfaden weggeführt hätten. Der Diplomat mit Zukunft wird dem Generaldirektor Albert Thomas oft genug attachiert gewesen sein, vielleicht auch auf Reisen, vielleicht in Berlin, wo er Max Pechstein hätte kennenlernen können.

Auf dem doppelten Genfer Parkett des Völkerbundes und der IAO bewegen sich Cohens Protagonisten, der Untergeneralsekretär Solal und der B- und spätere A-Funktionär Adrien Deume, verbunden durch ihre Liebe zur „Schönen des Herrn". Die bricht mit Solal in einer furiosen Liaison die Ehe und verlässt den Gatten Deume. Wie die Leidenschaft zwischen einem hochbegabten, hochgestellten Mann und einer exquisit schönen Frau in ihrer Vehemenz und ihrer rituellen, später anödenden Verflachung mit den Mitteln der satirischen Zuspitzung geschildert wird, so ist auch der Betrieb der Weltorganisation auf eine entlarvend übertriebene, doch kenntnisreich erhellende Weise dargestellt.

Der Roman[67] erschien 1938, und die Schöne wird uns auf dem Schutzumschlag seiner Klett-Cotta-Ausgabe von 1983 mit einem Gemälde von Tamara de Lempicka dargestellt – das flächige Bild in seiner kühlen sinnlichen Eleganz hätte sich Pitt auch auf dem Fenster eines Genfer Palastes vorstellen können. Ariane – so der Name der Schönen, wie auch des Parks, in dem die mythische Weltkugel des Völkerbunds schwebt – beschreibt sich in Selbstanbetung beim Blick in das Schaufenster eines Juweliers:

„… sie liebte die Schwere ihrer Unterlippe mit dem schmollenden Ausdruck sanfter Intelligenz, die nachdenklich leicht herabgezogenen Mundwinkel, die goldenen und wie vor Transparenz leuchtenden Wangen …"

Der hochgestellte Held hat zu seinem Arbeitgeber ein problematisches sarkastisch-zynisches Verhältnis, spricht von der „Absurdität unserer Arbeit" und den „Hanswurstereien unseres berühmten Völkerbunds". Als er der Schönen seine amouröse Wette vorschlägt, verspricht er ihr als Gewinnprämie, ihren zu hörnenden ehrgeizigen Ehemann zum Direktor der Abteilung für Abrüstung zu machen: das sei eine wirkliche Belohnung für ihn, denn dort habe er nichts zu tun. Die Leitenden in ihrem Vorhof zum „ewigen Frieden" (Kant) bekennen sich dazu, die Macht und ihr hohes Gehalt zu lieben.

Der B-Funktionär führt seiner untreuen Frau das nagelneue Palais des Nations vor, gleichsam „als Mitbesitzer auf seines Daches Zinnen", mit seinen viermal gestrichenen, im makellosen Weiß schimmernden 1700 Türen in Chromrahmen, die 680 Toiletten mit automatischer Wasserspülung alle drei Minuten („wegen der zerstreuten und nicht sehr gewissenhaften Leute") und beschreibt enthusiastisch den Zauber der Ausstattung in edlen Materialien, zu der die Welt ihre spezifischen Gaben hinzugetragen hat, von den Teppichen aus Persien zum Marmor aus Italien.

Gar nicht zu vergleichen mit dem recht bequemen, pausenreichen Stundenplan und den insgesamt „zweihundertundvierzehn dienstfreien Tagen", stellt der B-Funktionär mit einem gewissen Gruseln fest, gehe es in der ILO zu. Dort sei die Atmosphäre karg (hatte er keinen Blick für die Schönheit der Pechsteinschen Glasmalerei?), dort müssten die Leute „einfach schuften", die Gehälter seien mäßig – aber die Leute dort „tun es gern, es ist halt ein ganz anderes Milieu, verstehst du, Gewerkschafter, Linke", da gehe es eben nicht so diplomatisch angenehm zu. Nichts von jenem Recht des männlichen Beamten, einen Tag im Monat „unpässlich" zu sein, wie es den weiblichen Mitarbeitern an ihren „Tagen" zustehe, weil in der Urlaubsordnung versehentlich nicht korrekt gegendert worden ist (würden wir heute sagen).

17 Mann mit Popenbart

Nicht fiktional, doch in jedem Fall respektlos werden während einer Generalversammlung die Männer und wenigen Frauen vorgestellt, die in der Halle quirlen, mit manchem großen Namen. Wir sehen mit den Augen Solals den Lord Robert Cecil, den Friedenspolitiker und Präsidenten des Völkerbundes („hochragender buckliger Geier und romantischer Schauspieler"), den mit blitzenden Zähnen lachenden Evard Beneš, den Gründer der Tschechoslowakei, der von Hitler gedemütigt wurde, Fridtjof Nansen, den Polarforscher und Völkerbunddiplomaten, der den Nansen-Pass für Flüchtlinge erfunden hat, den „gutherzigen Spaak", der nach dem Krieg dem Europarat vorsaß, Aristide Briand, den erloschenen Zigarettenstummel auf der hängenden Unterlippe, und der deutsche Delegierte entblößte „mit nervösem Zucken seine schrecklichen Eckzähne" (ob er sich identifizieren ließe?). Überall „Schmeicheleien und Mißtrauen, Komplizitäten und Komplotte".

Pitt hat das Bild des Albert Thomas oft gesehen, es scheint nur das eine Foto von ihm zu geben. „Der Vorstadtfaun Albert Thomas bewegte die lange rote Zunge im Gestrüpp seines Popenbartes, während seine Brillengläser schelmisch blitzten." Musste der Mitarbeiter der diplomatischen Abteilung der ILO ein bisschen Rücksicht nehmen auf seinen Chef? Aber wohl wahr: der eindrucksvolle Bart wirkte nicht sehr gepflegt.[68] Angedeutet immerhin wird von seinem Mitarbeiter Cohen, dem Romancier, dass er ein Mann gewesen ist, der Geist und Witz verband. Dafür kann Pitt später ein Beispiel geben.

Der B-Funktionär Deume, der dank der heuchlerischen Protektion des U.G.G. Solal zum A-Funktionär in der Mandatsabteilung aufsteigt, ist ein schlau-törichter, sich anschmiegender Karrierist, der nach der Gunst der Höhergestellten schnappt wie der Hund nach einem Würstchen. Sympathisch ist er nicht. Er bekennt sich zu seinen literarischen Ambitionen, aber „nur in der Mußezeit". Er ist Realist: „War es nicht schicker, ein Diplomat in Mission zu sein, mit privatem WC im Georg V", als einem „wahren Leben" in der Literatur nachzuhängen? Aber Cohen darf sich alle unverschämten Persiflagen in seinem Roman erlauben, denn – als Leser haben wir diesen Eindruck – er nimmt sich selbst und sein Doppelleben in Diplomatie und großer Literatur kräftig auf die Schippe.

Auch sein Untergeneral ist ehrlich zu sich selbst und möchte wahrscheinlich nicht mit Albert Thomas, der ja einen höheren Rang hat als er, tauschen. „Ich brauche das Geld", sagt er, denn man sei „so abscheulich zu jenen, die kein Geld haben". Er wolle der „Untergeneral-Hanswurst" bleiben, „um nicht die Seele des Armen zu bekommen". Die Übertreibung liegt im Wort „Seele" und in dem ungeheuerlichen Satz „Armut verdirbt den Menschen". Viele – vor allem die Riesenklientel, um die die ILO sich sorgt – sind „Armutsrisiken", wie es heute heißt, konfrontiert mit Verlusten, unaufhörlich, immer wieder aufs Neue. Das Verderben liegt nicht darin, dass der Armgewordene „mit dem Bus fährt", sich weniger häufiger wäscht, nach Schweiß riecht und seine Groschen zählt. Das alles beschreibt nicht den Geruch der Armut, sondern den Geruch der Arbeit. „Arbeit ist süß, aber sie schmeckt bitter", hat Pitt einmal geschrieben in einer Reportage mit dem Titel „Erinnerung an die Klassengesellschaft".[69]

Der Arme oder Wenigbemittelte verliere, sagt Solal, seine „Herrenwürde", die darin liege, es sich leisten zu können, was man besitzt und beherrscht, verachten zu können – was viele tun, die auf Arbeit nicht oder nicht mehr angewiesen sind. „Goethe war aufrichtiger in seiner Verachtung als Rousseau." Ja, der Weimaraner hätte sich auch ein freieres Leben gewünscht als das eines hohen Angestellten an einem fürstlichen Hof. Rousseau hatte gut verachten, er besaß nichts außer seinem sprühenden Genfer Geist. Thomas Mann, der sich manchmal in Goethes Leben spiegelt, hielt sehr auf diese Würde: In dem berühmten Fragebogen, den Marcel Proust einmal ausgefüllt hat, antwortete er auf die Frage nach dem größten Unglück: „Mittellosigkeit".[70]

18 Gemälde ohne Titel

Der flotte B-Funktionär Deume, der die Arbeit nicht eben erfunden hat, feuert sich angesichts seiner ersten Akte mit einem kräftigen Reiben der Hände zur Arbeit an und deklamiert dabei Verse von Lamartine:

O Arbeit, heiliges Gesetz der Erde,
Dein Wille ist nun offenbar,
Damit die Scholle fruchtbar werde,
Muß Schweiß sie tränken immerdar.

Das Gedicht des romantischen Lyrikers Alphonse Lamartine ist nicht gerade Ausdruck eines schon industriellen Arbeitsverständnisses, drückt aber den schweren Geist der Arbeit aus im Symbol der Anstrengung – denn im Deutschen reimt sich Schweiß mit Notwendigkeit auf Fleiß –, und erhebt alles, was Arbeit ordnet und regelt, in den Rang eines „heiligen Gesetzes".

Lamartine ist einer der in Frankreich nicht seltenen, in jedem Fall hoch akzeptierten Geister, deren politisches und literarisches Engagement in wechselseitiger Förderung ineinanderfließen – nicht selten kommen sie auch, wie Lamartine, aus dem Stand der Diplomaten (für den Völkerbund-Mann also ein naheliegendes Zitat). Lamartine hatte überdies ein offenes Herz für die im Frühindustrialismus aufgeworfenen sozialen Fragen und beobachtete aufmerksam Phänomene der Armut und des proletarischen Elends in den Städten, wie später Zola und Hugo es taten.

Als Pitt gemeinsam mit seiner Frau Waltraut einen Roman über eine Hausangestellte[71] plante, fand er heraus, dass sie in ihrer Themenwahl nicht originell waren, denn Lamartine hatte den Roman „Geneviève, Geschichte eines Dienstmädchens" schon in der Mitte seines Jahrhunderts geschrieben (mit größerem Erfolg als das Pittpaar in einer Zeit, in der ein „Dienstmädchen“ eine höhere Reputation und knappheitsbedingt befriedigenderes Einkommen hat).Der Roman wurde veröffentlicht anlässlich der 100. Tagung der Internationalen Arbeitsorganisation, denn von ihr wurde das Übereinkommen Nr. 149 über menschenwürdige Arbeit für Hausangestellte verabschiedet. Der DGB-Vorsitzende Michael Sommer hatte erklärt, die ILO habe die entgeltliche Hausarbeit, die „unterbewertete und unsichtbare“, aus dem „Schattendasein ins Rampenlicht internationaler Politik“ gehoben.

„Heiliges Gesetz“ – das Phänomen Arbeit verlangt starke Worte. Das gläserne Arbeitsgemälde Max Pechsteins hat den Titel „Hohelied der Arbeit“ formell wohl nie getragen. Nirgendwo hat Pitt einen Hinweis gefunden, dass er an irgendeiner Stelle, auf einem Rahmen, auf einem metallenen Schildchen oder neben dem Kunstwerk unter Plexiglas an der Wand erschienen ist. In seinen Erinnerungen hatte Pechstein geschrieben: „Auf diesen Fenstern suchte ich das Hohelied der Arbeit zu singen.“ Wenn Christoph Welzbacher von Pechsteins Werk spricht, nennt er es das „Hohelied“ der Arbeit, doch er wird es von Pechstein oder aus zweiter Hand mit diesem Quasi-Titel so übernommen haben. In einem Feature auf der Internetseite der ILO beschreibt Valentin Klotz das Fensterbild als „Max Pechstein's German window“.[72] Auch Robert Henri Graf spricht nicht von einem „Hohelied“, sondern umschreibt das Gemeinte: die Fenster repräsentierten „la signification du travail pour la vie des peuples.“[73]

Der Maler hätte auch schreiben können: er wollte das „hohe Lied“ der Arbeit singen. Doch er war so durchdrungen vom Rang seines Sujets, dass nur das feierliche, die Arbeit in ein „heiliges Gesetz“ erhöhende, aus alt- und neutestamentarischen Sprachtraditionen kommende Sprachbild seiner eigenen Arbeit gerecht werden konnte. Er war sich nicht sicher, ob das Resultat seiner gewaltigen Anstrengung dem Rang der biblischen Bezüge gerecht geworden sei. Sein späterer Interpret Klotz klingt etwas gönnerhaft, wenn er meint, dieses „sumptuous masterpiece“ verdiene eine sorgfältige Betrachtung (scrutiny). Da es heute in einem Wandrahmen in der Nähe der Bibliothek platziert ist, lädt es zu einer weniger kunsthistorischen als literarisch-philosophischen Betrachtung ein.

Als Pitt in den Tiefen der Antiquariate auf den Titel „Das Hohelied der Arbeit“ stieß, eine Sammlung der Gedanken des berühmten „Arbeiter“-Bischofs Wilhelm von Ketteler (1811–77), eines der Begründer der katholischen Soziallehre (der ja auch Lamartine mit Sympathie begegnet war), blitzte in ihm der Gedanke auf, die Auftraggeber des Werks – nämlich der Reichsarbeitsminister Heinrich Brauns und der Reichskanzler Wilhelm Marx, die den katholischen Arbeitnehmern nahestanden – könnten vielleicht zu den Paten des konservativ-christlichen Titels für das von ihnen gesponsorte Kunstwerk gehört haben.

Natürlich: wir begegnen dem Hohelied im alltäglichen Sprachgebrauch nicht selten. Es steht in vielen Zusammenhängen, z. B. des Sports, der Freundschaft, der Treue, wo immer ein gewisser poetischer Aufschwung gefordert ist. So wird Cohens „Schöne des Herrn“ von ihrem Onkel, einem berühmten Genfer Arzt und strengen Calvinisten, besucht. Als dilettierenden Übersetzer Vergils erinnert ihn seine Nichte an die junge Jägerin mit „den bloßen Knien“, in der Äneas seine Mutter Venus wiedererkennt – und unter dem Glockenspiel von St. Pierre fällt ihm eine prosodisch perfekte Lösung für ein Übersetzungsproblem ein. Da sich seine schöne Nichte auch für den Ehebruch der Stieftochter Calvins, über dessen Leben er gerade ein Buch schreibt, interessiert, ergötzt er sich an der Vorstellung, gemeinsam mit ihr das berühmte dreizehnte Kapitel des ersten Korintherbriefs zu lesen, das „so schön und rührend“ sei. Jeder kennt es, dieses Hohe Lied der geistigen Liebe: „Wenn ich mit Menschen- und mit Engelszungen redete und hätte der Liebe nicht, so wäre ich ein tönend Erz oder eine klingend Schelle“.

Wenn einer der drei skurrilen Onkel des jüdischen Untergeneralsekretärs eine Art Dating-Anzeige für seinen Neffen Solal, dessen christlicher Geliebten er mit Skepsis begegnet, in wundersam bilderreichen Wendungen und Hochpreisungen schreibt, wird er an ein anderes hohes Lied gedacht haben, an das Hohelied Salomos. „Siehe, schön bist du!“ (4/1).

Die „Schönste unter den Weibern“ hat „Brüste wie Rehzwillinge“ (4/5), zwischen denen Büschel von Myrrhen hängen, bei deren Vorstellung der Anbetende „vor Liebe krank“ liegt.

Dass der etwas erratische erotische Dialog, den möglicherweise der König und Poet Salomo selbst geschrieben hat, den Künstler Pechstein inspiriert haben sollte, bei seinem Werk an das biblische Hohelied zu denken, ist nicht auszuschließen. Der Garten als versteckter Liebesgrund, der Weinstock und die Trauben, die Weinberge und die Arbeiter in ihnen, die „Genossen“, wie Luther im dreizehnten Vers des achten Kapitels sagt – der landwirtschaftliche Arbeiter in seinem Hohelied der Arbeit greift nach den Früchten in ihrer leuchtenden Bläue.

Das Hohelied steht für die „Lieder der Lieder“, das schönste und auch das wichtigste Lied. In den hohen Liedern des Königs und des Künstlers geht es um den Kern der Dinge, nicht um die lyrisch-malerische Expression. Das Hohelied der Liebe meint das Begehren und das Hohelied der Arbeit meint die Anstrengung.

19 Arbeit, ideell

Jenseits von Arbeitsleid und Arbeitslust ist die Arbeit Anstrengung. „Da, da spanne sich des Fleißes Nerve und beharrlich ringend unterwerfe der Gedanke sich das Element!“ Das ist eine der vielen genialen Formulierungen Friedrich Schillers. Er kann in zwei verbundenen Sätzen alle Begriffe platzieren, die das Wesen der Arbeit ausmachen: Anspannung, Nerven, Fleiß, Beharrlichkeit, Ringen, Unterwerfung, Elemente. Und wenn das alles effizient und zielorientiert zusammengekommen ist in einem Resultat, das befriedigen mag, so wird das geschaffene Werk auch „frei und leicht, wie aus dem Nichts gekommen“[74] vor dem menschlichen Auge stehen.

Ein „Lied der Arbeit“ konnte der Maler mit seinen Farben und Formen nicht komponieren. Es gibt viele „Arbeiterlieder“, die das Elend und den Stolz der Arbeiter als gedrückte Klasse besingen. Jeder dieser Liedermacher will an die Tür der Menschen pochen: „Macht auf, ihr Schläfer, auf zur Tat. Ich bin das Proletariat.“[75] Zu diesem Lied der Arbeit würde das flackernd-höllische Gemälde „Das Eisenwalzwerk“ passen, in dem Adolph von Menzel 1875 die zangenbewehrten Arbeiter mit ihren in der Hitze verzerrten Gesichtern vor dem Glutofen bei der Herstellung von Eisenbahnschienen dargestellt hat, etwa zu der Zeit, als das Gedicht von Friedrich Wilhelm Fritzsche entstanden ist.

Nein, bei Pechstein musste es ein „Hohelied der Arbeit“ sein. Nicht weil er in seiner Glasmalerei die Arbeit, die ja der Organisationszweck der Assoziation ist, für die er es erschafft, verklären oder einen entlarvenden Realismus vermeiden will, sondern weil notwendig die Arbeit in ihrer Idee oder in Formen präsentiert werden soll, aus denen dem Betrachter das Wesen der Arbeit entgegenspringt jenseits von Acker, Grube, Schmiede, Mauer und Hafen. Es ist ein realistisches Gemälde, das in Idealität getaucht ist. Es ist ein Gemälde Schillers, der ja alle Gegenstände, die er seinem Gedankenschwung unterwirft, in einem idealistischen Feuer behandelt. Alles, was ein Schiller schreibt, behandelt das

Oberthema „Das Ideal und das Leben". Er idealisiert nicht das Leben, sondern er legt die Ideen frei, die das Leben bewegen. Er ist – um es mit seinen berühmten Begriffen zu sagen – gleichzeitig ein „naiver" und ein „sentimentalischer" Dichter, d. h. er verbindet die Anschauung des Lebens mit der Vorstellung vom Leben.

Max Pechstein hat die Glocke nicht zufällig über das Mittelfeld seines Werks schwingen lassen. Dort schlägt das metallurgisch-industrielle Herz der Arbeit. Das gläserne Gemälde erhebt keine Kritik und keine Anklage, es „illustriert" nicht, wie das naturalistische Bild Menzels, die Sätze des Mainzer Bischofs Wilhelm von Ketteler in einer berühmten Rede von 1869: „Der Arbeiter hat keine Hoffnung, sich jemals aus seiner elenden Lage erheben zu können ... In seinem Berufe ist nichts geeignet, ihn geistig und moralisch zu heben. Er arbeitet und quält sich aber nicht für sich, sondern für den Capitalisten, ... die lange Arbeitszeit, die Härte und die geisttötende Eintönigkeit der Beschäftigung machen ihn stumpfsinnig."[76]

Stumpfsinnig hat die Härte der Arbeit die Arbeiter nicht gemacht, sonst hätten sie sich nicht aus ihrer hoffnungsarmen Lage selbst-befreien können, und auch die Kirche hat nur einen kleinen Beitrag leisten können, den einzelnen Arbeiter aus den „verwilderten Massen" zu seiner Würde zu erheben. Auch 150 Jahre später gilt, was Papst Franziskus für den globalen Süden im Juli 2015 in Bolivien auf einem „Welttreffen der Volksbewegungen" gesagt hat: "Die berühmten ‚drei T' – tierra, techo y trabajo (Grund und Boden, ein Dach über dem Kopf und Arbeit) für alle unsere Brüder und Schwestern sind unantastbare Rechte. Es lohnt sich für sie zu kämpfen."[77] Rechte ja, sie sind keine Realität für alle.

Die Arbeit ist ein Abstraktum. Der Begriff „Arbeit" hat sich von den Arbeitern so wie das wirtschaftliche Leben von seinem industriellen Kern weit entfernt. Der sozialwissenschaftliche, politische und institutionelle Apparat mit seinem riesigen Oberbau kluger Köpfe, der ihn analysiert und statistisch traktiert, wirkt wie der Gasballon der Sonne im Vergleich zum steinigen Mond. Wenn man dem Begriff begegnet, fragt man sich, ob er mit Arbeitern überhaupt noch etwas zu tun habe. Das intellektuelle und administrative System, das die Arbeiter in seine Obhut genommen haben will, vermeidet, Arbeiter „Arbeiter“ zu nennen. Über das Objekt vielfältiger Arbeitstheorien wurde der arbeitende Mensch, den man pathetisch auch oft den „hart arbeitenden Menschen“ nennt, schier vergessen.

Oder wie es der Dichter tut: Ernst Jünger, der in den frühen 1930er Jahren einen furiosen Großessay – oder sollte man sagen, eine Kampfschrift – über den „Arbeiter“, über seine „Gestalt und Herrschaft“, geschrieben hat, erklärt alle zu Arbeitern, weil sein Begriff von Arbeit ein universelles Phänomen ist: das „Tempo der Faust“, die Kunst und die Liebe, Kultur und Krieg und sogar die „Schwingung der Atome und die Kraft, die Sterne und Sonnensystem bewegt“, alles Arbeit. Pitt hat sein Buch als Technischer Berater in den Pausen auf dem Genfer Rasen gelesen, im Anblick der mythischen Weltkugel, und sich ratlos gefragt, was wohl dieser abstrakte „Arbeiter“ als Träger der technischen Zivilisation mit der Internationalen Arbeitsorganisation zu tun hat.[78]

Wer „Gestalt“ sagt und von „Herrschaft“ träumt, ist natürlich auf dem Weg, den Arbeiter zu heroisieren. Der Gestalter des Fensterbildes hat kraftvolle Gestalten geschaffen, doch der Gefahr, seine Figuren in ein Ideenreich zu heben, ist er entgangen. Dennoch: Ein Hohelied der Arbeit kann nur etwas Zeitloses, Quasi-Heiliges, Ideelles beschreiben, so wie die Verfassung den allerhöchsten menschlichen Wert nur mit dem abstrakten Wort “Würde“ ausdrücken kann. Max Pechstein zeigt in seinem Werk die Elemente, die in der Arbeit bewegt werden, die Kraft, die es braucht, Widerstände in Härte und im Ringen um Lösungen zu überwinden, das Durchhaltevermögen auch vor entmutigenden Schwierigkeitsgraden, die Beharrlichkeit, bei einem Werk zu bleiben, auch wenn es den Anschein von Vergeblichkeit hat, die physischen Voraussetzungen von Muskel- und Nervenkraft, die Arbeit braucht und verzehrt, den „Gedanken“, der als kleinster glimmender Funken noch vorhanden sein muss, um auch so genannte einfache und quälend-belastende Tätigkeiten, die geringen Lohn bringen, verrichten zu können. Die Idealität des Pechsteinschen Gemäldes könnte den Betrachter verlocken, in ihm das antikapitalistische Idyll einer „vormodernen Subsistenzwirtschaft“[79] zu erblicken. Ganz verleugnen kann die ILO die in ihrer Entstehung angelegten Gene nicht, denn ein gehöriger antikapitalistischer Impuls gegen die Vergötterung von Gewinn und Konsum, die die Grundlagen des Lebens gefährdet, steckt in vielen ihrer Initiativen.

Wo die Geißeln des Gewinnstrebens – die für die Wohlfahrt der Menschen allerdings so befreiend sind wie die Hiebe der Domina für einen pathologisch Liebenden – nicht wirken können, wie in den sozialistischen Planwirtschaften, braucht es andere Anreize als den individuellen Nutzen. Es werden pompöse Titel und Orden verliehen. In der DDR waren es die “Helden der Arbeit“, in der Sowjetunion die Helden der sozialistischen Arbeit (von Putin als „russische“ wiederbelebt), die als Vorbild den Arbeitseifer und die Arbeitsperfektion befeuern sollten. Obschon eine solche Auszeichnung nur ein Surrogat des persönlichen Vorteils ist, durften ihre Trägerinnen und Träger stolz auf sie sein.

Immer wieder gilt es, das zu überwinden, was Gottfried Benn, der ja als Lyriker auch einmal wie Pechstein in die Welt von Palau gefahren ist, die „kosmisch akausale Arbeitsaversion“[80] genannt hat. Trotz des Zwanges, das täglich Brot zu verdienen, brauchen wir alle eine große Überwindung, morgens aus der Geborgenheit des Bettes ins „feindliche Leben“ umzusteigen.

20 Arbeit und revolutionäre Kunst

Die Künstler sind in ihrer individualistischen, vielleicht anarchischen Grundhaltung ja eher als die an industrielle und betriebliche Disziplin gewohnten Arbeiter und Angestellten oder Soldaten in ihren Befehlsketten geneigt, in einer Haltung der permanenten Erneuerung überkommene Formen abzuwerfen oder wegzusprengen. Aber in der November-„Revolution" waren es eben doch die folgsamen Soldaten und Arbeiter gewesen, die den Künstlern voranmarschiert waren in ihrem Bestreben, ihre eignen und die öffentlichen Belange in die eigene Hand zu nehmen. Es schlug die Stunde der Räte. Denn eine Selbstregierung aus unstrukturierter Mengenlage ist nicht möglich, es müssen Organe entwickelt werden, die auch im Chaos Beschlüsse fassen und umsetzen können.

Drei Jahre lang – seit Dezember 1918 – arbeitete ein Arbeitsrat für Kunst. Ihm gehörten 100 Mitglieder aus allen bildnerischen Berufen an. Der Einfluss der Architekten war besonders groß. Sie sehen ja die Zukunft oft aus dem Blickwinkel einer umfassenden Lebensreform, wollen Wohnungen, Häuser und Stadtlandschaften als Heimat der menschlichen Seele und Wurzelbeet der Würde schaffen. Sie sahen einen nachrevolutionären neuen Gesellschaftsaufbau und in ihm die Chance, den Menschen selbst zu verändern. Es wurde so deutlich in diesem Künstlerbund nicht gesagt: aber die leitenden Architekten des Arbeitsrats – Bruno Taut, dann Walter Gropius – sahen Maler, Grafiker, Bildhauer und Kunstgewerbler eher im Dienst denn als Partner ihrer kühnen Ideen. Auch Kunstschriftsteller durften dabei sein, denn Ideen brauchen kluge Multiplikatoren auf der Höhe der Ambition.

Max Pechstein war – mit anderen Malern wie Lyonel Feininger, Emil Nolde, Käthe Kollwitz, Karl Schmidt-Rottluff – Mitglied des Arbeitsrats für Kunst. Vielleicht war seine Schöpfung für Genf der letzte Ausdruck – sieht man von den Bauhaus-Konzepten ab – eines Grundgedankens des Arbeitsrates, nämlich Kunst und Handwerk wieder enger zusammenzuführen und damit auch einen Boden dafür zu schaffen, dass auch Volk und Kunst näher zusammenrücken. Der stärkste Rahmen dafür ist natürlich die Architektur, die mehr künstlerische Formen in sich aufnehmen und ihren Gedanken amalgamieren kann, als es die Museen, die Galerien und Auktionshäuser vermöchten.

Max Pechstein war als Gestalter markanter Manifeste und Plakate (zum Beispiel eines Pfeils auf gespanntem Bogen) auch ein Künder dieser Idee. In seinen „Erinnerungen“ schreibt er: „Nach dem Zusammenbruch des kaiserlichen Regimes meinte ich, mit vielen anderen, es werde eine größere Freiheit, ein menschlicheres Dasein ausbrechen.“ Über sein praktisches Engagement in dieser Zeit des Aufbruchs schreibt er wenig. Er erwähnt nur seine Plakate und die Zeichnungen für das periodisch erscheinende Blatt „Die Laterne“, in deren Titel man ein Symbol der Aufklärung und Erleuchtung, aber auch eine Reminiszenz an die Pariser Laternen sehen konnte, an die man 130 Jahre zuvor die Aristokraten hängen wollte.

Die Künstler, die zwar voller Zukunftshoffnungen waren, aber gleichzeitig mit großen Ungewissheiten gegenüber ihren formalen und wirtschaftlichen Wirkungsmöglichkeiten konfrontiert waren, betrieben das, was Heinrich Böll in den frühen 1970er Jahren die „Einigkeit der Einzelgänger“ genannt hat: sie knüpften Netze und bildeten Netzwerke, die ihnen halfen, ihre Arbeitsbedingungen und vor allem die Auftragsbedingungen zu verbessern.

Während der Arbeitsrat für Kunst, zu dessen aktiven Gründern Max Pechstein gehört hatte, nur drei Jahre existierte, war die „Novembergruppe“, der er ebenfalls engagiert angehörte, in der kurzlebigen Weimarer Republik mit 180 Mitgliedern bis zur Machtübertragung an die Nationalsozialisten mit vielen Mitgliedern sehr aktiv. Die Mitgliederlisten sind ein Who-is-Who der modernen Kunst. Ein technischer Stützpunkt der Gruppe war die Kunsthandlung von Wolfgang Gurlitt in Berlin (ein Vetter von Hildebrand Gurlitt, dessen rätselhafter Sohn Cornelius die Presse noch in unseren Tagen lebhaft beschäftigte), mit der Pechstein in

Verbindung stand und die ihm, wie er seinem Freunde Alexander Gerbig klagte, einen finanziellen Schaden zugefügt hat.

Bruno Taut[81] hat 1918 im Programm des Arbeitsrats für Kunst die sechs Forderungen in einer Proklamation beschrieben, auf die sich über fünfzig Künstler verständigt hatten. Entschieden lehnten sie jedweden staatlichen Einfluss auf ihre Arbeit ab, ja sie forderten die Abschaffung namhafter Akademien und Institutionen im Halbschatten des Staates. Gern hätten sie alle Denkmale ohne künstlerischen Wert, von denen es im Kaiserreich (wie heute) viele gab, gesprengt – aber welche Generation träumt nicht davon und wer entscheidet über den Sinn von Denkmalen. Die sechste Forderung lässt Pitt (als einen auf Selbsthilfe trachtenden Genossenschafter) natürlich hart schlucken: bei aller entschiedenen Zurückweisung staatlicher Insinuationen scheint den Künstlern doch eine staatliche, im Rahmen der neuen Gesetzgebung zu etablierende Regierungsabteilung, die eine Kunstförderung sichern soll, sehr erstrebenswert zu sein.

Gibt es das: staatliche Förderung und Finanzierung von Architektur und Kunst, sozusagen eine universale „Kunst am Bau", ohne ein staatlich-demokratisches Grundverständnis davon, welche Grenzen von Gestaltungsfreiheit zu akzeptieren sind? Wo Schwerpunkte zu setzen, Abwege zu meiden sind? Trends herausgearbeitet werden sollen? Bruno Taut, der viele genossenschaftliche und gemeinnützige Großsiedlungen konzipiert hat (z. B. die Wohnstadt Carl Legien in Berlin-Prenzlauer Berg) hat etwas Selbstverständliches gesagt: „Bei Genossenschaftsbauten muss der Wille einer Gesamtheit erspürt werden."[82] Nicht dekretiert, aber immerhin „erspürt". Auch den Staat kann man – wenn man von seiner „Hoheit" einmal absieht –, als eine Genossenschaft der Bürgerinnen und Bürger verstehen. Sie müssen nicht über Konzepte abstimmen, aber im Atmosphärischen sollte ein Unbehagen registriert werden dürfen, damit die Heimat nicht Fremde ist.

Ein großer Glaskünstler war Bruno Taut auch. Ob Max Pechstein, der 1914 nach Palau ins Paradies entlaufene Expressionist, den wundersamen Glashaus-Pavillon Tauts auf der Kölner Werkbundausstellung in diesem

Jahr gesehen hat? Er wurde zerstört. Doch das Pittpaar hat ihn sich anschauen können und den Atem angehalten. Im Modell des gläsernen Hauses hatten Enthusiasten der Glasarchitektur den Tautschen Pavillon auf der Darmstädter Mathildenhöhe nachgebaut – einen Puppentempel wie eine mächtige päpstliche Tiara, das Dach in einem Schuppenkleid (vom „Spargelkopf" sprach der Volksmund). „Kristallisationen, Splitterungen" hieß die Ausstellung. Mit der 3-D-Brille auf der Nase ging's hinein in einen „regenbogenstrahlenden Diamanten", auf einer Leinwand hinein ins Innere des gläsernen Hauses, „in den Glanz, der aus farbigen Glaskacheln und Mosaiken bricht, unter den Lichthimmel des Kuppelsaals, unter dem acht planetarische Lampen und ein Lichterbaum schweben, hinauf auf einer Spiraltreppe in die Flucht des Facettenfirmaments, dessen Lichtwellen auf einem fingierten Kaskadenwasserfall flimmern" – so hat Pitt[83] seinen Eindruck beschrieben.

Die organisierte Nähe von Architektur und Malerei, in die Überzeugungen von handwerklicher Kunst hineinspielten, war für Max Pechstein gewiss ein förderndes zeitgenössisches Umfeld, in dem die Bereitschaft offizieller staatlicher Stellen wachsen konnte, einem Künstler unter so vielen anderen verdienten und profilierten Künstlern den internationalen Auftrag für Genf zu geben. Hinzu kam, dass die Forderung der Arbeitsräte erfüllt worden war, eine Förderstelle bei der demokratischen Reichsregierung zu schaffen.

21 Ein Reichskunstwart

Das Bekenntnis wichtiger Künstler zu Revolution, Reform und Republik und die Lobbyarbeit des einflussreichen Werkbundes hatten die Idee begünstigt, die absolute Unabhängigkeit der Kunst von staatlicher Kuratel doch ein bisschen zu sichern durch staatliche Kuratoren und eine finanzielle Reichskrippe. Die neue Republik war, wie das alte Reich, föderal gebaut, und Kultur und Kulturpolitik waren Sache der Länder. Doch auch das Reich sollte eine überwölbende Kulturidee repräsentieren dürfen. So hatte dann schon die Nationalversammlung zu diesem Zweck eine öffentliche Stelle beim Reichsinnenminister im Grundsatz beschlossen (die Bundesrepublik hat ihre Kulturbeauftragten beim Bundeskanzler angesiedelt, was der Idee der Bundesrepräsentation besser gerecht wird). Der Stelleninhaber (gendern musste man damals noch nicht) erhielt den wenig modern klingenden Titel „Reichskunstwart". Die Warte der Kunst: großer Blick aufs Ganze, und Wartung der Kunst im Sinne von behutsamer Förderung und Pflege.

Der Reichskunstwart Dr. Edwin Redslob, ein Kind Weimars, war ein kultivierter, auf vielen Feldern der Kunst bewanderter, noch junger Mann, der für seine schwierige Vermittlungs- und Koordinationsaufgabe zwischen den Ministerien, dem Reich und den Ländern, den Ansprüchen der Künstler und den Finanzausschüssen der Parlamente eine gute Hand hatte, den Wert der Öffentlichkeitsarbeit kannte und ein überaus gewinnender Netzwerker war. Nach dem Krieg war der Kunsthistoriker, den die Nazis 1933 entlassen hatten, Rektor der Freien Universität Berlin.

Anfang 1920 lud der Reichskunstwart – noch gar nicht recht etabliert – die Öffentlichkeit ins Innenministerium. Neben der Presse waren die Künstler vertreten durch den Bildhauer Georg Kolbe und den Maler Max Pechstein, die sich als Organisatoren des Deutschen Werkbundes und des „Arbeitsrats" profiliert hatten, einflussreiche Persönlichkeiten wie Theodor Heuss und der Bauhaus-Architekt Otto Bartning,

Galeristen, Kunstschriftsteller und -kritiker. Der liberale Innenminister Erich Koch-Weser und sein Staatssekretär bezeugten die Aufgabe des neuen Amtes: nämlich, wie der Stelleninhaber sagte, einen „einheitlichen Kunstwillen“ für das Reich zu bilden.[84] Ging es darum, wie Bruno Taut gesagt hatte, für die Republik einen gemeinsamen Willen „zu erspüren“? Oder war das Konzept grandioser, nämlich für den Staat ein ästhetisches Maßkostüm zu schneidern?

Edmund Redslob war als Direktor des Erfurter Museums das „Trüffelschwein“ des Schuhfabrikanten Alfred Hess gewesen, das heißt, er hat ihm die Augen für die Expressionisten begehrlich gemacht, so dass er sie in seiner sehr bedeutenden Sammlung, die ihm die Nazis später raubten, zusammengeführt hatte. In Berlin hatte er Max Pechsteins Palau-Triptychon (1917), das jetzt im Wilhelm-Hack-Museum in Ludwigshafen zu sehen ist, erworben. Redslob schätzte Pechstein sehr, aber seine Stars – zu denen er Hess lotste – waren Ernst Ludwig Kirchner und Karl Schmidt-Rottluff. Schon vor dem Krieg hatte er ein „sehr farbiges Bild“ von Pechstein in der Wohnung von Walter Rathenau gesehen – dem 1922 ermordeten Außenminister hatte der Reichskunstwart eine überwältigend stilvolle Trauerfeier im Reichstag ausgerichtet. Schon 1909 hatte er Pechsteins Bild „Der gelbe Schleier“ in einer Ausstellung der deutschen Werkstätten gegen eine Dame der Bremer Gesellschaft verteidigt, die sich auf dem Absatz herumgedreht und empört gerufen hatte: „Und Herr Dr. Reedslooob findet das schön!“

Noch zehn Jahre später musste er dasselbe Bild in Stuttgart verteidigen, als es dort in einer Ausstellung der Expressionisten empörte Reaktionen hervorrief. Pitt hat das Bild nicht gesehen, aber er kennt das gleichzeitig entstandene Bild „Das gelbschwarze Trikot“, und er versteht, dass die grob wirkende Farbschwelgerei aus der „Brücke“-Welt Zeitgenossen verstören konnte. Sogar der große Max Liebermann, der ja erfahren hatte, wie eine Malergeneration mit ihrem Stilideal der nächsten weichen muss, hatte im Verein der Berliner Künstler in einer Ausstellung, die ihre Notlage bekämpfen sollte, ausgerufen: „Leute wie

Schmidt-Rottluff müßten jeden Morgen von Staats wegen erst einmal Ars…wichse bekommen."[85] Ein Reichskunstwart würde es in einer Zeit, die künstlerisch von vielen Umbrüchen geprägt war – die letzten großen Kunstströmungen waren verebbt – nicht eben leicht haben.

Zunächst war der Reichskunstwart der oberste Hüter einer „Corporate Identity der Republik".[86] Ein einheitliches Erscheinungsbild der Reichsinstitutionen und -insignien sollte helfen, dem demokratischen Reich ein neues sympathisches Gesicht zu geben. Münzen, Noten, Siegel, Briefmarken, Flaggen, Stempel, Orden, das Schriftbild amtlicher Verlautbarungen usw. waren modern zu gestalten. Aber welche Kämpfe waren auszustehen! Wie hartnäckig verteidigten zum Beispiel Reichspost und Reichsbahn ihre Gestaltungsrechte. Die Länder verteidigten in jeder Serife ihrer Schriften ihre kulturelle Identität. Welch ein Gezerre um ein Ehrenmal für die gefallenen Soldaten, in denen die einen „Mörder" sahen und die anderen Helden, denen Verräter einen Dolch in den Rücken gestoßen hätten. Der Weimarer Redslob hatte sich für ein zentrales Denkmal – es gab ja Hunderte anderer, und Tausende hatten Ideen eingereicht – einen Platz im Herzen Thüringens, dem geografischen Mittelpunkt des Reichs, reserviert, aber als nach jahrelangem Tauziehen der Meinungsmächte das Denkmal immer noch nicht auf dem Sockel stand, kam Hitler und beförderte das umgebaute Tannenbergdenkmal, das für den heldischen Supersoldaten Hindenburg gebaut worden war, zum Einheitsmal.

Und wenn es um den Reichsadler ging! Wie weit durfte das naturalistische Abbild des Symbolvogels im alten Reich zugunsten eines modernen Reichs „expressionistisch" gerupft und Krallen und Schnabel gefeilt werden? Gelästert wurde von beiden Seiten über das Suppenhuhn, den Pleitegeier oder den erschrockenen Papagei.

Pitt hat als junger Mann die Schöpfung des Grafikdesigners und Typographen Professor Kurt Weidemann bewundert, der das Logo des alten „Konsum" in der Bundesrepublik in den späten 1960er Jahren in ein leuchtendes spannungsreiches „co op" im Blauweiß verwandelte und alles, was das Innen- und Außenleben einer genossenschaftlichen Gruppe formal prägen kann, der Eleganz seiner Schriftfamilien unterwarf. Aber unvergessen die Präsentation des neuen Symbols: als alle Reden gehalten und alle Details kritisch oder begeistert kommentiert waren, sagte der Generalsekretär Lorenz Petersen, der in Lübeck Mitschüler Willy Brandts, des Sohns einer Konsum-Verkäuferin, gewesen war, mit Tränen auf den Stimmbändern an Pitts Ohr: „Und ich bin doch für den Konsum." Das unanfechtbar schöne co op-Symbol hatte leider nicht eine Lebens- und Leuchtdauer wie das Schriftbild unter dem weltberühmten Stern oder die wuchtigen DB-Majuskel der Bundesbahn aus Weidemanns Atelier.

Redslob sah im Expressionismus, dessen Förderung er sich verschrieben hatte, den „Erfüller eines Gemeinschaftsgefühls", in dem sich „Ausdruck" und „Erlebnis" den Menschen der Zeit unmittelbar mitteilten. In der alten Reichsstadt Lübeck war ein erbitterter, bis zur Demolierung führender Streit entbrannt über ein Kruzifix des Bildhauers Ludwig Gies, das einem kirchlichen Ehrenmal an der Domkirche eingefügt werden sollte – die Figur eines Geschundenen in der Ästhetik des Schrecklichen. Gies (der Freund Pechsteins war auch Glasmaler), auch als „Adler"-Spezialist bekannt, war später der Schöpfer des Bundestagsadlers, der von manchen in Verkennung seiner Stilherkunft „fette Henne" genannt wird. Woher nahm der Reichskunstwart den Mut, sich am Beginn seiner Amtszeit schützend vor den Gegenstand unversöhnlicher Parteiungen zu stellen: „An ihm ist kein Stück, das nicht gekreuzigt wäre."[87]

Dem Mutigen wurde schon Mitte der 1920er Jahre das Budget gekürzt, und er musste seine Arbeit als Zwei-Mann-Betrieb fortsetzen. Konnte der Mann in seiner Unerschrockenheit und seinem hartnäckigen Mittlerwillen so einflussreich gewesen sein, einem Max Pechstein den Weg nach Genf geebnet zu haben?

22 Auftraggeberin Politik

Pitt hatte die Hoffnung, aus den Memoiren Edwin Redslobs zu erfahren, ob er – oder wenn nicht er, wer dann – den Auftrag des IAO-Geschenks an Pechstein initiiert oder vergeben hätte. Aber kein Wort darüber im „Erlebten und Durchdachten".

Hätte er sich nicht ebenso für seine Favoriten Ernst Ludwig Kirchner und Karl Schmidt-Rottluff einsetzen können? Kirchner, ein vulnerabel-eigensinniger Charakter, wäre für den Auftrag vielleicht nicht robust genug gewesen. Schmidt-Rottluff war schon ein bisschen „verbrannt". Er hatte als repräsentativer Künstler nicht reüssieren können.

Der erste Präsident der Nationalversammlung und kurzzeitige SPD-Innenminister, Eduard David, hatte den Adler zum Wappenvogel des neuen Reichs erhoben, und Reichspräsident Friedrich Ebert persönlich hatte sogar schon gestalterische Vorgaben gemacht („Schnabel, Zunge und Fänge von roter Farbe"); auch der Reichsaußenminister Hermann Müller hatte nach einer „neuen Form" für den republikanischen Geist gerufen. Der Reichskunstwart hatte seinen Favoriten Schmidt-Rottluff mit einem Entwurf beauftragt. Niemand fand Gefallen an ihm, außer Redslob, der an dem holzschnitthaften, hart konturierten Adler den „Ausdruck" der Zeit sah. Dem konservativen Reichsschatzmeister Hans von Raumer – der so sparsam war wie die Liberalen heute – war die „Karikatur", die den Anforderungen an Schönheit und „künstlerisches Empfinden" nicht gerecht werde, keine Reichsmark wert. Aber wer würde heute Redslobs Lob zustimmen, der Vogel zeige „innere Belebtheit"?[88]

Vielleicht war Edmund Redslob in der Rückschau auf einen vielfältigen Kampf für Kunstideale im Umgang mit den Zelebritäten der Zeit das Auftragskunstwerk Max Pechsteins nicht einer besonderen Hervorhebung wert gewesen – denn es hatte sich ja gegen die Kunstströmungen der Zeit auf unspektakuläre Weise quergestellt. War er nicht gerade im Sommer 1926, als Pechsteins Werk in Genf enthüllt wurde, stark absorbiert durch die Querelen um das Reichsehrenmal im thüringischen Berka? Hatte er wichtigere Ortstermine als Genf oder das Atelier von Max Pechstein? Gewiss hätte es Pechstein, der sich über das Desinteresse der Reichsvertreter an seinem Werk enttäuscht gezeigt hatte, in seinen „Erinnerungen" erwähnt, wenn sich Redslob an seiner spezifischen Arbeit persönlich interessiert gezeigt hätte.

Doch selbstverständlich musste ein Reichskunstwart, verantwortlich für die „künstlerische Formgebung des Reichs",[89] seine Hand und seine Drähte ins Spiel gebracht haben, wenn es um einen Auftrag ging, der vielleicht in Genf den deutschen Architekten eine Bahn für eine Bewerbung um den Bau des Völkerbundpalasts, der Mitte der 1920er Jahre gestartet wurde, hätte bereiten können. Der Bau des Arbeitsamtes war den Schweizer Architekten vorbehalten geblieben.

Der Stifter der Glasfenster für Genf kann nur der Reichsarbeitsminister gewesen sein, denn er war zuständig für die Verbindungen des Reichs zur Internationalen Arbeitsorganisation, obwohl natürlich in einer dreigliedrigen Organisation neben der Regierung auch die Arbeitgeberverbände und die Gewerkschaften ein (fast) gleichgewichtiges Wort in puncto IAO mitzureden hatten. Hat der Reichsarbeitsminister vielleicht den Reichskunstwart angerufen und gefragt: „Wissen Sie nicht einen deutschen Künstler, der ein Kunstwerk, repräsentativ für die Institution wie für das Reich, schaffen könnte?" Oder war es gar der Reichskanzler? Und sollte nicht auch der parteilose Reichsfinanzminister ein Wort mitzureden gehabt haben? Oder war der Vertreter der Gewerkschaften im Verwaltungsrat der IAO auf die Idee gekommen, ein Arbeitsmotiv für ein repräsentatives, der Arbeit gewidmetes Kunstwerk vorzuschlagen, und hatte sich erinnert, dass in den Revolutionsjahren ein Künstler namens Pechstein eine starke Rolle als Brückenbauer zwischen Künstlern und Arbeitern und Handwerkern gespielt hatte?

Und wenn sich die schenkenden Köpfe direkt an den Künstler gewandt haben sollten – mussten sie dann nicht doch Fühlung aufnehmen mit dem Reichskunstwart, nicht weil er nicht übergangen werden konnte, sondern weil er von seiner Warte den umfassenden Blick auf die Kunstlandschaft der Zeit hatte – und vielleicht auch gute Kontakte zu den Budgetverantwortlichen in Regierung und Parlament.

Deutsche Architekten aus dem Umkreis des Deutschen Werkbundes hatten mit ihren Arbeiten der deutschen auswärtigen Kulturpolitik beachtete Akzente gesetzt. Christian Welzbacher geht in seinem wahrhaft monumentalen Werk[90] von der Überlegung aus, dass es im Interesse des Reichskunstwarts gelegen habe, für seine im Innern schwierige Arbeit einen Ausgleich durch die Akzeptanz eines internationalen Projekts gewinnen zu können. Für internationale Aufträge habe er daher den engeren Kreis der Mitglieder der „Novembergruppe" und des „Arbeitsrats für Kunst", die sich in liberalen republikanischen Kreisen bewegten, als geeignet angesehen. Max Pechstein, dem Reichskunstwart vertraut, müsse im engsten Kreis der Kandidaten für ein international bedeutendes Staatskunstwerk gesucht werden. Von Alternativen ist nichts bekannt.

Als Glasfenster-Künstler war Max Pechstein schon vor dem Ersten Weltkrieg renommiert. In der Zusammenarbeit mit dem Berliner Glasfenster-Hersteller Gottfried Heinersdorff (mit der Firma Puhl & Wagner fusioniert), einem Pionier dieser alt-ehrwürdigen Zunft, hatte er Werke geschaffen, die in Galerien und Ausstellungen, die auch in mehreren Städten gezeigt wurden, Furore gemacht hatten. Nicht nur seine Farben, auch seine Motive waren als sensationell empfunden worden: In seinen weiblichen Akten (verschollen oder zerstört) sah seine Zeit die „Frau als neue Heilige des expressionistischen Mythos".[91] Sein Zyklus „Vier Jahreszeiten" – ursprünglich in anderen thematischen Zusammenhängen geschaffen –, war ein Blickfang in der berühmten Kölner Ausstellung des Werkbundes 1914 gewesen. Bis 1923 waren Pechsteins Glasfenster in Ausstellungen gezeigt worden. In diesem Jahr hatte das Preußische Kultusministerium Pechsteins Werke mit denen anderer namhafter Künstler aus den Werkstätten von Heinersdorff in der Potsdamer Orangerie präsentiert.

Und was „öffentliche“ Themen betrifft: Schon 1907 hatte Pechstein für das Treppenhaus des Rathauses in Eibenstock im Erzgebirge Allegorien kommunaler Verantwortung geschaffen, für das Schul-, Wasser-, Bauwesen und die Krankenpflege.[92] Der Magdeburger Museumsdirektor allerdings konnte mit einem „ausgezeichneten“ Entwurf Pechstein, der die Revolution von 1918 verherrlichte, nichts anfangen, weil er für einen bereits vor dem Krieg geschaffenen Museumsraum bestimmt war. Die Kunsthistorikerin Maria-Katharina Schulz sieht eine Verbindungslinie von diesem Entwurf zu den Genfer Fenstern, dieser eigenartig titellosen Schöpfung, in der sie den „Arbeiter in seiner Welt“ sieht.[93]

Die Distanz zwischen einer überstaatlichen, mehrgliedrigen, in ihren Führungskräften multikulturellen Organisation, die ihre innere Heterogenität durch Bürokratie bewältigen muss, und einem künstlerischen Impuls ist groß. Wer konnte eine Brücke aus einer überzeugend großen Schnittmenge zwischen der Idee der Organisation und dem Sujet eines Kunstwerks, das repräsentativen Zwecken dienen und nicht die Seele eines Künstlers spiegeln sollte, überzeugend bauen? Edwin Redslob hatte das Vertrauen, Max Pechstein könne sie bauen. Wenn Pitt die Arbeitsbilanz[94] des Reichskunstwarts in den Dutzend Jahren seines Wirkens betrachtet, meint er, im Hohelied der Arbeit – mag sie so getauft haben, wer wolle – ein herausragendes, auch zeitloses Beispiel zu erkennen.

23 Schillers Glockentöne

Wäre Pitt ein Historiker und hätte ihn eine akkurate Recherche in die Verliese des Reichsarchivs geführt und wären ihm dort Einblick in alle Vorlagen, Korrespondenzen, Protokolle möglich gewesen, aus denen begründet hervorginge, warum Max Pechstein für den ehrenvollen Genfer Auftrag ausgewählt worden ist, wäre doch der Goldstaub in der Waagschale, die den Ausschlag für den Begünstigten gegeben hätte, nicht sichtbar gewesen. Was wir bei Entscheidungen in Dokumenten nachvollziehen können, sind strategische oder taktische Überlegungen, den Grund finden wir nicht. Es ist wie bei der Einstellung eines wichtigen Leistungsträgers, dessen Erfolge oder Misserfolge sich ein anderer oder andere, die ihn auswählen, zurechnen lassen müssen: es ist eine Gefühlssicherheit, aus der entschieden wird.

Christoph Welzbacher hat in seiner Biografie des Reichskunstwarts dargestellt, wie stark sich Edwin Redslob schon vor dem Ersten Weltkrieg in Diskussionen im Deutschen Werkbund eingebracht hat. Im Anbruch der Moderne schien sich der formale Gestaltungswille loszureißen von den traditionellen Formen, die zwar – davon war Redslob überzeugt – nicht Leitkultur bleiben konnten, doch ein Ankergrund aller „angewandten" Kunst bleiben sollten, ein Schutz gegen die Beliebigkeit aller Formen ohne Sorge um das stilistische Niveau. Die moderne Industrie- und Warenkultur sollte ihr Bündnis mit historischen Formen der Handwerkskultur nicht vollends aufgeben, und die Handschrift des Handwerkers sollte sich im ungebundenen Stilwillen der reinen Künstler nicht verleugnen.

Einer der Skeptiker gegenüber einer seriellen Formgebung selbst auf hohem Niveau war der flämische Architekt Henry van der Velde. Sein Werk hatte Pitt in den 1950er Jahren kennengelernt, als er sich als Schüler mit der Baugeschichte eines Altersheims für jüdische Damen beschäftigte, genauer: mit der Herkunft eines großen Weidenkorbes aus eben diesem Damenstift, das im Zuge seiner brutalen Auflösung durch die Nazis auf eine ihn irritierende Weise im Keller seines dem Heim benachbarten Elternhauses in Hannover-Kirchrode gelandet war. Nicht nur das Äußere dieses eleganten Stiftsgebäudes in seiner architektonischen Singularität im vorstädtischen Umfeld hat er oft verwundert betrachtet, er hatte auch prägende Erinnerungen an seine Innenräume, denn nach dem Krieg hatte es als Unterkunft für britische Soldaten gedient, die für die deutschen Kinder fabelhafte unvergessliche Weihnachtsfeiern in karger Zeit veranstalteten.[95]

Edwin Redslob war 1922 als erklärter Bündnispartner Henry van der Veldes formeller Besucher der großen Münchener Werkschau des Deutschen Werkbundes gewesen, die ihm zwiespältige Eindrücke vermittelt hatte. Wie konnte er für seinen Auftrag, dem Reich durch künstlerische Formgebung ein prägnantes Profil zu geben, akzeptierte Normen finden? Der Werkbund hatte schon 1912 von einer „Durchgeistigung der deutschen Arbeit“ gesprochen, die zu einem „lebendigen Willen zu guter Arbeit“ führen solle. Noch während seines Rundganges durch die Münchener Gewerbeschau, der ihn gelegentlich mit einem „inneren Grauen erfüllt“ hatte, konzipierte Redslob die „Arbeitsgemeinschaft für deutsche Handwerkskultur“.

Der Zögling der Stadt Weimar – die ja nur durch einen historischen Zufall zur Namensgeberin einer demokratischen Republik geworden ist – schätzte, wie kann es anders sein, Schiller und Goethe. Er griff bei seinen Betrachtungen – seltsam archaisch für einen entschiedenen Verfechter der Moderne – auf Anschauungen zurück, die Goethe, der ein Kenner des sehr produktiven mittelalterlichen Bauhüttenwesens gewesen ist, beschäftigt hatten, ausgedrückt in seinem Aufsatz „Von deutscher Baukunst“ und gefeiert im „Wilhelm Meister“ (dessen Namen ja eine handwerkliche Assonanz hat): „Allem Leben, allem Tun, aller Kunst muss Handwerk vorangehen.“

Diesem inneren Leitsatz des Reichskunstwarts hatte auch Schiller ein Lied gesungen, das „Lied von der Glocke“, das ein Gerüst in einem gut recherchierten, luzid beschriebenen handwerklichen Produktionsprozess hat. Mit einem rückwärtsgewandten Kunstideal hat das nichts zu tun, denn für Redslob, so Welzbacher, war auch der Expressionismus „Ausdruck einer transformierten, gelebten Tradition".[96]

Hat der Reichskunstwart irgendwann dem Maler Pechstein einen Brief geschrieben des Inhalts: Hiermit erteile ich Ihnen im Namen der Reichsregierung den Auftrag, das repräsentative Gastgeschenk der Deutschen für die Internationale Arbeitsorganisation zu schaffen? Natürlich nicht. Er wird mit Pechstein wie mit anderen Künstlern darüber diskutiert haben, wie ein Stück guter Arbeit als Beitrag Deutschlands zu einer übernationalen Institution, die sich mit „guter Arbeit" beschäftigt, aussehen könnte. (Die Arbeit der ILO hat viel zu tun mit dem Index „Gute Arbeit", den der Deutsche Gewerkschaftsbund zur Förderung und als Ansporn guter Arbeitsbedingungen ständig ermittelt und fortschreibt).

Ob nicht der in die Herzwand des Idealisten Redslob eingeritzte Name Schiller im Gespräch gefallen sein könnte? Sollte nicht der so viele Assoziationen freisetzende Begriff „Glocke" in solchen zwangslosen Gesprächen gefallen sein. Das ist Pitts literarische, nicht historische Erklärung dafür, dass er Pechsteins Glocke in Genf gesehen hat. Dass Pechstein über das Mittelfeld seiner Glasmalerei die schwingende Glocke gestellt hat – seine Idee, Redlobs Idee, Schillers Idee? Eine geniale Idee. Der Klang der Glocke, die Glocke in guter Arbeit entstanden, begleitet von „guten Reden", umgesetzt in ein Bild der Arbeit, das ein traditionelles Commitment mit den Imperativen der Moderne vereint. Top, der Auftrag gilt.

Die vielversprechenden Auftraggeber der Neuzeit, nämlich eine neue Republik und eine neue internationale Organisation des guten Willens – mit kleinerer Leidenschaft als Michelangelo im Vatikan wird Pechstein nicht ans Werk gegangen sein. Seine Schilderung in den „Erinnerungen" spricht dafür. Er litt nicht unter Beklemmungen, in denen der Landvermesser K. unterwegs zu seinem obskuren Arbeitgeber im „Schloss" ist, von dessen Turm ein Glockenton, der Klang einer „fröhlichen beschwingten" Glocke ertönt, der „wenigstens einen Augenblick lang das Herz erbeben ließ, so, als drohe ihm – denn auch schmerzlich war der

Klang – die Erfüllung dessen, wonach es sich unsicher sehnte". Nach der großen Glocke ertönten die „schwachen eintönigen Glöckchen" mit ihrem billigen Geklingel, das so recht passte zum Tenor des Einstellungsbriefs der herrschaftlichen Schlossverwaltung, der eine Gefahr in wimmelnden Worten beschwor: „Es war das Arbeitersein. Dienst, Vorgesetzter, Arbeit, Lohnbestimmungen, Rechenschaft, Arbeiter".[97]

24 Handwerk, Wurzel der Kunst

Dass der Reichskunstwart die erste Versammlung der „Arbeitsgemeinschaft für Handwerkskultur“ in Hannovers Ständehaus veranstaltete, hatte – wie alles bei ihm – eine symbolische Bedeutung. Das Ständehaus war in der preußischen Epoche Hannovers der Sitz des Provinzialparlaments mit seinen sieben Landschaften gewesen und es war geschaffen worden von Ferdinand Wallbrecht, einem bedeutenden Architekten, der aus dem Berufsstand der Maurer – mit Wanderschaft, halbakademischer Fortbildung und unternehmerischer Karriere – gekommen war und als nationalliberaler Politiker Bürgervorsteher in dem Haus war, das er am Schiffgraben gebaut hatte (heute ist es der Sitz des niedersächsischen Finanzministeriums, das einmal eine provisorische Bleibe in Pitts Heimatort Hannover-Kirchrode gehabt hatte).

Irgendwie stand auch diese Programmtagung unter dem Weimarer Stern oder unter der Frankfurter Frühlingssonne des Osterspaziergangs. Es ging um ein kulturelles „Auferstanden“ „aus niedriger Häuser dumpfen Gemächern, aus Handwerks- und Gewerbsbanden, aus dem Druck von Giebeln und Dächern“. Neue Formen des Handwerks sollten ans „Licht gebracht“ werden durch eine Vereinbarung mit dem Zweck, eine Erneuerung des Handwerks aus dem Geist der Tradition und gleichzeitig eine Erdung der Moderne in der Auseinandersetzung mit überlieferten Formen, Aufgaben und Techniken zu garantieren.[98]

Sollten sich die Expressionisten mit ihrem unbändigen individuellen, hoch subjektiven Formwillen Fesseln anlegen aus einer Selbstverpflichtung heraus, es mit den Formexperimenten und -innovationen nicht zu wild zu treiben und die Nabelschnur zu einer handwerklich-volkstümlichen Kultur nicht zu zerschneiden? Hatten nicht auch die Großbaumeister des in Weimar entstandenen Bauhauses ihren Anspruch an die bildende Kunst dadurch übertrieben, dass sie in ihren Manifesten diktatorisch verkündeten, alle Kunst habe sich dem Geist des Handwerks unterzuordnen: „Architekten, Bildhauer, Maler, wir alle müssen zum Handwerk zurück!" Die „Erdung" entsteht in einem geschärften Bewusstsein für die Wahrheit des Satzes: „Der Künstler ist eine Steigerung des Handwerkers."[99] Einen Wesensunterschied zwischen diesen Kreativen gäbe es im Grunde nicht. Und sozialkritisch zugespitzt die Forderung, den Handwerkern eine neue Zukunft „ohne die klassentrennende Anmaßung, die eine hochmütige Mauer wischen Handwerkern und Künstlern errichten wollte", zu geben.

Aus der Sicht der Architekten ist die Sache klar: Alle Kunst, die sich in Bauten materialisiert, ist an die ewigen Gesetze des Handwerks gebunden, unabhängig vom Material und vom Stilwollen. An der Vollendung eines Gebäudes sind viele Handwerker oder Gewerke beteiligt, und auch die Bauarbeiter, die nach handwerklichen Weisungen arbeiten, sind in Gewerkschaften verbunden (wenn sie ein bisschen Standesstolz haben).

Für die Maler gilt das gewiss nicht. Nachdem die akademischen Fesseln gesprengt worden waren, leitete sich „Kunst" bei ihnen nicht mehr von regelhaftem „Können" her – was nicht nur eine volkstümliche Kritik an modernen Ausdruckformen der Malerei monierte. Die expressionistische Malerei (wie auch die Literatur) lebt von der Übertreibung, die keine solide Statik braucht – wie schon Vincent van Gogh (war er nicht ein früher Expressionist?) in einem Brief an seinen Bruder Theo, einen Galeristen, sagte: „Ich übertreibe das Blond des Haares".[100]

Wie sollten die Träume des Werkbundes und des Bauhauses und des Reichkunstwarts realisiert werden, die Kunst an das Handwerk zu binden, nicht im buchstäblichen regulativen Sinn, sondern im kreativen Geist. Möglich war das im Kunstgewerbe, das einen starken Stilwillen hatte.

Auch Max Pechstein war aus dem Handwerk gekommen, dem Malerhandwerk – das in Hessen zur Abgrenzung von den „Kunstmalern" die schöne Bezeichnung Weißbinder hat. Er hatte eine kunstgewerbliche Ausbildung angeschlossen und sich – auch über Glasmalereien – an seine malerische Berufung herangetastet. Die Passion für das Handwerk hat er immer behalten, was sich nicht zuletzt in seiner Begeisterung für das Handanlegen auf Palau gezeigt hatte.

So wie sich das politische demokratische Leben von allen ständischen Vorstellungen gelöst hat, sprechen wir auch nicht mehr von Berufsständen (wenn der Begriff auch noch in Verbänden oder Versorgungswerken fortlebt). Wenn Pechstein über die Darstellung von Berufsbildern in seiner Glasmalerei für Genf nachdenkt, ist er an den alten Begriff des Standes gebunden. Er hat das elementare Wissen um das Spezifische von Berufsgruppen, das im Wort „Stand“ mitschwingt: geprüftes Können, Achtung vor der „Art“, Ehre durch Leistung, Würde des Handwerks.

Für den Reichskunstwart, der sich in der Förderung öffentlich akzeptierter künstlerischer Formen nicht nur an „Übertreibungen“ orientieren konnte, sondern die Mittellinien eines „erspürbaren“ stilistischen common sense im Auge behalten musste, war Pechstein ein glaubwürdiger Brückenbauer zwischen dem regelhaft-objektiven und dem frei-subjektiven Künstlertum. Redslob stand mit seiner „Arbeitsgemeinschaft“ für ein Bindeglied zwischen der nützlichen schönen Form und der zweckfreien schönen Form, die sich in einem unendlich differenzierten Stilwillen keiner Epochen- oder Schulbezeichnung zuordnet (es sei denn in Verlegenheitsbildern wie z. B. „Die jungen Wilden“). Das der Kunst konsumistisch gegenüberstehende Publikum schwankt seitdem trotz einer intensiven kunstpädagogischen Aufklärung durch eine große Museumsindustrie in seinem Urteil irritiert zwischen den Gestaltungspolen. Ein Riegel gegen Demagogen, die „Übertreibungen“ der künstlerischen Subjektivität als „entartet“ verfolgten, ging verloren.

Hatte der Reichskunstwart, der 1933 von ahnungslosen Kunstrichtern entlassen wurde, diese Gefahr gesehen? Hatte er sich in den Grenzen seines Mandats bemüht, dem Reichsvolk ein Kunstschaffen zu präsentieren, das „geerdet“ ist und Bindung und Freiheit ohne Polarisierung vereint?

25 Der ewige Heinrich

Pitts kleine Passion: an die Namen von verdienten Männern zu erinnern, die nach hundert Jahren kaum noch einer nennt. Einige von ihnen waren Urheber oder vielleicht nur Notare der Idee, Max Pechstein mit dem Glasgemälde im Genfer ILO-Gebäude zu betrauen. Drei von ihnen sollen in einer persönlichen Galerie der Erinnerung hervorgehoben werden, nämlich Dr. Heinrich Brauns, Hermann Müller-Potsdam und Albert Thomas.

Heinrich Brauns (1868–1939) war in der neuen deutschen Republik in ihren Aufbaujahren 1920 bis 1928 Reichsarbeitsminister. Auch die Aufbauphase der Internationalen Arbeitsorganisation hat er in diesen national und international schwierigen Zeiten engagiert begleitet. Zwar gruppiert sein Biograph Hubert Mockenhaupt[101] seine Arbeit für die ILO etwas kursorisch unter der Rubrik „Internationale Arbeitsbereiche". Doch dieses wichtige Arbeitsgebiet musste zurücktreten hinter der Schilderung des ereignisreichen politischen Lebens eines Priesters, geboren in Köln, der ein schwieriges Ministeramt übernimmt und morgens – wenn es der Pflichtenkalender erlaubt – in der kleinen Sebastianskirche eine heilige Messe liest.

Und der internationale Aspekt seiner Arbeit muss zurücktreten hinter bedeutenden Reformen, die er in hartnäckigem Einsatz als Reichstagsabgeordneter und Minister vorangebracht hat, gestützt auf sein langjähriges Wirken für den Volksverein, für die christlichen Gewerkschaften und für seine Partei, das Zentrum, die eine der Säulen der Weimarer Koalitionen war, wobei die von ihm intendierte Öffnung zur evangelischen Seite (die nach der Katastrophe des Krieges fast selbstverständlich geworden war) nicht an ihm gescheitert ist.

Im Mittelpunkt seiner Reformarbeit standen das Arbeitsrecht und die Arbeitsgerichtsbarkeit, die 1926 (in Pechsteins Glockenjahr) Gestalt gewann. Ein heutiger Bundeskanzler und ein Nachfolger Brauns' im Amt, nämlich Olaf Scholz, hat auf dieser Basis als Anwalt einen guten Berufsstart gefunden. Das Tarifvertragswesen war nach der historischen Vereinbarung zwischen den Arbeitgeberverbänden und den Gewerkschaften im Jahr 1918 weiterzuentwickeln, vor allem im Schlichtungswesen. Die Arbeitnehmer, deren Mitbestimmung im Betriebsrat schon 1920 (durch Carl Legien und Hugo Stinnes) gesichert worden war, gewannen Zugang auch zu den Aufsichtsräten (das hat Pitt in den 1990er Jahren ein spannendes Mandat verschafft). Die Arbeitslosenversicherung, mit ihrem Schwerpunkt auf der Arbeitsvermittlung, wurde 1927 geschaffen. Der Arbeitsschutz, eines der wichtigsten Anliegen der ILO, stand auch auf der deutschen Agenda. Die Selbstverwaltung der Arbeiter, Angestellten und der Arbeitgeber leitete Reformschritte bei der Sozialversicherung ein, die durch die Inflation erschüttert war. Den Bergleuten, die Heinrich Brauns besonders nahestanden, wurde eine Knappschaftsversicherung gegeben. Nur Stichworte, doch jedes von ihnen eine kleine Revolution im Gefolge der großen Novemberrevolution (die Fanatiker immer noch nicht für eine solche halten).

Alle diese Arbeitsgebiete wurden auch durch Initiativen der Internationalen Arbeitsorganisation gefördert. Die ILO kann Empfehlungen geben, ja Übereinkommen für überstaatlich wirkende Reformen beschließen, aber ihre Umsetzung in verbindliche Politik war und ist Sache der nationalen Parlamente, war Sache des Reichstages, in dem der Minister Brauns überzeugend wirkte. In Genf war er, wie der unvergessene, von Pitt noch gehörte Pater Oswald von Nell-Breuning gesagt hatte, „ein großer Kulissenschieber" gewesen. Auch nach seinem Ausscheiden aus dem Amt – der SPD-Kanzler Müller hätte ihn gern im Amt gehalten – stand er in den schwierigen Jahren 1929–1931 an der Spitze der deutschen Delegation zu den Internationalen Arbeitskonferenzen, und einmal wurde er zum Versammlungsleiter gewählt – ein Zeichen für das hohe Ansehen, das er in seiner internationalen Arbeit genoss. 1931 hat er in Genf eine bedeutende Rede gehalten, in der er eine Weltwende beschrieben hat (so wie wir heute mit dem Bundeskanzler von einer Zeitenwende sprechen müssen).

Der Biograph beschreibt Brauns' intensive Zusammenarbeit mit dem ILO-Generaldirektor Albert Thomas. Der französische Sozialist hat oft betont, in Heinrich Brauns „einen aufrichtigen Freund und Förderer gefunden" zu haben. Eine besonders enge Zusammenarbeit gab es 1926 zwischen den beiden in der Londoner Arbeitsministerkonferenz, in der Brauns eine Schlüsselposition gewann; hier ging es um die Ratifizierung der Beschlüsse (auch zur Arbeitszeit), die schon die Gründungskonferenz der ILO 1919 in Washington gefasst hatte.

Alle Kontakte zur ILO liefen über die Schreibtische des Arbeitsministeriums und in wichtigen Fragen über den des Ministers. Ob in einer Zeit drängender Probleme und Reformen auch der Auftrag an einen deutschen Maler, für die ILO ein Gastgeschenk zu entwickeln, dazu gehört hat? In Anbetracht des breiten kulturellen Horizonts des Ministers und seiner engen Zusammenarbeit mit Albert Thomas hält Pitt es für gesichert, dass dem Minister, der sich in Grundsatzreden auch für die kulturelle Zusammenarbeit eingesetzt hat, der Maler Pechstein als freier Mitarbeiter der ILO bekannt war.

Als Auftraggeber für einen deutschen Maler war der Priester Heinrich Brauns kein progressiver Mann. Ihm ging es um Sinn und Inhalt, nicht um Form und Idee. Er beauftragte 1926, als er zu Pfingsten in ein neues Haus einzog, den jungen Düsseldorfer Maler Hubert Schöllgen, der für den Chorraum von St. Aegidius in Bonn-Buschdorf ein Farbfenster geschaffen hatte, für sein Schlafzimmer die vierzehn Stationen des Kreuzweges in Aquarell zu gestalten, zunächst fünf, für deren Thema der Priester an erster Stelle den Ecce homo auswählte. „Im allgemeinen bitte ich, die Dinge nicht zu modern darzustellen", ja, er bat ausdrücklich um eine „innige, fromme Darstellung", nicht nur für die Pietà. Hatte er vielleicht den Lübecker Kruzifixus des Glasmalers und Bildhauers Ludwig Gnies aus dem Jahr 1921 vor seinem erschreckten Blick?

Als am 6. Juni 1926 das neue Amtsgebäude der ILO in Genf – wohl noch nicht mit Pechsteins Glasgemälde – seiner Bestimmung übergeben wurde, bekundete Minister Brauns in seiner Ansprache „die Verbundenheit Deutschlands mit den leitenden Ideen der Internationalen Arbeitsorganisation". In diesem Jahr hatte er in seinem Buch „Die Sozialpolitik vor und nach dem Krieg" die „Anerkennung der Persönlichkeit des Arbeiters" als den „Leitgedanken" des gesamten Arbeitsrechts bezeichnet. Sollte ihm Max Pechsteins Glasfenster nicht eine buchstäblich leuchtende Illustration seines Gedankens gewesen sein? Sollte er die Figuren der Arbeiter (es ist eine einzige Arbeiterin dabei, eine Garbenbinderin) nicht geschätzt haben, die Max Pechstein „ernst und farbenklingend erfand"?[102]

26 Hermann Müller, der Lithograph

Der zweite Mann im Bund derer, die mit ihrem Einfluss in Genf dazu beigetragen haben, Max Pechstein einen glanzvollen Auftrag zu vermitteln, war Hermann Müller, auch er ein Reichstagsabgeordneter, Mitglied der SPD-Fraktion, der Müller-Potsdam genannt wurde, um ihn vom MdR und SPD-Reichskanzler Hermann Müller zu unterscheiden (nach einem Wahlkreis, den der heutige Bundeskanzler Olaf Scholz gewonnen hat). Müller war stellvertretender Vorsitzender des Allgemeinen Deutschen Gewerkschaftsbundes. Im Verwaltungsrat der ILO war er seit 1925 (bis 1932) Nachfolger des ADGB-Chefs Theodor Leipart, der Nachfolger von Carl Legien war.[103] Mit ihm begann die gewerkschaftliche Tradition, den für die Sozialpolitik zuständigen Vorstandskollegen mit den ILO-Angelegenheiten zu betrauen.

Ob Hermann Müller ein gewichtiges Wort für Max Pechstein eingelegt hat, weiß Pitt nicht. Doch er darf es als sicher annehmen. Denn Müller hatte einen wunderbaren, der Kunst und der Malerei durchaus affinen Beruf: er war Lithograf und Steindrucker. Diesen Beruf übte er, 1868 geboren, bis 1919 aus, obwohl er schon ein Dutzend Jahre Vorsitzender des Verbandes der Lithografen und Steindrucker gewesen ist. In langer Wanderschaft hatte er in Hannover, Kassel, Halle und Bochum gearbeitet.

Er war auch Chef des Senefelder-Bundes. Der war benannt nach Aloys Senefelder, der für die Kunst und für das Kunstgewerbe eine Bedeutung wie Gutenberg für das Druckgewerbe hatte. Der Schauspieler und Theaterautor, der nach einer Möglichkeit suchte, seine Stücke preiswert unters Volk zu bringen, hatte beim Anblick eines auf einem Kalkstein abgedruckten Blattes Ende des 18. Jahrhunderts die Steindruckerei nach dem lithografischen Verfahren entdeckt und entwickelt. Am Sockel seines Denkmals, das u. a. in Berlin an sein bedeutendes Wirken erinnert, hocken zwei dralle Putten mit Spiegeln in der Hand, damit sie seinen Namen lesen können. Die Bundespost hat 1972 zum 175. Jubiläum der

Erfindung auf einer 25-Pfennig-Marke den Arbeitstisch Senefelders abgebildet, an dem die Jahreszahl 1797 spiegelbildlich zu lesen ist.

Diese wundersame Kunst des Flachdrucks, der die druckenden und nichtdruckenden Teile einer grafischen oder künstlerischen Darstellung auf einem Kalkstein – der übrigens ein beträchtliches Gewicht haben kann – abbildet, beruht auf der Einsicht, dass Wasser und Fett sich meiden und scheiden. Für anspruchsvoll farbige Wiedergaben wurde der Druckprozess zwölfmal wiederholt. Pitt hat sich ein Standardwerk der Lithografie[104] gekauft, um den geheimnisvollen Prozess zu begreifen. Aber seine Vorstellungskraft versagte, und so ging er ins Hamburger Museum der Arbeit, in dem es eine hervorragend ausgestattete Abteilung für Druckgraphik gibt. Man weiß nur, was man sieht, hat er in Umkehrung eines berühmten Goethe-Spruches gedacht. Dieser Handwerkszweig mit seinen Hunderten von Betrieben und zahlreichen Mitarbeitern, die einen Blick für Farbe und Form haben mussten und gut bezahlt wurden, ist in den 1950er Jahren fast ausgestorben. In der Werkstatt des Museums fand Pitt nur Kreative, die ihre originalen Werke auf die Steine brachten. Niemand war in der Lage, Pitt genau zu erklären, wie ein Handwerker wie Hermann Müller die Werke von Künstlern in Druckvorlagen umgewandelt hat. Aber er hat gesehen: es ist eine langwierige, schwierige Arbeit, die viel Empathie für die Intention des Künstlers verlangt.

Sollte Hermann Müller nicht ein Fan Max Pechsteins geworden sein, als ihm in Berlin und in Genf die Pläne bekannt geworden waren, einen deutschen Künstler mit der Schaffung eines bedeutenden Kunstwerks für eine für ihn und seine Arbeit wichtige Institution zu schaffen? Max Pechstein gehörte nicht zu den „Brücke“-Künstlern, die lithografische Originale geschaffen haben, aber mit großer Gewissheit wird Müller auch einmal ein Gespräch mit Pechstein geführt haben, wie man Motive seines Werks plakativ unter das arbeitende Volk bringen könnte. Auch war der Weg vom ADGB-Gebäude an der Wallstraße in den Reichstag nicht weit, wo Pechsteins Werke 1926 gezeigt worden waren. Das schöne ADGB-Haus führt heute den Namen Hermann Schlimmes, der als Sekretär Theodor Leiparts mit ILO-Angelegenheiten vertraut gewesen ist, als Verfolgter des Nazi-Regimes nach dem Krieg die Zwangseinheit von SPD und KPD in der jungen DDR befürwortete und Vorsitzender des so genannten Freien Deutschen Gewerkschafsbundes wurde.

27 Der erste Direktor

Haben wir noch das Denkmal des Albert Thomas vor unseren Augen? Nicht selten ist es so, dass eine Institution, die sich aus dem Zusammenspiel unterschiedlicher, ja auch gegensätzlicher Interessen bildet und deren Entstehung auf vielfältige Initiativen und prägende Personen zurückzuführen ist, schließlich doch von einer einzigen Person geformt wird. So ein Mann war der erste Generaldirektor der ILO, Albert Thomas.

Im Gründungsprozess der ILO soll sein Name ins Spiel gebracht worden sein von Jean Monnet, zehn Jahre älter als sein Protegé. Er hat im europäischen Einigungsprozess eine Rolle gespielt, die ihm den Ehrentitel „Vater Europas" eingetragen hat. Er hatte keine politischen Mandate, doch er hatte in unternehmerischer Gestaltungskraft klare Vorstellungen von wirtschaftlichen Vorteilen, die sich aus der Zusammenarbeit von Großunternehmen und Staaten bei kluger Kooperation ergeben können. So war er der Ideentreiber für die Montan-Union mit ihrer französisch-deutschen Kernachse, aus der sich fast schon in logischer Konsequenz die Europäische Union entwickelt hat.

Jean Monnet – obwohl mit seinem familiären Cognac-Imperium ziemlich industriefern – hatte sowohl im Ersten wie im Zweiten Weltkrieg wichtige rüstungspolitische Planungsaufgaben für die kontinentalen Verbündeten gegen Kaiser und Führer mit großer Effizienz gelöst. Offenbar hatte er Thomas, Frankreichs Staatssekretär und Minister für Rüstung, der dieses Geschäft als linker Politiker nicht aus Neigung, sondern patriotisch betrieben hatte, als effizienten Manager in schwierigen Aufgabenfeldern schätzen gelernt. Exzellente Manager zeichnen sich nicht durch die Produkte aus, für die ihre Unternehmen stehen, sondern durch die Eleganz und Effizienz der Organisation, die sie geschmeidig ihren Zielen und ihrem Willen anpassen – gegen viele Widerstände.

Ein Förderer Thomas' war auch der große französische Gewerkschafter Léon Jouhaux, der als Vize des Internationalen Gewerkschaftsbundes neben Carl Legien zum Gründungskreis der ILO gehörte, ihr prominentestes Mitglied des Verwaltungsrats war und sich durch zahlreiche Friedensinitiativen und -konferenzen, die 1951 den Friedensnobelpreis für ihn begründet haben, ausgezeichnet hat. Von den Nazis wurde er bis in deutsche KZs verfolgt. Der ILO übrigens wurde der Friedensnobelpreis 1969 zu ihrem 50. Jubiläum verliehen.

Albert Thomas musste den ideellen Schwung, den der Friedensvertrag mit seinem Völkerbundplan einer autonomen dreigliedrigen Arbeitsorganisation gegeben hatte, umsetzen in praktische Politik. Er musste den Beschlüssen seiner Organisation in nationalen Räumen Attraktivität und parlamentarische Bestätigung vermitteln. Aus dem Reservoir kluger und energischer Köpfe in den Regierungen der zunächst beteiligten 35 Nationen, den großen Gewerkschaften und den Arbeitgeberverbänden musste er seine multikulturelle Mannschaft formen. Als Botschafter des eigenen Plans reiste er unablässig, um divergierende Interessen an die Stahllinie seines Gerechtigkeitsideals zu schmieden. Auch kämpfte er für die Erweiterung der Institution, deren größte Gründernation, die USA, ihr erst spät beigetreten ist. Er musste sich der Opposition und Erwartungen der Shareholder erwehren (wobei die Gewerkschaften, die mit dem übernationalen Instrument ihre nationalen sozialen und auch sozialistischen Ziele durchsetzen wollten, ihm das Leben nicht leicht machten).

Der Lehrer für Geschichte, der Bürgermeister seines Geburtsorts, der erfahrene Parlamentarier, Gewerkschafter, Genossenschafter und Journalist war für sein schwieriges Geschäft mit seinem Bildungsfundus und gewiss auch mit guten Sprachkenntnissen gerüstet. Pitt kann annehmen, dass er auch Deutsch gesprochen hat. Denn er hat Max Pechstein, wie der erzählt, in seinem Berliner Atelier besucht. Ob Max Pechstein, Arbeitersohn ohne Abitur, in seinem knappen Pariser Studienjahr 1908, das von künstlerischer Neugier bestimmt war, Französisch gelernt hat, darf bezweifelt werden.

Sollte sich Thomas auf seinen heiklen diplomatischen Missionen nicht auch um die Frage der künstlerischen (manche sagen: dekorativen) Ausgestaltung seines jungen Amtes, das erst 1921 nach Genf übergesiedelt war, gekümmert haben? War nicht die Wahl der Künstler, der Sujets, der Räume, die durch Kunst erhöht werden sollten, auch Sache des Generaldirektors und seiner engsten Mitarbeiter?

War es wirklich der Reichskunstwart Redslob allein, der den Namen Max Pechstein ins Spiel gebracht hat? In seiner Schrift „Die künstlerische Formgebung des Reichs“ – die so selten ist, dass Pitt sie antiquarisch für 95 € erwerben musste – gibt es am Rande der stolzen Darstellungen gelungener Embleme, Siegel, Urkunden einen kleinen Absatz, der Pechsteins Arbeit gewidmet ist. Dort heißt es: „Es wurde angeregt, Glasgemälde für das Treppenhaus zu stiften“, und die wurden von Max Pechstein „ausgeführt“.[105] Sie stehen neben anderen „wertvollen Beispielen künstlerischer und handwerklicher Arbeit.“ Oder hat Redslob seinen eigenen Anteil an dieser Entscheidung so unpersönlich formuliert, weil sein „Chef“, der Reichsinnenminister Wilhelm Külz, das Vorwort zu seinem kleinen Rechenschaftsbericht aus dem Jahr 1926/27 geschrieben hat? Auch die „Anreger“ werden ein kleines Kollektiv gebildet haben, und Pitt vermutet, dass ein Albert Thomas darin keine unbedeutende Rolle gespielt hat.

Doch wahrscheinlich hat der taktisch versierte Mann sich klug im Hintergrund gehalten. Denn der Reichsarbeitsminister, der Pfarrer Brauns, wird auch ein Wort mitzureden gehabt haben, und er wird nicht sehr erbaut gewesen sein von den hartnäckigen, erfolgreichen Bemühungen der so genannten freien Gewerkschaften Deutschlands und Europas, die christlichen Gewerkschaften, denen er nahestand, aus den Gremien und Einflusssphären der ILO fernzuhalten. Dass Albert Thomas in dieser Frage nicht ganz neutral sein konnte, wird durch sein Engagement für die französische CGT – damals eine „linke“, doch noch nicht extreme Gewerkschaft – erklärt werden können.

Auf einem Foto der Delegierten der Arbeitskonferenz aus dem Jahre 1921 – alle tragen Hut, und wenn nicht auf dem Kopf, so in der Hand – hat Pitt mit der Lupe nach dem „Fauns“-Bart des Albert Thomas gefahndet. Vergeblich. Aber protokollarisch hat er auf dem Bild auch nichts zu suchen. Die Gruppe steht vor einem großen Transparent der Tagung, über dem in filigranem Jugendstil-Dekor das Wort „Kursaal“ schwebt. Vielleicht werden sich die Delegierten aus dem chaotischen Europa in der Obhut der reinlichen Schweiz wohlgefühlt haben.

Hüter des von Max Pechstein in Genf geschaffenen Kunstwerks konnten die Männer, die sich 1926 als seine Ermöglicher in ihren jeweiligen Funktionen zusammengefunden hatten, nicht sein. Sie wurden alle von dem Glaswerk getrennt. Sein Sponsor Deutschland wurde von der Institution, auf die es Hoffnungen für den sozialen Fortschritt gesetzt hatte, in der Wende der Jahre 1932 und 1933 getrennt – in „einer schweren und aussichtslosen Zeit, als im ganzen Lande Geschäfte und Hoffnungen aller Art zerschlagen waren“ (Anna Seghers[106]).

Heinrich Brauns schied nach acht Jahren aus seinem Amt als Sozialminister. Die erneute Weimarer Koalition aus u. a. SPD, Zentrum, Deutsche Volkspartei zerbrach unter ihrem letzten parlamentarisch beglaubigten Kanzler, dem an seiner eigenen Fraktion tragisch scheiternden Hermann Müller(-Franken), der als Außenminister 1919 den Mut hatte, den Versailler Vertrag zu unterschreiben, 1930 an einer zwar fundamental bedeutenden, historisch jedoch nickeligen Frage in Heinrich Brauns' Arbeitsfeld, nämlich der Arbeitslosenversicherung. Es begann die Phase einer vom Reichspräsidenten eingesegneten Notverordnungspraxis, die keiner wollte, die jedoch in der Zange der Extremisten als nicht vermeidbar angesehen wurde und in die Falle der Nationalsozialisten führte. Es gab maßgebliche Wünsche, Brauns in seinem Amt zu halten, doch er wurde aus dem Amt gemobbt. In Genf stand er in einer „Nebenbeschäftigung“ (so sein Biograf) 1929–31 noch der deutschen Delegation zur Internationalen Arbeitskonferenz vor, und einmal war er, wie gesagt, Tagungspräsident.

Albert Thomas starb im Juni 1932 als Mittfünfziger. Im Blick auf sein Alter und das große Ansehen, dass er genoss, hätte er in seinem Amt wohl noch sehr lange wirken können; einer seiner Nachfolger im Amt, David A. Morse, den Pitt in Genf erlebt hat, bekleidete es 22 Jahre. Sein unmittelbarer Nachfolger wurde der Brite Harold Beresford Butler, wie es bereits bei der Gründung der ILO vereinbart worden war. Thomas blieb es erspart zu erleben, dass Deutschland, dem er sich durch Studiensemester in Berlin, durch viele Reisen, durch die Sprache und seine guten Kontakte zu deutschen Gewerkschaften verbunden sah,[107] unter einem aggressiv nationalistischen Regime nach peinlich-blamablen Präliminarien die ILO verlassen hat.

Max Pechstein sah sich wachsenden bösartigen Anfeindungen der in einem „Kampfbund" organisierten völkischen Kunstbanausen ausgesetzt. Wenige seiner Werke wurden verkauft, seine wirtschaftliche Lage war äußerst prekär. Um sich nicht ganz und gar ins gesellschaftliche Abseits stellen zu lassen, wurde er Mitglied der NS-Organisationen Volkswohlfahrt und Fliegerkorps, in denen Bürger, die den Mut zum offenen Widerstand nicht haben wollten, Nähe und Distanz zum Regime gleichzeitig zeigen konnten. Spannungen und Polemiken zwischen Malerkollegen nervten ihn, weil die „holde Kollegenschaft mit Wonne sich als die Scheißkerle zeigen, die sie sind" (Brief an den in New York lebenden George Grosz). Von Emil Nolde wurde er wegen der „stein"-Silbe in seinem Namen Jude genannt, was seine künstlerische Existenz gefährdete.[108] (Offenbar sind geniale Künstler nicht gefeit gegen moralische Defekte. Pitt kennt sich in der Kunstgeschichte nicht aus, aber wenn er in der Literaturgeschichte blättert, z. B. in den Memoiren und Tagebüchern des „Unruhestifters" Fritz Raddatz, lernt er das Gruseln.) Die Isolation Pechsteins gipfelte in der Verbannung seiner Bilder in die schändliche Liste der „entarteten Kunst"; das Genfer Gemälde blieb in seinem Exil davon verschont.

Edwin Redslob konnte unter einem Reichsinnenminister Frick und einem Reichsminister Göring, der auch Innenkommissar für Preußen war, sein Amt als Reichskunstwart natürlich nicht fortsetzen. Sein schönes Amt wurde aufgelöst (obwohl der berüchtigte „Tag von Potsdam", an dem Hitler vom greisen Präsidenten den Segen empfing, noch durchaus im Geist eines stilvernarrten Reichskunstwarts gestaltet worden war). Redslob hatte noch 1932 versucht, in der Hundertjahrfeier „seinen" Goethe, den die Rechten als deutschen Nationalheros bejubelten, als Europäer vor dem Zugriff seiner Deutschen zu retten. Die neuen Herren brauchten keinen Förderer repräsentativer nationaler Kunst, sie brauchten höchstens Sachverständige und Galeristen, die ihnen halfen, moderne Kunstwerke – „entartet“, aber wertvoll – in ihren Besitz und manchmal auch in ihre Museen zu überführen. Er zog sich in den Winter der Kunst zurück und versuchte sein Glück als Publizist, der auch davon lebte, dass er seine in Liebe und Kennerschaft erworbenen Kunstgegenstände nach und nach verhökerte.

Hermann Müller-Potsdam hatte 1932 im Alter von 64 Jahren die Absicht, sein Mandat im Verwaltungsrat der ILO niederzulegen, doch er starb in diesem Jahr (32 Jahre hatte er sein Leben im alten und ebenso viele Jahre im 20. Jahrhundert geführt). Die deutschen Gewerkschafter hatten sich vor seinem Tod schon darauf verständigt gehabt, als seinen Nachfolger für die ILO Wilhelm Leuschner zu nominieren. Niemand wusste, unter welch dramatischen Umständen der Amtswechsel vollzogen werden musste. Der Nachfolger eines tapferen deutschen Facharbeiters in einer zentralen Funktion der ILO wurde von deutschem Schicksal und deutscher Schuld zu einem Märtyrer gemacht.

29 Wilhelm Leuschner und der Kerkermeister

Nachdem die Nationalsozialisten 1933 den 1. Mai zum arbeitsfreien Feiertag der Arbeit erklärt hatten und am 2. Mai im ganzen Land die Gewerkschaftshäuser gestürmt, besetzt und die Sekretäre verjagt oder verhaftet hatten, waren die Gewerkschaften „deutsch" geworden, aber keine Gewerkschaften mehr. Sie wurden gleichgeschaltet wie alle Organisationen, und die Arbeit – Arbeitnehmer und Arbeitgeber in einer Lade – wurde dem Regiment einer „Deutschen Arbeitsfront" unterworfen. Sie hatte sich durch ihr „Gemeinschaftswerk" eine Reihe von Unternehmen der Gewerkschaften und der Genossenschaften räuberisch einverleibt und ihrer lukrativen Verwaltung unterstellt. Viele der so gewonnenen Mittel wurden geschickt verwendet, um die Herzen der deutschen Arbeiter und Angestellten zu gewinnen, so z. B. durch Urlaubsreisen, die „Kraft durch Freude" schenken sollten, oder den deutschen Kleinwagen in Wolfsburg, der Träume erfüllen half.

Auch die Künstler sollten bedacht werden. Doch auf eine Weise, die nicht für eine Wertschätzung von Künstlern sprach. Die Arbeitsfront habe, so berichtete Max Pechstein seinem Freund Georg Grosz in New York, einen Wettbewerb für Architekten, Dichter, Musiker, Maler ausgeschrieben, und im Preistopf waren für alle ganze 5000 Mark. Zweitausend Entwürfe wurden in kurzer Zeit eingereicht in der Hoffnung auf die tausend Mark, die ein Einzelner gewinnen konnte. Ob seine Not groß genug gewesen ist, zu erwägen, sich an diesem Wettbewerb zu beteiligen? Schließlich gestaltete er Zeitungsinserate, vergeblich, denn er gehörte nicht zur Zunft der Gebrauchsgraphiker. In jeder Woche hätte er sich den Auftrag für ein „schwach" bezahltes Inserat gewünscht.[109] Hätte er in Hannover gewohnt! Dort arbeitete Pitts Vater[110] als Werbe- und Anzeigenleiter beim Hannoverschen Tageblatt: der hätte vielleicht einen Weg gefunden, einem Künstler einen Auftrag zu vermitteln, der kurz zuvor in einer hannoverschen Ausstellung boykottiert worden war.

Nein, eine „Arbeitsfront“ als Auftrag- und Brotgeber in schwieriger Zeit hätte Max Pechstein gemieden, er, der ein grandioses Frontbild der Arbeit für eine weltweit anerkannte Institution geschaffen hatte. Im Frühsommer 1933 – sein Sohn Frank hatte gerade das Abitur gemacht und lebte bei seinem Vater in Berlin – hat Pechstein wahrscheinlich vom Spektakel im Berliner Lustgarten – mit den grellen Aufmärschen der Pseudogewerkschaften – gehört, das die Arbeitsfront und ihr Führer Robert Ley inszeniert hatten, um die deutsche ILO-Delegation als Besiegerin einer „Genfer Hetze“ triumphal zu empfangen: sie war vorzeitig zurückbefohlen worden, nachdem sie das „marxistische“ Tischtuch zur ILO zerschnitten hatte, was auch in der von einem Propagandaminister gelenkten Presse betrommelt wurde. Hat Max Pechstein gedacht: Haben die Verlassenen in Genf jetzt mein Glaskunstwerk in Zorn oder Trauer verhängt?

Der Gewerkschafter Wilhelm Leuschner, hessischer Arbeitsminister, war von Theodor Leipart 1932 zurückgerufen worden in den Vorstand des Allgemeinen Deutschen Gewerkschaftsbundes und sollte während der 17. Tagung der ILO die Nachfolge von Hermann Müller antreten. Doch Müller war vor der geplanten altersbedingten Ablösung gestorben, und so wurde Leuschner schon im Januar 1933 in den ILO-Verwaltungsrat gewählt. Nur zweimal hatte er an seinen Sitzungen teilnehmen können, an der dritten nicht mehr, denn er war – wie es die deutsche Regierung verlauten ließ – „verhindert“, weil er am 2. Mai verhaftet, verhört und misshandelt und zwei Tage später ins Gefängnis nach Plötzensee verschleppt worden war.

Der Einzug des Dr. Robert Ley und seiner Mannen in die Ausschüsse und in den Verwaltungsrat der ILO wurde zunächst auf eine für das Reich peinliche Weise blockiert. Früh war deutlich geworden, dass die Mitglieder des Internationalen Gewerkschaftsbundes, aber auch die christlichen Gewerkschaften die neue deutsche Zwangsorganisation als Vertretung der Arbeiter nicht anerkennen würden. Um sich durch den angesehenen Wilhelm Leuschner legitimieren zu lassen, wurde der aus der Haft entlassen und genötigt, mit der deutschen Delegation nach Genf zu reisen – als

Technischer Berater des „Arbeiter-Delegierten“ Ley (wie grotesk: der bedeutende Gewerkschaftsführer in einer Rolle, die dreißig Jahre später der kleine Pitt hatte). Doch Leuschner legte kein Wort für die Pseudo-Gewerkschafter ein: er wählte das beredte Schweigen, das den Kollegen laut signalisierte, eine Gefolgschaft komme nicht in Frage.

Aber der Robert Ley war nun einmal neben den Regierungsvertretern (Reichsarbeitsminister war der ehemalige Stahlhelm-Führer Seldte) der Mann der nationalen Arbeit, und als solcher trat er gegenüber den ILO-Gremien und der internationalen Presse auf. In einer Pressekonferenz verstieß er grob gegen den Geist von Genf, pöbelte in rassistischer Weise gegen farbige Delegierte und gegen südamerikanische „Idiotenstaaten“ – die doch wohl, bitte schön, nicht die gleichen Rechte wie die „Kulturvölker Deutschland und Italien“ haben könnten. Proteste von vielen Seiten! – und ein Imageverlust und eine diplomatische Niederlage der Deutschen, wie sie sogar das Außenministerium einräumen musste.

Die Gewerkschafter der freien Welt wollten die Führer einer domestizierten Zwangsgewerkschaft nicht im Verwaltungsrat sehen. Dem Dr. Ley, der sich diskriminiert fühlte, erklärte Léon Jouhaux, niemals habe der Gefängniswärter das Recht, den Gefangenen zu vertreten.[111] Doch vor dieser Sitzung, die über das Mandat für Ley diskutierte, waren die deutschen Delegierten schon nach Hause gefahren. Jouhaux, als Mann mit armutsbedingter lückenhafter Schulbildung ein klassischer Autodidakt mit großer Bildung, erinnerte Ley, der sich beklagte, „als Kerkermeister der deutschen Arbeiter“ behandelt worden zu sein, in seiner Rede „an das Deutschland derjenigen, die zum Glück der Menschheit gearbeitet haben, das ist das Deutschland der Goethe und Schiller“.

Die Abreise der Deutschen bedeutete faktisch schon den Austritt aus der ILO und im gleichen Jahr auch aus dem Völkerbund, der in einer nachträglichen Volksabstimmung – gekoppelt mit der letzten freien Reichstagswahl im November – von 95 Prozent der Deutschen bejubelt wurde, u. a. auch (ewige Schande!) von sieben Dutzend Schriftstellern der Deutschen Akademie für Sprache und Dichtung.

Ordnung muss sein. Wilhelm Leuschner musste den Verzicht auf sein Mandat im Verwaltungsrat im März 1934 in einem Brief an den Generaldirektor Butler formell brieflich erklären. Er tat es – ordnungsliebend oder als Akt eines letzten Widerstandes? – mit der Absenderangabe „z. Zt. KZ Papenburg“. Als er, getrennt von seiner Delegation, trotz vielfältiger Warnungen nach Hause gereist war, war er auf einem Bahnhof verhaftet worden. Aus dem KZ entlassen, leitete er eine Metallfabrik, schloss sich Widerstandskreisen an und wurde im Zusammenhang mit den Ereignissen des 20. Juli in Plötzensee hingerichtet.

30 „Anders links sein".

Eine Generation später – 1965 und 1966 – war Hermann Beermann der Delegierte der Arbeitnehmer, der stellvertretende Vorsitzende und Sozialpolitiker des Deutschen Gewerkschaftsbundes. Eine Abteilungsleiterin und späteres Vorstandsmitglied des DGB war stellvertretende Delegierte, gleichzeitig auch Beraterin: Maria Weber. Ein Dritter gehörte zu dem Kreis der Maßgeblichen in der Arbeitnehmergruppe, nämlich Gerd Muhr aus dem Vorstand der mächtigen IG Metall, als Berater, aber wenige Jahre später Nachfolger Beermanns als Sozialpolitiker im DGB-Vorstand und Delegierter, später sogar Vorsitzender des Verwaltungsrats der ILO. Das waren Persönlichkeiten, die Pitt, wieder fast eine Generation jünger, sehr beeindruckten.

Mit Hermann Beermann lernte er zum ersten Mal persönlich einen Mann kennen, der im Widerstand gegen Hitler zwei Jahre im Zuchthaus gesessen hatte. Mit Maria Weber eine Kämpferin für die Rechte der Frauen, die in stiller, aber sehr einflussreicher Arbeit in vielen gesellschaftlichen Gremien, beseelt von ihren christlich-katholischen Anschauungen der Gotteskindschaft, die Stellung der Frauen im Arbeitsleben und in der Gesellschaft praktisch, nicht nur in flammenden Aufrufen, stärkte. Gerd Muhr – man nannte ihn schon damals den „Schattenmann" in seinem nüchtern funktionärshaften, sehr zurückhaltenden Auftreten – war ein einflussreicher sozialpolitischer Netzwerker, den man später eine „Lichtgestalt"[112] nannte: die Liste der von ihm als beharrlicher Lobbyist der kleinen Leute vorangetriebenen Reformen ist lang (sehr konstruktiv kooperierte er mit dem Sozialpolitiker der Arbeitgeber, dem Delegierten Ernst-Gerhard Erdmann).

Sie alle waren Personifikationen eines Reformstrebens, das sich nicht in intellektuellen wunschideologischen Diskursen bewegte, sondern sich in stiller Arbeit an Widerständen abarbeitete. Der Historiker Stefan Remeke hat sie in ihrem „Anders links sein" beschrieben – einem glücklichen Begriff für eine Kategorie der Weltverbesserer, die dieses Wort zurückgewiesen hätten, weil sie eine konkrete Anschauung von dem ungeheuren Berg ungelöster sozialer Probleme und natürlicher Widerstände hatten.

In der ILO stand Hermann Beermann, der gelernte Tischler, in einer Nachfolge des Lithografen Hermann Müller und Wilhelm Leuschners in der Tradition der freien Gewerkschaften, Maria Weber verkörperte die Traditionen der katholischen Arbeitnehmerschaft, wie es der Regierungsdelegierte Heinrich Brauns getan hatte, sie war diesem im heimatlichen Bergbau verbunden, war Schneiderin gewesen und hatte sich im Selbst- und Aufbaustudium zur Werkstoffprüferin und Betriebsrätin in der Chemieindustrie hochgearbeitet. Gerd Muhr, der gelernte Mechaniker, war früh Gewerkschaftssekretär unter den fördernden Augen des legendären Otto Brenner gewesen, ehe er die Macht der Metaller gegen den eher indirekten Einfluss der Dachgewerkschaft tauschte.

Die Gewerkschaften hatten nach dem Zweiten Weltkrieg ihre Richtungsgräben verlassen und die „sozialistischen" und die „christlichen" Gewerkschafter arbeiteten Seite an Seite für die gleiche Sache, wobei auch in ihrem Lager die Gläubigen mit den „ungläubigen Christen", wie z. B. Gerd Muhr, harmonierten, wie auch bei den Sozialisten die Marxisten und die Realos friedlich kooperierten.

Im Sachlichen solidarisch, im Menschlichen doch manchmal apart. Wenn Hermann Beermann beim Sonntagsfrühstück im Hotel Ariana nach der Kollegin Weber gefragt wurde, sagte er: „Die Maria ist im Haus mit dem Turm". Das Wort Kirche mochte er nicht aussprechen. Denn er war als junger Mann aus Protest gegen die aufkeimende extreme Rechte Mitglied des Internationalen Sozialistischen Kampfbundes geworden, jener legendären sektenhaften politischen Gruppierung um den asketischen Sozialethiker Leonard Nelson, und die pflegte einen geradezu aggressiven Antiklerikalismus (neben ihrer Feindschaft gegen alle Form von Sucht und „falscher" Ernährung). In diesem Kreis, der recht elitär war, war ihm die Kraft zugewachsen, nach 1933 Widerstandsarbeit gegen die Nazis um den Preis einer zweijährigen Zuchthausstrafe zu leisten. Das hatte ihm die moralische Legitimation gegeben, sich nach dem Krieg in Pitts Heimatstadt Hannover für den Wiederaufbau der zerstörten Stadt und die Neugründung der freien Gewerkschaften einzusetzen – gemeinsam mit profilierten Gewerkschaftern wie Hans Böckler, Willy Eichler, Otto Brenner, Albin Karl.[113]

Es war ein bisschen Ehrfurcht in Pitts Verhältnis zu dem väterlichen Kollegen aus Hannover, über den ein britischer Nachrichtenoffizier 1948 in seinem Dossier über die „Top Hundred" geschrieben hatte, er sei „a man of sober und quiet habits", auch „clear and reasoned" in seiner Redeweise.[114] Er war – wie auch seine kämpferische Kollegin Weber und der beharrliche Mehrheitssucher Muhr – einer von den Stillen im Lande, die durch persönliche Gediegenheit und kraftvolle Konsequenz effizient waren, in inneren wissenden Kreisen sehr geschätzt und in öffentlichen wenig beachtet wurden. Pitt, vaterlos in Hannover aufgewachsen, sah in Hermann Beermann tatsächlich eine Vaterfigur, denn der war in Linden, einer industriellen Vorstadt Hannovers (in der sich übrigens nach dem Krieg die Sozialdemokratie neu formierte), geboren und aufgewachsen, und dort hatten auch Pitts Großeltern gewohnt, in einer Straße mit dem glückverheißenden Namen Fortunastraße, an die Pitt lebhafte Kindheitserinnerungen hatte.

Es verstand sich von selbst, dass Hermann Beermann, der Patriarch, in seinen wochenlangen Genfer Diensten seine Frau Wilma bei sich hatte – eine mütterliche Erscheinung des freundlich-fürsorglichen Typs, wie Pitt sie auch in seiner Lindener Verwandtschaft kennengelernt hatte. Als Pitt heute – am 16. Dezember 2024[115] – sah, dass Bundeskanzler Olaf Scholz, der die Vertrauensfrage stellte, in Fraktion und Bundestag von seiner Frau, Britta Ernst, begleitet wurde, dachte er an das Ehepaar Beermann in Genf und an seine in diesen politisch dramatischen Wochen gestorbene Frau, Waltraut, die ihn im Juni 1966 nach Genf begleitet hatte. Die Tagesspesen für den Berater hatten ausgereicht, um sie mit seiner stets wissbegierigen Frau teilen zu können, und die Fürsorge für den kleinen Sohn Georg war an eine fabelhafte Großmutter delegiert worden. All die Genfer Herrlichkeiten, die im Vorjahr nur in täglichen Briefen vermittelt werden konnten, sollten gemeinsam erlebt werden.

Die ILO-Beobachterin Waltraut Peter hatte in Wilma Beermann, die das schöne Privileg eines Dienst-Pkws mit Fahrer genoss, eine mütterliche Führerin zu den reizvollen Orten und historischen Plätzen rund um den leuchtenden Genfer See. Sie war gleichsam die junge Assistentin einer informellen „Chefin", die keine Neigung hatte, ihren Mann nur in fragmentierten Abendstunden zu erleben. Wenn große Teile der Delegation an den Wochenenden gemeinsame Ausflüge in die Schweizer und französische Bergwelt unternahmen, war Waltraut auch für Maria Weber eine Gesprächspartnerin, denn die interessierte sich lebhaft für die Lebenswelt junger Frauen, mit der sie es in ihrem Job zu tun hatte. Pitt konnte das Ehepaar Beermann mit Lindener Reminiszenzen erfreuen. Der Mechaniker Gerd Muhr, der im Krieg nach der Marineschule in Kiel, in dem Waltraut gewohnt hatte, in der Kriegsmarine nicht nur in den Kesselräumen, sondern auch als Minensucher – was auch Waltrauts Kapitänsvater erlebt hatte – gedient hatte, war an Waltrauts familiärer Expertise interessiert. Für manchen in der Delegation war Waltraut in ihrer Gastrolle eine private Gesprächspartnerin auf Augenhöhe.

Und Waltraut sorgte dafür, dass auch Pitt mit seinen beruflichen Passionen zum Zuge kam. Nach manchem Ausflug der Damen konnte er nachträglich als Mentor dienen. Als ein Betroffener, der sich literarisch mit dem Phänomen der Vaterlosigkeit[116] beschäftigt hatte, war er auch ein Spezialist für den Candide des Voltaire, und er konnte nach Ausflügen zu den Geburtsstätten dieses bizarr Verblendeten im Schloss Ferney an der französischen-Grenze oder der Villa Les Délices in Genf mit den Lebensweisheiten des Candide prunken und darlegen, dass der mit seinem Gebot, sorgsam den eigenen Garten zu begießen, wenn man schon nicht die Welt retten könne, durchaus für die ILO belangvoll sei. Und das Genfer Universalgenie Rousseau – mit einem eleganten Denkmal auf seiner kleinen Insel im See in der Nachbarschaft von Schwänen und Enten – lieferte mit seinem Satz aus dem „contrat social", der Mensch sei frei geboren und liege doch überall in Ketten, einen Link zum Wirken der ILO. Das traf sogar auf den Gefangenen im Schloss Chillon bei Montreux zu, den Lord Byron dort unsterblich gemacht hatte. Denn dass die ewige Witwe des leichtlebigen eheflüchtigen Romantikers eine frühe, philanthropisch bewegte Förderin der genossenschaftlichen Experimente des Dr. William King in Brighton gewesen ist, war überraschend für die Damen, die das einer Lady aus der Oberschicht nicht zugetraut hätten. Den praktischen Sozialpolitikern der Delegation konnte Pitt jedoch erklären, dass für die Charity-Lady das soziale Engagement durch „pen and purse" wohl eher eine Therapie gegen Lebensneurosen war. In ihrer umfangreichen Korrespondenz mit den gefeierten Intellektuellen ihres Kreises war der Gedanke wichtig, dass das genossenschaftliche Wirken – so zum Beispiel in einem Konsumladen in Brighton – seine Grenze dort finden müsse, wo die Interessen der Menschen der „higher orders" in einem „pulling down" gefährdet sein könnten – die Krux aller praktischen Sozialpolitik, die nicht einmal eine radikale Beachtung des Rousseauschen Gesellschaftsvertrages beseitigen könnte.[117]

Wilma Beermann trug einen Waltraut faszinierenden Ring, der „hundert schöne Farben spielte"[118]. Viele Jahre später hat das Pittpaar in einem der zauberhaften Londoner Antiquitätenläden einen ähnlichen Opalring erstanden. Der Händler hatte ihm versichert, dass es sich an der Grenze zur damaligen EG die Mehrwertsteuer erstatten lassen könnte. Pitt, arglos wie Candide, tat das und musste schmerzlich erfahren, dass die Steuerbeamten ihn zwar entlasteten, jetzt jedoch die Zöllner erbarmungslos zuschlugen. Auch diese Erinnerung war nicht verloren in Pitts enttäuschender Begegnung mit den leeren Fenstern im Genfer Haus der Welthandelsorganisation.

31 Verbannte Künstler

Die Bücher der Schriftsteller, die Deutschlands Mitwirkung im Völkerbund für entbehrlich hielten, waren im Mai 1933 nicht auf dem Berliner Bebelplatz und überall in den Groß- und Kleinstädten von einer in der Hitlerei trunkenen infantil-akademischen Leserschaft verbrannt worden. Max Pechstein wird die Feuer des Fanals vor seinem geistigen Auge gesehen haben, auch wenn er sich gerade in Leba aufgehalten haben sollte. Er hatte die ersten Anfeindungen seiner Kunst erlebt, er mochte ahnen, dass seine Bilder wie Bücher vernichtet werden und vielleicht nur dadurch vor Flammen bewahrt werden konnten, weil sie Eigentum von Museen und Menschen waren, die noch nicht völlig entrechtet waren.

Pitt hat an manchen Vortrags- und Leseveranstaltungen zum Tag der Bücherverbrennung teilgenommen. Eine Ausstellung zur Erinnerung an die letzte freie Kunstausstellung der NS-Zeit im Jahr 1936, in der auch Pechstein unter 175 Künstlern mit einem Bild vertreten war, hat er 2016 besucht, tief erschüttert über das Verdikt einer Reichskulturkammer, alle ausgestellten, vom Hamburger Publikum begeistert begrüßten Werke seien „Kunst der Verfallszeit“. Das Verfallsdatum war eine Fälschung, die nur zwölf Jahre brauchte, um als solche erkannt zu werden, zum hoffentlich immerwährenden Glück der Kunstfreunde, das aber durch unendliche Opfer erkauft werden musste.

Seitdem hat Pitt oft darüber nachgedacht: Was ist schrecklicher für das humane und kulturelle Leben eines Volkes, verbrannte Dichter[119] oder verbannte Künstler? Zaghaft bekennt er sich dazu, die Verbannung der Künstler für schlimmer zu halten.

Wenn ein totalitäres Regime Schriftsteller verfemt und schließlich symbolisch in ihren Büchern verbrennt, so ist das zwar eine Ungeheuerlichkeit und Barbarei, doch sie hat aus der Sicht der Verfolger einen Sinn. Sie ist sozusagen rational begründbar. Denn Schriftsteller können einem Regime, das nicht durch freie Wahlen legitimiert ist, gefährlich werden. Die subversive Kraft des Wortes ist stärker als die des Bildes, und das liegt nicht nur daran, dass Bücher und Schriften in der Regel eine breitere Echowand haben als Bilder und Skulpturen, die den Wänden von Museen und Galerien verhaftet sind. Bücher können die Welt verändern,[120] Bilder haben diese Wirkung nach aller Erfahrung nur, wenn sie als aufrüttelnde Fotografien oder Filme in Erscheinung treten.

Das heißt auch: Wenn sich Propagandaleute in exstirpierender Kritik mit Büchern und Schriften beschäftigen, dann haben sie sie in der Regel gelesen und sich rational – was nicht „geistig" heißt – mit ihnen auseinandergesetzt. Sie haben ihr widerständiges Potential erkannt, und deshalb müssen sie mit einem „eisernen" Nein verfolgt und verdrängt werden (so wie in der Volksabstimmung über den Völkerbund im November 1933 ein „eisernes" Wahlabzeichen mit dem Datum und der Aufschrift „Ja" massenhaft unters Volk gebracht wurde). Es ist nicht zynisch gemeint: Wenn Dichter verbrannt werden, dann geschieht das aufgrund einer Schuld oder eines Vergehens, auf die sie stolz sein können. So wie der Schriftsteller Oskar Maria Graf anlässlich des Frevels gerufen haben soll: „Verbrennt auch mich!" Sie wurden als Gegner der Diktatur geadelt, für alle Zeiten.

Die Verfolgung bildender Künstler ist nicht politisch, sondern menschlich grausiger: denn sie vernichtet Werke und ihre Urheber aus banalen und banausischen Gründen. Das reine Unverständnis vor der Eigenart eines individuellen Künstlers oder der epochalen Bedeutung einer Kunstrichtung führt zu einer Verurteilung, der nicht mit Begriffen und Argumenten zu erwidern ist. Was abweicht von Konventionen eines wie immer definierten volkstümlichen („gesunden") Kunstempfindens und was sich innovativ darstellt im Form- und Farbausdruck, wird nicht nur abgelehnt (was ja erlaubt ist), sondern aus dem Blickfeld der Öffentlichkeit und ihrer „Meinung" verbannt. Was mir nicht gefällt, darf auch dir nicht gefallen.

Eine in keiner Weise legitimierte Amtsdoktrin entscheidet über „gut" und „schlecht" und hilft manipulierbaren Medien, ihr suggestives Urteil – das keiner Kritik der Urteilskraft standhält – populär zu machen.

Wenn z. B. – wie in der Kampagne gegen die „entartete Kunst“ geschehen – aus Bildern verschiedener expressionistischer Maler mehrere Gesichter und Figuren, die wegen ihrer Archaik oder gewollten Primitivität vom kleinbürgerlichen Schönheitsideal abweichen, auf ein Plakat montiert werden und als Produkte des „roten Systems“ oder – Perfidie lässt sich immer überbieten – als „rassischer Querschnitt“ diffamiert werden. Wenn das Fremde oder nur Fremdartige ausgestoßen wird, um damit das „Gemeinschaftserlebnis“ der Kunst, sei es völkisch, sozialistisch oder mondäne Attitüde, nicht zu stören.

Schlimm ist so etwas wie die Äußerungen eines Arbeitsfrontführers, der in einer Pressekonferenz Menschen und Völker diffamiert, so ungehemmt und krass, dass man ihn für einen Alkoholiker hält. Natürlich geschah, was immer geschieht, wenn Extremisten ihre schrägen Eigenurteile äußern und ihnen Protest entgegenschlägt, wie in Genf. Sie haben „es nicht so gemeint“, ja, sie entschuldigen sich (sorgfältig formuliert von ihren Kugelgießern). Das kennen wir auch heute. Ob das vernichtende Urteil nun bildenden Künstlern, Schriftstellern oder Politikern gilt: sie haben es so gemeint, weil sie so denken. Und sie werden es zum Maßstab ihrer Entscheidungen machen, wenn sie die Macht dazu haben, d. h. wenn sie sich nicht mehr entschuldigen zu müssen brauchen.

32 „Schaffende Arbeit und bildende Kunst“

Im Jahr 1926, in dem Pechstein an seinen Glasfenstern für Genf arbeitete, hatte ein Philologe und Gymnasiallehrer – der sich wohl auf autodidaktischem Weg zu einem Kunsthistoriker entwickelt hatte –, in zwei monumentalen Bänden die bildende Kunst nach Darstellungen der Arbeitswelt durchforstet. Paul Brandt nannte sein Werk im Stil der Zeit „Schaffende Arbeit und bildende Kunst“. Das Werk, grandioses Ergebnis einer traditionellen, auf volkstümliches Verständnis gerichteten Kunstbetrachtung,[121] ist kühn und wesentlich, nicht nur wegen des Mottos von Virgil „LABOR OMNIA VINCIT“. Es ist eine große Aufgabe, „die Arbeit im Spiegel der Kunst“ in ihren eigenen Ausdrucksformen zu beschreiben. Im Sinn hatte der Autor auch das Programm der revolutionären Künstler nach der Novemberrevolution, nämlich „die verhängnisvolle Scheidung von Kunst und Handwerk“ zu überwinden – ein ewig notwendiger, selbst im modernsten Design ewig unerfüllter oder unerfüllbarer Wunsch.

Ein weiteres Motto aus der Feder des schwedischen Welterforschers Sven Hedin ist dem zweiten Band vorangestellt: „Der denkende Geist, die schaffende Hand und die sittliche Kraft sind die drei Säulen, die Deutschlands Zukunft tragen.“ Die Worte eines vielfach geehrten Mannes wurden anlässlich der Eröffnung des Deutschen Museums in München vor dem Ersten Weltkrieg gesprochen. Der große Mann war kein Demokrat, war ein Deutschenfreund und nicht nur deshalb ein von den Nazis heftig umworbener Freund Hitlers in kritischer Distanz. Er besuchte ihn häufiger, manchmal auch, um ihm ins Gewissen zu reden, wie es ähnlich naiv, auf einer kleineren Skala des Weltwissens, der Norweger Knut Hamsun getan hatte. Viele Sätze haben in Deutschland irgendwann ihre unschuldige Bedeutung verloren, Paul Brandt und sein grandioses Buch[122] berührt das wenig.

Auf den rund 800 Seiten der beiden – die Kunst vieler Länder in Jahrhunderten umspannenden – Bände sind unter den tausend Abbildungen auch zwei Werke Max Pechsteins vertreten, auf den letzten neun Seiten, die dem Expressionismus (beginnend mit Vincent van Gogh) als der repräsentativen Kunst des noch jungen 20. Jahrhunderts gewidmet sind.

Pechsteins „Ruderboot“ und seine „Steinträger“ stehen mit der „Büglerin“ Marc Chagalls und einer „Büglerin“ Picassos am Schluss einer Auswahl, die ihm gefallen haben könnte, denn seine Mutter war Büglerin. Die Büglerinnen[123] waren im Kaiserreich eine für die Damen der Bourgeoisie mit ihren faltenreichen Kleidern und Blusen wichtige Berufsgruppe, die eine eigene Gewerkschaft hatten. Die Auswahl wird beschlossen durch einen „Nachexpressionisten“ mit einem „Steinbruch“, einer unglaublich dynamischen und tänzerisch wirkenden Studie von Ernst Neuschul, der als Jude einer von den verbannten Malern war und nach dem Exil etwas in Vergessenheit geraten ist.

So recht befreunden mit dem Expressionismus mag Brandt sich nicht: offenbar steht dem Konservativen sein bildungsbürgerlicher Kunstbegriff im Weg. Er hat einen Blick für die „steile“ Komposition, die Pechstein seinem „Ruderboot“ mit seinen „rohen, kuliartigen Matrosen“ in ihrem „Gemeingefühl“ gibt, die „kein individuelles Persönlichkeitsgefühl“ (wie denn auch) haben können. Aus dem „Steilformat“ des Expressionismus, typisch in Franz Marcs „Turm der blauen Pferde“, wurde der Begriff „Turm der Arbeit“ abgeleitet. Von der „Brücke“ spricht er nicht, wenn er Pechsteins Ruderboot, in seinen „harten, aber nicht unschönen“ Farben gegen die „blaue See“ stehen sieht. Nur die „robuste animalische Aktivität“, nicht das „Seelische“ vermag er an den Ruderern zu erkennen, wie auch in den „Steinträgern“, in denen er „Abkürzungen menschlicher Gestalten nach der untermenschlichen Seite hin“ sieht, mit ihren unter der Steinlast „keuchenden offenen Mündern“. Immerhin: keine „Karikatur“, die er in den in „grellen Farben“ gemalten, nicht abgebildeten Fischern Karl Schmidt-Rottluffs erkennt.

Es ist erstaunlich zu sehen, wie oft und mannigfaltig formenreich sich die Maler, Griffelkünstler und Bildhauer der Jahrhunderte mit der „Arbeit“ und den „Arbeitern“ beschäftigt haben. Wenn Künstler das Leben der Menschen darstellten, boten sich ihrem Blick geradezu zwangsläufig die handwerklichen Arbeiten in ihren typischen Verrichtungen, Werkzeugen und Szenerien an. Wo der Künstler sich dem Leben des Volkes zuwendet, steht seine Arbeit im Vordergrund, auf die natürlichste Weise mit seiner Existenz verbunden. Liebevoll und detailbesessen wie in einem Duden-Bildwörterbuch werden die Berufe, die ein Zeitalter prägen, dargestellt, nicht nur in der 104 Berufe umfassenden Bildfolge „aller Stände der Welt“ zu den Versen des Hans Sachs, die Jost Amman 1568 geschaffen hat. In ihr war auch der „Glasmaler“ eine bedeutende Profession (für sie hat Amman auch „Visierungen“, d. h. Entwürfe gefertigt). Das Ausdrucksvolumen steigert sich gewaltig bis in das frühe und entfaltete Industriezeitalter in den Bildern der französischen und deutschen Naturalisten, von denen Brandt das „Eisenwalzwerk“ von Adolf von Menzel neben Max Liebermanns „Flachsscheuer in Laaren“ als farbige Tafeln (sonst durchweg schwarz-weiß) einheftet.

Ob Max Pechstein den großen Plan eines „Denkmals der Arbeit“ des Malers und Bildhauers Constantin Meunier gekannt hat? Paul Brandt bringt viele Beispielswerke von ihm. Der berühmte Belgier war befreundet mit Henry van der Velde, und der hatte 1897 gemeinsam mit ihm in der Internationalen Kunstausstellung in Dresden ausgestellt. Max Pechstein war in diesem Jahr der 16jährige Lehrling eines Dekorationsmalers in Zwickau und besuchte die Gewerbeschule —und Zwickau ist nur 120 Kilometer von Dresden entfernt. Pitt ist oft an Bronzefiguren Meuniers vorbeigegangen, am “Hafenarbeiter“ auf der Frankfurter Friedensbrücke oder seinem „Sämann“ im dortigen Günthersburgpark. Ist ein „Hohelied der Arbeit“ nicht auch ein Denkmal, ein Denkmal der Arbeit?

Paul Brandt war vielleicht doch ein bisschen erschrocken von der „Steilheit“ und „Robustheit“ der Pechstein’schen Körperwelten, in deren Anstrengung er das „Seelische“ vermisst. Und so rühmt er, zum emotionalen Ausgleich gleichsam, ein nur verbal beschriebenes „biblisches Arbeitsbild“, das er, von Pechstein als Mosaik gestaltet, in der Berliner Kunsthandlung Fritz Gurlitt gesehen hat – „zwischen romanisch stilisierten pflanzlichen Gebilden Adam grabend, während die vom Rücken gesehene Eva einen Korb voll Früchte auf dem Kopfe wegträgt". In der schönen poetischen Sprache der Kunstgeschichte vermutet er, dass die uralte Tradition der Mosaiktechnik, „zarter" wirkend als die „sonstige Malerei des Künstlers", im Kontext mit dem biblischen Motiv „seinem Temperament Mäßigung auferlegt hätte." Paul Brandt war bei allem Kenntnisreichtum eben doch auch ein besorgter Lehrer.

33 Monument du Travail

Es gibt viele Denkmäler der Arbeit in Deutschland – vielleicht sollte man sie in der Zeit eines von Volkswirten und Arbeitgeberverbänden beklagten nachlassenden persönlichen und kollektiven Arbeitseifers mal wieder betrachten. (Alles strebt zur 4-Tage-Woche, der Krankenstand ist auf unglaubliche 14 Tage pro Person im Jahr gestiegen und die Grenze zwischen Homeoffice und Luxusarbeit verschwimmt.) Ein Denkmal der Arbeit – vielleicht das bedeutendste neben Pechsteins Denkmal auf Glas – ist das unvollendete Werk von Constantin Meunier. Es wurde 1946 von Fritz Schumacher, dem vor 1933 das Hamburger Stadtbild prägenden Stadtbaumeister, kurz vor seinem Tod in der „Zeit“[124] beschrieben. Zu ihm hat Pitt eine persönlich zu nennende Beziehung. Er hat – wie wir aus seinen Memoiren[125] erfahren haben – am Sterbebett Friedrich Nietzsches gesessen, sich am offenen Sarg von ihm verabschiedet und sich an einem kolossalen Monument des Philosophen versucht, und von seinen vielen Bauten, die der Hansestadt ein charakteristisches Gepräge gegeben haben, ist eines die Kapelle 13 auf dem Ohlsdorfer Friedhof, in der – eines hoffentlich fernen Tages – Pitts Begräbnisfeier stattfinden könnte, so wie sie am 25. November 2024 dort für Waltraut Peter stattgefunden hat.

Der dreißigjährige Fritz Schumacher hat mit einem Freund 1899 Constantin Meunier in Brüssel besucht, wenige Jahre vor dessen Tod. Er sei, schreibt der Architekt, der Plastiker gewesen, der die Gestalt des Arbeiters für die monumentale Kunst erobert habe. Er habe Figuren geschaffen, die „dem unmittelbaren Leben des harten Tages entnommen waren“. Der alte Künstler – selbst von „eckiger Gestalt“, als „habe das Schicksal seine Schulter mit einem Beilhieb getroffen“ – beschrieb den Fans das Konzept seines Denkmals der Arbeit, das er realisieren wollte als „Krone und Ausklang seines Lebens“.

Die schweren Reliefs, die den Meister noch ungeordnet umstanden, sollten den Sockel des Denkmals bilden, durch deren Seiten die Betrachter in das „Ringen des Menschen mit der Arbeit" blicken sollten. Dort rang der Landmann mit dem Boden, dort rang der Bergmann mit dem Stein, rang der Metallarbeiter mit dem Stahl, rang der Lastenträger am Hafen mit dem Raum. Die einzelnen Szenen einer Gesamtdichtung wollte er zusammenfassen zu dem „Hohelied der Arbeit". Der Meister schwankte für den oberen Aufbau noch zwischen rundenden Motiven, wie einem Familienbild oder einem Sämann. Schumacher bedauerte, dass die Menschen, die dem Künstler so viel Bewunderung entgegengebracht hatten, fünf Jahre nach seinem Tod noch keinen Platz für das Denkmal gefunden hatten.

Das Monument du Travail erstand schließlich als Torso in einem Denkmal des großen Jenenser Zeiss-Unternehmers Ernst Abbe. Nach einem Entwurf Henry van de Veldes, der in Jena gewirkt hatte, wurde ein Zentralbau als Oktogon mit vier Portalen geschaffen, die Meuniers Reliefs aufnahmen und mit einer von Max Klinger geschaffenen Herme Abbes, in der Schumacher einen Sämann des Geistes sieht, krönten. Das war konzipiert als Würdigung eines „Mannes der Kopfarbeit", dessen Werk und dessen Stiftungen „die Männer der Handarbeit ehrten". Das ist die Anschauung eines Architekten, der zu den Gründern des Deutschen Werkbundes gehörte.

Große Monumente der Arbeit in Mexiko und in Detroit, in dem das industrielle Herz Amerikas schlug, hat Diego Rivera in seinen „murales" geschaffen. Die Wandmalereien mit volkspädagogischer Intention sind ein genuiner Ausdruck der volkstümlich realistischen mexikanischen Kunst – man darf sie als „Monumente" betrachten, da sie ja mit der Immobilität bedeutender nationaler Kunststätten verbunden sind. Als Pitt 1980 die mexikanischen Gewerkschaften im Haus der Sozialversicherung über die gewerkschaftliche Gemeinwirtschaft in Deutschland informierte,[126] stieß er in der Nähe seines Hotels im Chapultepec Parc in Mexiko-Stadt auf das Cárcomo del rio Lerma mit einem auch technisch sensationellen Unterwasser-Wandbild des Diego Rivera – mit Kunststoffen geschützt gegen die Zerstörung durch das jedem Kunstwerk fremde Element.

Im Bildungsministerium der Stadt hat der Künstler im „Hof der Arbeit“ die Gießerei, den Bergbau, die Töpferei, eine Zuckerrohrfabrik in seinen vitalen Formen und Farben auf die Wände gebeamt. 1932 und 1933 – auf dem Höhepunkt der Großen Depression, die dem Albert Thomas die letzten Lebensreserven gekostet haben – schuf Rivera im Hof des Detroit Institute for the Arts in insgesamt 27 Paneelen die Darstellung des komplexen, in seinen vertikal integrierten Funktionen hochverdichteten Arbeitsprozesses der Ford Company. Sie hatte nach zwanzig Jahren das „Blechliesel“, die Tin Lizzy, abgelöst durch das erfolgreiche Modell A, das wieder einen gewaltigen Innovationsschub gebracht hatte – in einer Szenerie dramatischer Arbeitslosigkeit und heftiger Streiks. Die Auftraggeber, Edsel Ford, der Sohn des Gründers, und Wilhelm Valentiner, Direktor des Instituts, verteidigten das monumentale Werk gegen heftige Kritik der Öffentlichkeit, denn in mythologischen Anspielungen waren blasphemische Tendenzen entdeckt worden, und der bekennende Kommunist war ohnehin im Fokus der Kritik. Die Industrie als göttlicher Schöpfungsprozess – wie ihn die Azteken in der Mutter der Götter, Coatlicue, gesehen haben, deren Statue Pitt im Anthropologischen Museum sah. Der achtmonatige Arbeitsprozess des Berserkers Riveras im 15-Stunden-Tag war dem des Max Pechstein durchaus vergleichbar.

34 Arbeit, lyrisch

Wer kennt noch Ernst von Wildenbruch, den Diplomaten und produktiven Schriftsteller des Kaiserreichs? Pitt kennt ihn nur aus den Versen des Gedichts „Teils-teils“ von Gottfried Benn, in dem er das kulturelle Niveau seines pastoralen Vaterhauses in seinem „amusischen Gedankenleben“ beschrieb: „Mein Vater war einmal im Theater gewesen / Anfang des Jahrhunderts / Wildenbruchs ‚Haubenlerche‘ / davon zehrten wir / das war alles“.[127] In Paul Brandts Werk spielt er eine wichtige Rolle, er liefert mit der „schaffenden Arbeit“ den Titel des Buches und krönt mit einem siebenstrophigen Gedicht, das Constantin Meuniers Denkmal und Hohelied feiert, die Einleitung seines Buchs über die Arbeit und den Arbeiter in Bild und Skulptur.

Mit den Versen Wildenbruchs wurde 1906 die Meunier-Ausstellung des Berliner Kunstsalons Keller & Reiner eröffnet. Dort gab es ein Jahr zuvor eine Versteigerung „moderner Meister“: in der langen Liste der aufgerufenen Maler, die meisten mit einem Professoren-Titel, findet Pitt nur zwei Namen, die „man“ heute noch kennt, nämlich Anselm Feuerbach und Franz von Defregger, so ganz modern auch diese schon damals nicht. Doch wieder gibt es einen Grund zu fragen, ob ein moderner Maler wie Max Pechstein mit den ausgestellten Werken von Constantin Meunier und seinem lyrischen PR-Mann Wildenbruch in Kontakt gekommen ist. Durch eine Reise? Durch einen emphatischen Pressebericht in der Kunststadt Dresden?

„Pflanze Brot ins harrende Feld!“ Das ist die Aufforderung an den Sämann, denn es „wartet und hungert die Erde“. Das ist in Pechsteins Hohelied der Bauer und die Landwirtschaft.

„Raub ihm die Kohle! Nimm ihm das Erz!“ Der Befehl an den Bergarbeiter mit der schwingenden Axt – bei Pechstein schwingt er den Pickel.

„Greifende Zange, Hammers Gewalt“ sind die Werkzeuge des „Arbeiters in Eisen“, die Pechstein unter der klingenden Glocke im Mittelfeld seines Gemäldes gestaltet: „Zwinge in Form sie, in Leib und Gestalt!“ Das ist der Auftrag, deiner, „Mann du des Eisens“.

„Was sie auf Erden gepflanzt und gefügt, /In das Schiff, das Meere durchpflügt, / Trage es Schiffsvolk!" – eben die Produkte der Arbeit, die globale Anstrengung, die bindet „Land zum Land". Bei Pechstein der Schiffsmann, kräftig rudernd, und der Schauermann an der Mole unter den Sacklasten.

Und nicht nur die Arbeiter werden dem Diktat der „schaffenden Arbeit" unterworfen, die Arbeit selbst wird in die Pflicht genommen. „Füge, du Arbeit, Hand in Hand". Auf dem Bild der Baustelle sieht Pechstein in den Fugen des Bauwerks das Gefüge der Arbeit wie im Vers des Dichters: „Um zu erbauen die bessere Welt."

Bei Wildenbruch wird die Arbeit zur Herrin. Die Menschenseele, die nicht mehr glaubt, sagt der Vers, soll ans Schaffen glauben. Die Arbeit konstituiert die soziale Ordnung in der Arbeitsteilung und in der Verteilung ihrer Früchte. Jenseits aller Paradiese gilt die Losung „Diene der Arbeit".

In einem Ölgemälde hat Constantin Meunier die „Entladung eines Dampfers" dargestellt – die Säcke auf den Schultern haben das gleiche Gewicht wie bei Pechstein, und das Relief „Handel und Verkehr" für das Denkmal der Arbeit sind die „Transportarbeiter", ohne die es keine industrielle Produktion und keinen Markt für ihre Erzeugnisse gäbe. Die Berufe dieser Gang werden von Paul Brandt bezeichnet mit Ablader, Sackträger, Fassroller, Kistenträger, ein Steinträger. Der Altphilologe als Kunsthistoriker: er vergleicht die Figuren mit den „pferdegeschwänzten Satyrn eines attischen Vasenbildes."

In der künstlerischen Gestaltung der Arbeiter und der Arbeit läuft alles darauf hinaus, die „ewige Arbeit" ins Bild zu rücken: ihre elementare Notwendigkeit jenseits von Zeit und Raum und des Wandels der Werkzeuge und der Techniken. Das Containerschiff mit seinen 24.000 TEU-Einheiten, das sich als ein schwimmendes Riesengebäude die Elbe hinaufschiebt in den Hamburger Hafen unter die vollautomatischen Ladebrücken des Tollerort, ist identisch mit Pechsteins Ewer, auf dem ein Schiffer die Ziegelsteine aus dem Kehdinger Land nach Hamburg schafft, damit der Stadtbaudirektor Fritz Schumacher sich mit seinen Klinkerfassaden profilieren kann.

35 Glocken, Glasen, Gewerke

Pitt ist immer wieder fasziniert von der Fähigkeit der Kunsthistoriker, Kuratoren und Museumsguides, den Gemälden, die jeder Betrachter vor seinen Augen hat, eine phantasievoll entschlüsselnde Deutung, eine metaphysische Überhöhung und ein außergewöhnliches Narrativ beizugeben, immer mit dem Unterton: was ihr seht, ist nicht das Eigentliche. Pitt meint gewiss naiv, die Malenden seien an ihr Sujet und seine spezifische Herausforderung gebannt und tüftelten wenig an Symbolik und „tieferer Bedeutung". Natürlich gilt das nicht für die Künstlersummits in Venedig und Kassel, wo alles Botschaft, Zeugnis und Manifest ist – da muss es oft einen verbalen Transport der Bedeutung geben, und vor Installationen werden moralisch-sensible Probleme diskutiert, für die in der Politik keine Lösungen erkennbar sind.

Eine Interpretation, deren Quelle Pitt nicht ausmachen kann, besagt, Pechstein stelle in seinen fünf Genfer Transparenten die Arbeiter und Bauern dar, wie sie die vier Elemente bezwingen.[128] Er stimmte zu, wenn der Interpret dabei an Schiller dächte mit seinem Wort vom Gedanken, der sich „beharrlich ringend" das Element unterwerfe. Bei Schiller ist das Element der Stoff schlechthin, mit dem es alle Arbeit zu tun hat, im Materiellen und Immateriellen. Doch hier sieht der kühn deutende Betrachter in den Schiffs- und Schauerleuten das Element Wasser, in den Bauersleuten die Luft, den Bauarbeitern die Erde und den Metallarbeitern einschließlich der Bergleute, die Erz und Kohle fördern, das Feuer.

Pitt zweifelt an der Stimmigkeit der Deutung und daran, dass sie Pechstein als Leitvorstellung gedient habe. Hätte er sie uns in seinen „Erinnerungen", in denen er konzentriert den Gehalt seines Werks in einem spontanen Diktat beschreibt, nicht in einem Stichwort an die Hand gegeben? In einem könnte Pitt dem ihm unbekannten Kenner folgen, nämlich in der Schlussfolgerung, die Glocke, die über dem mittleren der fünf Felder schwingt, stelle die Verkörperung und das „materielle Ergebnis der dargestellten Produktionskette“ dar. Ja, man kann in den fünf Feldern in der Links-Rechts-Abfolge volkswirtschaftliche Wertschöpfungsstufen im sektoralen, nicht persönlichen Arbeitsprozess erkennen: von der Landwirtschaft, über den Bergbau zur Stahlerzeugung und -verarbeitung hin zur Bauindustrie und dem Transport aller Konsumgüter von der Herstellung über den Handel zum Konsumenten. Kein Vergleich ist eben ganz schief.

Für Max Pechstein hat die Glocke keine symbolische Bedeutung. Sie „ist“ eine Uhr, deren „Klang das Tagewerk bestimmt“. Pechsteins Glocke ist so konkret und dinglich wie irgendetwas in der Welt, das dem Maler vor die inspirierten Augen kommt. Und das gilt auch für die Arbeitsfelder in ihrer zeitlosen Bedeutung, die Pechstein in einer stofflich dominierten, in einer konkreten und nicht formalen Abstraktion darstellt. Der Maler könnte sagen: So ist die Arbeit in ihrem A und O, meine Damen und Herren, und so wird sie sein, wie immer wir sie technisch organisieren, wie subtil unsere Werkzeuge sind, wie sehr sie sich in technischer Intelligenz und immateriellem Ingenium verflüchtigt (wie z. B. die Bitcoin-Ketten mit ihren himmelstürmenden Werten, die von „miners“ in komplizierten mathematischen Prozessen geschürft werden). Wie immer die Arbeit dargestellt wird, ob naturalistisch oder typisch, idealistisch oder gar mythisch in den Krafttaten des Herkules: sie bleibt sich gleich. Und sie ist in über hundert Jahren in ihrem rasanten Wandel Gegenstand der Sorge und Gestaltung der Internationalen Arbeitsorganisation. Wenn Pitt sich ins Licht des Glasgemäldes stellen könnte, hätte er eindeutig erlebbare Erfahrungsbilder vor Augen.

Wenn er die Garbenbinderin sieht (die einzige Frau in dem Tableau), sieht er seine Großmutter, die Luise Hartmann aus Fredelsloh, die ihm erklärt, warum sie zeitlebens an einer gelinden Lähmung eines Arms leidet, verursacht durch einen Blitzschlag in eine Wiese, auf der das Heu vor dem Unwetter geborgen sein wollte. Vielleicht sind die Erntemaschinen auf den riesigen Feldern Mecklenburg-Vorpommerns als Faradayscher Käfig gegen den Blitzschlag immun, doch sommerliche Hitze und Staub sind eine unveränderte Plage.

Wenn er die Bergleute sieht, denkt er an Fritz Kahl, seinen Vorgänger im Vorsitz der Seniorengruppe der Gewerkschaft ver.di, der als junger Mann sein Glück im Ruhrbergbau gesucht hatte und die Panik einer dreitägigen Verschüttung erlebt hat. Gute Löhne hatten die Männer aus dem ganzen Land in die Schächte gelockt, um den Wohlstand des Landes bauen zu können. Ob die Löhne derer, die seltene Erden für die digitale Welt fördern, auch so attraktiv sind?

Sieht er die Glutfarben an Öfen und Essen, denkt er an seinen älteren Bruder Lambert, der sich viele Jahre seiner Jugend eine für ihn viel zu schwere Arbeit als Former zugemutet hat. Glocken hat er nicht gegossen und die Motorblöcke der Traktoren und Maschinen, die er gegossen hat, sind längst wieder verschrottet und eingeschmolzen.

Sieht er die Männer, die über Leitern und Laufkatzen oder mit Hilfe von Kränen Steine und Ziegel zu den Mauern und Dachgerippen schaffen, sieht er die jungen Frauen auf der Baustelle im indischen Poona Steinstapel auf ihren Köpfen über wippende Leitern balancieren, während er – ein technischer Berater bei der Errichtung einer genossenschaftlichen Molkerei[129] – sich's in einem Pool des Hotels „Blue Diamond" gut gehen lässt.

Und die Glocke? Er sieht sie als Uhr, die den vierstündigen Wachen der Schiffsleute die Glasen schlägt, achtmal bis zum Verschnaufen und zum Nickerchen. Eine der Glasenuhren auf den Küstenmotorschiffen seines Schwiegervaters Heinrich Thorborg schlug in der Kammer, in der Pitt die Tragödie des Segelschulschiffs „Pamir" erzählte, auf dem sein Schwager Klaus-Diedrich Thorborg, der Jungmann, 1957 sein Leben verlor, von seiner Schwester fast siebzig Jahre betrauert.[130]

36 Die Glocke, selbstverständlich Schiller

Die Arbeit hat ihr Lied verdient, ein hohes, und auch die Glocke hat sich ihr großartiges Lied verdient. Sie strukturiert nicht nur den arbeitsreichen Tageslauf mit ihren Akzenten für Wachen und Schlaf, für Anfang, Mitte und Ende einer Tätigkeit, sie macht sich auch wohl- oder schrillklingend an Höhe- und Wendepunkten des menschlichen Lebens hörbar. Ja, auch im Leben des Volkes, jedenfalls des deutschen, hat die Glocke ihr Schicksalsgewicht: zum Beispiel im Hamburger Glockenfriedhof, wo nach dem Krieg Hunderte aus Kirchtürmen abgehängte Glocken lagerten, um in Waffen recycelt zu werden, oder wo sie aus der Höhe des Glockenturms herunterstürzten auf den Turmboden der Marienkirche in Lübeck als ewiges Denkmal der Zerstörung, oder als Friedlandglocke über dem Grenzdurchgangslager für spätheimkehrende Soldaten oder Flüchtlinge am Tor zu einem neuen Leben. Heute Morgen sah Pitt das Foto von Barbara Klemm,[131] das rübenverziehende Frauen auf einem weiten Feld vor der Silhouette des Ettersberges zeigt, mit dem hochragenden Glockenturm des Konzentrationslagers Buchenwald (1974), das er zehn Jahre zuvor besucht hatte. Und auch die ungeheure Arbeit, die im strapaziösen Vorkampf für eine olympische Goldmedaille zu leisten ist, wird in den Glockenschlägen gewürdigt, die im Pariser Stade de France 2024 nur die Sieger läuten durften.

Hat Max Pechstein an das Lied von der Glocke gedacht, als er sein Hohelied mit der Glocke krönte? Wir wissen es nicht. Aber er wurde auf überraschende Weise nachdrücklich an Friedrich Schillers Lied von der Glocke erinnert. In seiner Werkstatt empfing er 1926 den Besuch des Generaldirektors der ILO, des Vertreters der auch mit einer Glocke beschenkten Institution, Albert Thomas. Der Maler, der schenkende, freute sich von „ganzem Herzen, als er, in der Werkstatt stehend, die Gruppe besichtigte und mit einem Male anhub, wenn auch im Anfang zögernd und stockend, dann aber fließender, die Glocke von Schiller zu deklamieren."

Der französische Sozialist erweist dem Ehrenbürger seiner revolutionären Republik, Friedrich Schiller, seine Reverenz in einer ihm vertrauten Sphäre, die der Arbeit und die der Bildung, die keine Grenzen kennt, vielleicht sogar nicht die Sprachgrenze. Denn Pitt kann annehmen, dass Albert Thomas des Deutschen so weit mächtig war, dass er Verse des Liedes auf Deutsch zu sprechen wagen durfte, unterstützt durch ihre klare Sprache und schwingende Melodie! Er war Geschichtslehrer, er hatte ein paar Semester in Berlin studiert, er war Autor einer sozialistischen deutschen Zeitschrift und erprobt in akademischen Disputen, und er war ein professionell Reisender, der gewiss Wert darauf legte, mit den wichtigsten Trägern der von ihm verkörperten Idee in ihren Muttersprachen kommunizieren zu können. Ob Pechstein, der Volksschüler und Handwerkslehrling, nach wenigen Pariser Studienmonaten französisch sprechen konnte, mag – wie schon gesagt – bezweifelt werden. Vielleicht wird auch Thomas glücklich gewesen sein, den Künstler nicht durch ein gedrechseltes Kompliment zu erfreuen, sondern ihn und sein Werk in der Sprache eines nicht nur großen, sondern auch populären Dichters loben zu können: „Seine Absicht hats erfüllt, dass sich Herz und Auge weide an dem wohlgelungnen Bild." (Aber so weit in das Lied hinein werden ihn die Verse nicht getragen haben).

Was ist für uns Heutige erstaunlicher? – das einer noch ein langes Gedicht, ganz oder in markanten Partien, spricht oder dass es ein Ausländer ist, der es rezitiert, als wär' es sprachlich „ein Stück von mir". Oder das Zeugnis eines widerlegten Vorurteils, dass lyrische Neigungen bei einem „man van de daad"[132] höchst unwahrscheinlich seien (aber wir konnten auch schon Kanzler Gerhard Schröder Verse aus Rilkes „Herbsttag" vor der Kamera sprechen hören).

Unser Genfer Gewährsmann Paul Henri Graf weiß, dass Pechsteins Glasgemälde mit dem Segen Albert Thomas' zwischen dem 3. September und dem 19. September 1926 von M. Zabinski, einem Mitarbeiter der Werkstatt von Puhl & Wagner/Heinersdorff installiert wurde. Er sieht die Glocke im Zentrum des Fensters und meint umstandslos, der Künstler sei „très probablement“ inspiriert durch das Gedicht von Schiller: „Le Chant de la Cloche.“

In seiner Arbeit zitiert er nicht die Eingangsverse des Lieds, wie sie wohl von Albert Thomas vorgetragen wurden (aber weiß man das?), sondern er geht schnurstracks zum Arbeitsprozess (und da M. Thomas vielleicht doch auch diese Verse zitiert haben könnte, dann aber in seiner Muttersprache), will Pitt beide sprachliche Versionen zitieren (wobei kleine Abweichungen von Schillers Vorlage (ohne das sic!) ignoriert werden):

Tausend fleiss’ge Hände regen,
Helfen sich im muntern Bund,
Und in feurigem Bewegen,
Werden alle Kräfte kund,
Meister rührt sich und Geselle
In der Freiheit heil’gem Schütz,
Jeder freut sich seiner Stelle,
Bietet dem Verächter Trutz.

Mille mains diligentes
Se remuent et s’entr’aident, ans un joyeux accord,
Et, dans cette ardente agitation,
Toutes les forces se manifestent,
Maîtres et compagnins , tous s’évertuent
Sous la protection sainte de la liberté,
Chacun est content de la place qu’il occupe,
Et se rit de qui le meprise.

Und Graf kann nicht umhin, die grandiose Pointe des Liedes, die auch Albert Thomas geläufig gewesen sein wird, an den Schluss seiner Interpretation zu stellen, wie es Schiller tun musste, der in seinem Lied den Gedanken der ILO zum Ausdruck brachte: Ist es nicht der Sinn jeder sozialen Ordnung, Frieden zwischen den Menschen zu stiften? Und damit auch Frieden zwischen den Völkern? Hat Schiller nicht die Leitsterne der ILO – Paix et Harmonie – in sein Gedicht geschrieben:

„Ziehet, ziehet, hebt!
Sie bewegt sich, schwebt,
Freude dieser Stadt bedeute,
Friede sei ihr erst Geläute."

Schade, dass Grafs Arbeit nicht gedruckt wurde. Hatte denn die ILO 1951 so wenig Geld? Doch sie wird nur gedruckt werden, wenn sich einer findet, der sie finanziert – so wie Pitt sein Buch finanzieren muss.

37 Zwei Rezitatoren

An dieser Stelle will Pitt eine Brücke schlagen zwischen einem französischen Arbeitsamtsdirektor des Jahres 1926 und einem deutschen Klempnerlehrling des Jahres 1954. Albert Thomas und Werner Köhler sind verbunden durch ihre Begeisterung für die „Glocke“.

Neben manchen deutschen Balladen gehörte das „Lied von der Glocke“ zum Schulstoff, auch in den achtklassigen Volksschulen. Sie mussten nicht als Medium des Interpretationstrainings dienen, sondern übten Sprache und Ausdruck und förderten das Lerngedächtnis auf der langen Strecke. Pitt liebte das Fach Deutsch in der achten Klasse seiner hannoverschen Volksschule der Balladen wegen. Werner Köhler war der Meister des Balladenvortrags. Darüber hat Pitt eine Geschichte in seinem Lieblingsbuch[133] geschrieben, die er hier, auf den Glockenvortrag konzentriert, wiedergeben will; eigene Arbeiten zu plagiieren ist erlaubt.

Balladen entzückten Pitt, besonders die von Werner in höchster stimmlicher und mimischer Beweglichkeit gesprochenen. Das große Gedächtnis für die zwanzig bis dreißig längeren oder kürzeren Strophen hatten manche, aber der Vortrag, der des Redners Glück macht, das war Werners exklusive Sache. Wenn die anderen ihre Pflichtstrophen – mit geflüsterten Stichworten von hinten oder offiziellen Brücken von vorn – absolviert hatten, dann wurde Werner zur Kür gerufen. Im Theater sieht er Werner auf der Bühne: er ist trotz seiner zierlichen Statur ein Riese neben dem exzessiv performenden Joachim Meyerhoff als Platonow oder dem in ein abstruses Kostüm gepanzerten Lars Eidinger als superbösen Richard III.

Der Sänger drückt' die Augen ein und schlug in vollen Tönen: In dem schmächtigen Körper wohnte eine Stimme mit einem Umfang von dreieinhalb Oktaven, ein mächtiges orgelhaftes Organ. Die Stimme konnte zirpen und flüstern, ersterben und donnern, schreien und schluchzen, konnte eisig schneiden und süß schmelzen, konnte marschieren und tanzen. Das Gesicht, so schmal und mager, so blass unter den Sommersprossen, konnte sich blähen und konnte explodieren, konnte strahlen und verlöschen, sich in Grimassen verzerren und in engelhafter Sanftmut leuchten, der Mund konnte flöten und sich quadratisch sperren, auf Hals, Schläfen und Stirn konnten sich die Adern wie Regenwürmer ringeln, und die blauen Augen konnten hell in Tränen schwimmen und metallisch erstarren. Der Körper blieb ruhig, die Arme lagen dicht am Körper, nur die Hände schienen manchmal, marionettenhaft, mit den Stimmbändern bewegt zu werden.

Alles blieb Stimme. Wenn König Jakob seinem Ross den Sporn gab und Graf Douglas, am Zügel hängend, im Panzerhemd den steilen Weg hinauflief – nur Stimme. Auch in der ergriffenen Stummheit blieb diese Stimme beredt, so in der bänglichen Pause: was macht der König mit dem Schwert, das er gezogen hat – er lässt es nicht fallen, nein, er reicht es dem Grafen zum Zeichen der erneuerten Huld. Der hellen, flehenden Stimme des Grafen „Ich hab es gebüßet sieben Jahr, dass ich ein Douglas bin“ antwortet die tiefe, kalt abweisende des Königs: „Ich seh dich nicht, Graf Archibald, ich höre deine Stimme nicht“ – Stimme und Auge und ein königliches Heben des Kopfes. Spätestens in Linlithgow, in der Erinnerung an den See und den Vogelherd, waren Pitts Augen feucht, und wenn der Graf sich erniedrigte – „Ich will nur warten dein Ross im Stall“ –, kullerte es die Wangen herab. Und wenn die beiden, der König und der in Gnade aufgenommene Vasall, gemeinsam nach Linlithgow ritten, das tiefe Aufatmen bei Pitt und ein großes Einatmen bei Werner Köhler, das sich anhörte, als hätte er die dreiundzwanzig Vierzeiler in einem Atemzug gesprochen.

Diese patriotische Todesverachtung des verwundeten Grenadiers, diese verzweifelte Hartherzigkeit: „was schert mich Weib, was schert mich Kind“, dieses ganz und gar unbegreifliche, mit geblähten Wangen gesprochene Urteil „lass sie betteln gehen, wenn sie hungrig sind“, diese erschütternde Pause vor dem weinerlich-ungläubigen Hilferuf „Mein Kaiser, mein Kaiser gefangen“, das Gelöbnis, noch aus dem Grabe heraus den Kaiser schützen zu wollen. Wie hatte der Dichter seine Verse schreiben können, ohne Werner zu kennen?

Das R sprechen die Hannoveraner tief im Rachen, wie kann es aber auch im Rachen rollen! Eine Ballade voller ausdrucksvoller, schaurig im Todesrachen rollender R's im „trapp, trapp, trapp" und „hurre, hurre" oder im Refrain, der Ross und Reiter hinleitet zum Hochzeitsbettchen – „sechs Bretter und zwei Brettchen" – in der angstvollen Erwartung: „Bei Gott ist kein Erbarmen, o weh o weh mir Armen." Rachentief rollten die R's noch, als der Reiter „klirrend" vom Pferd stieg; doch als sich der Pfortenring „ganz lose, leise klingeling" bewegte, da vergaß der Rezitator, fast unprofessionell, doch einmal sein expressives Rollen, und es klang, rachentief, wie „Pfochte". Der Dialog zwischen Lenore und der Mutter oder der zwischen Lenore und dem tot aus der Schlacht heimkehrenden Wilhelm, das Gespräch auf dem Rücken des Pferdes in seinem „sausenden Galopp": wie perfekt die sprachlich akzentuierten Ahnungen auf dem Weg zur schauerlich geoffenbarten Pointe. Atemlosigkeit, beim Rezitator als Kunstgriff, beim Hörer aus Ergriffenheit und Erschöpfung.

Die „Glocke", das Lied des Lebens: ein Ereignis, oder, wie es Goethe sagen würde, ein „Eräugnis", in dem mit der Glockenproduktion das menschliche Leben vor unseren Augen abläuft nach den Stichworten des handwerklichen Schöpfungsakts. Gut, es mag Gründe geben, die idyllisch-antiquierte Idealität des genialen, doch zwangsläufig vor-emanzipatorischen Liedes zu verlachen, wie man es in den Salons der Rahel Varnhagen oder unserer zeitgenössischen Spätaufklärer mit ihren editorischen Bannsprüchen getan hat. Aber: die haben Werner Köhler nicht erlebt! (Davon später!)

Werner Köhlers Stimme: ein Glockenspielkonzert. Sein Vortrag dröhnt und bimmelt, schreitet und rast, trauert und jauchzt, droht und lächelt, moduliert zwischen Altus und Bass und kippt zwischen Sopran und Tenor, flieht und verweilt, gellt hysterisch, bellt dynamisch, singt, predigt.

Die Vierzehnjährigen (Achtung: 1953) kichern, die Jungen, wenn Werners Stimme, züchtig, verschämt, von der Jungfrau mit den „züchtigen, verschämten Wangen" singt, die Mädchen, wenn sie die jungfräulichen Spuren betupft, denen der Jüngling „errötend" folgt, und beide Geschlechter lächeln verlegen, wenn Werner die Melodie von „zarter Sehnsucht, süßem Hoffen“ komponiert – diese frühpubertären Affekte markierten die sexualkundliche Aufklärung, die Lehrer gerade so eben riskieren konnten.

Wie lädt sich Werners zierlicher Körper mit Würde und Kraft auf: „und der Vater mit frohem Blick von des Hauses weitschauendem Giebel überzählet sein blühend Glück“, wie sinkt er in sich zusammen: „ach, die Gattin ist's, die teure …“, die dahin gegangen ist, wie flattert die Stimme, wenn sie das Erntedankfest beschreibt, wie sprüht's aus seinem Mund, wenn sich Feuersbrunst und Revolutionschaos aus seinen Lippen pressen. Der Genius der Ballade ereignet sich, nein: eräugnet sich. Bis an sein Lebensende wird Pitt die *Glocke* mit Werner Köhlers Stimme lesen, wird er jene Strophen, die er by heart kennt, auf Solo-Spaziergängen mit Werners Begeisterung murmeln.

Hier hat Pitt einen späten Nachruf geschrieben. Werner Köhler ist tot, seit über siebzig Jahren. Vierzehn Tage nach der Konfirmation in Kirchrodes Jakobikirche ist der Klempnerlehrling mit seinem Fahrrad, direkt vor der Polizeiwache im alten Jöhrensschen Bauernhaus an der Brabeckstraße, auf dem Kopfsteinpflaster ins Rutschen gekommen und von einem Lastwagen überrollt worden. Einige frühere Klassenkameraden hatten am späten Nachmittag erschüttert am Ort des unfassbaren Geschehens gestanden und Werners Vater, den Klempnermeister, mit dem Blaumann des Lehrlings über seinem Arm aus der Wache kommen sehen. Keine Glocke „schwer und bang“, sondern eine aufgeregt bimmelnde begleitete den toten Klassenkameraden, und am Grab fiel Hermann, der Klassenclown, hölzern verdreht, auf den Rasen, und eine Sekunde lang war Pitt zornig gewesen, weil er an einen Jux dachte: aber Hermann war vielleicht der Einzige von allen, der ahnte, welcher Genius im hellen Eichensarg in den „dunklen Schoß der heilgen Erde“ gesenkt wurde.

38 Schwarzlotkünstler

Was hat Albert Thomas gesehen, als er die Berliner Werkstatt Max Pechsteins betrat? Er konnte noch nicht ein von der Sonne geschaffenes strahlendes Endwerk sehen, wie es zum Beispiel die Delegierten der UNO seit 1967 in der Empfangshalle ihres Gebäudes in New York erleben, den „Friedenskuss" des Marc Chagall, irgendwie auch Schillers und Beethovens Geschenk: „diesen Kuss der ganzen Welt" (Pechstein hat wohl das erste Patent für Glasfenster in Weltgebäuden).

Wer die Chagall-Fenster in den vielen leuchtenden Fotos im Internet vergleicht, gewinnt einen unmittelbaren Eindruck von der mitgestaltenden Kraft der Sonne: von Quadrat zu Quadrat gewinnt das grundierende Blau eine andere Intensität wie ein Himmel bei wechselhaftem Wetter, wie ein Firmament bei einem Pfeilflug über die Längen- und Breitengrade des Globus. Pitts Traum, die Pechstein-Fenster öffentlich in digitalen Bildern ausgestellt sehen zu können, wird schwerlich wahr werden, weil hinter den Bildern seit langem nur eine künstliche Sonne steht (allerdings hätte sie eine gute regulatorische Kraft).

Die Energie, die von Glasfenstern ausgehen kann, ist der Energie vergleichbar, die unter dem Glas der Photovoltaik-Paneele durch die Kraft der Sonne erzeugt wird. Der Kraftstrom schwankt mit dem Einfall des Sonnenlichts. Als Bürger der verwalteten Welt haben wir nicht oft die Chance, schöne Glasfenster zu sehen. Die Burgen und Schlösser stehen uns nur als Touristen offen, und die Rathäuser zeigen ihre bunten Fenster nur den VIPs und nicht den Bürgern, die ihren bürokratischen Pflichten genügen. Wir kennen die Magie der Glasfenster – auch als flanierende ungläubige Christen[134] – aus den großen Kirchen, wo sie seit zehn Jahrhunderten bei uns das göttliche Licht filtern und changieren lassen. Vielleich war es auch der Eindruck der sakralen Fenstergemälde, die Max Pechstein über seinem säkularen Werk für das Arbeitsamt an ein Hohelied denken ließ.

Thomas wird die Entwürfe des Künstlers betrachtet haben und die Kartons in der Originalgröße der Fensterfelder, in der ein Glasmaler das zum Leuchten bestimmte Werk so perfekt in allen Details, Formen und Farben ausführt, dass die technischen Glasmaler ihr Glas nach dem Muster zusammensetzen und bemalen und die Farben in ihren Glutöfen für alle Zeiten unabwaschbar in das Glas brennen können. Es waren die Kartons, die im Reichstag als Stellvertreter des Kunstwerks nach seiner Übergabe an die ILO ausgestellt worden sind. Thomas wird aus dem Munde Pechsteins viel über die Natur der monatelangen Mühen erfahren haben, die das Bemalen von Kartons als Fläche von 4 x 1.50 Metern erfordert. Pitt kann sich gar nicht vorstellen, wie ein Künstler es schafft, eine große Farbsymphonie in differenziertester Partitur – und das Konzept ist und bleibt das Herz jedes Kunstwerks jenseits aller sinnlichen Effekte und Motive – zu entwickeln.

Rätselhaft kommt dem Uneingeweihten der einzige Hinweis Pechsteins auf technische Aspekte seiner Arbeit vor, über die er in seinen „Erinnerungen" spricht. Er habe es auf sich genommen, dass er eines der Fenster als Muster für den Glasmaler „selbst in dem Schwarzlot wischte". Dieses Gemisch aus gemahlenem Glas und metallischen Elementen wie Kupfer und Eisenoxyd ist sozusagen die Tinte des Glaskünstlers, mit der er die vielfältigen Konturen der Mosaikteile markiert. Sieht man im Buch von Christian Welzbacher die Abbildung der Fenster in Schwarz-Weiß, erkennt man klarer als im Farbbild das Filigran der Zeichnungen, in denen sich Farbnuancen voneinander abgrenzen. Die Unzulänglichkeit dieser Beschreibung eines mysteriös anmutenden Produktionsprozesses ist der begrenzten Vorstellungskraft Pitts geschuldet.

Seit dreißig Jahren gibt es das Deutsche Museum für Glasmalerei in Linnich und auch eine Forschungsstelle für Glasmalerei in Mönchengladbach, gestiftet von Aficionados der bunten Fenster. Dort werden die Entwürfe und Kartons von Hunderten von Künstlern aufbewahrt. Die Initiativen der Stifter kamen zu spät, um die Möglichkeit zu erhalten, eine Vorstellung von den vielen Kunstwerken zu bewahren, die in den Bombenhageln des Krieges und durch die Zerstörungskraft von Stadtplanern und Bauherren vernichtet wurden. Auch die Kartons von Max Pechstein wurden in Berlin vernichtet. Aber es ist zu hoffen, dass sein Werk in der von allen Kriegen unberührten Schweiz ewig erhalten bleibt, so dass Rekonstruktionen nie erforderlich sein werden.

Der belletristische Charakter seiner Arbeit würde es Pitt erlauben, eine Fake-Szene einzufügen, die ihm die Historie nicht schenkt. Albert Thomas betritt das Atelier Max Pechsteins, der seine Kartons präsentiert. Noch ehe ihn die Glocke über dem Mittelfeld an Schillers Lied erinnert und den Gedächtnisstrom fließen lässt, denkt er an das Basler Münster, in dem er 1912 die über dem Chor in Rot leuchtende Christusfigur gesehen hat. Er hatte dort teilgenommen an dem außerordentlichen Friedenskongress der Zweiten sozialistischen Internationale und dort die Reden der Großen, von Jean Jaurès, August Bebel und Clara Zetkin, gehört. Der Basler Magistrat oder die Kirchenoberen hatten – welch Wunder – den kirchenfeindlichen Sozialisten erlaubt, in ihrer Kirche für den Frieden wenn nicht zu beten, doch für ihn einzustehen. Dort läuteten mächtig die Glocken, wie von Friedrich Schiller kommandiert, als wollten sie den Frieden aus seiner Gefährdung retten. Darüber hat der Surrealist Louis Aragon, der sich dem sozialistischen Realismus zugewandt hatte, im Rahmen seines Fünfteilers „Le monde réel" in den dreißiger Jahren den Roman „Les cloches de Bâle" geschrieben. Pitt hat in Bertus Schapers gründlicher Biografie vergeblich nach einer Spur Albert Thomas' gesucht, die das Basler Erlebnis wahrscheinlich machten. Wahrscheinlich war Thomas, der zwei Jahre später für Rüstungsfragen verantwortlich sein würde, in diesem Jahr schon nicht mehr „links" genug, denn er war als Bürgermeister verantwortlich für die Geschicke seines Geburtstorts Champigny an der Marne, an der im Krieg eine der fürchterlichsten Schlachten toben würde.

39 Zitat aus rätselhafter Quelle

Franz Marc ist laut unserem Gewährsmann Paul Brandt seinem Brücke-Kollegen Max Pechstein in der „Steilheit“ des Expressionismus verbunden. Er hat 1912 in einem Brief an Wassily Kandinsky in einem Vergleich der Bilder von Kirchner und Heckel etwas rätselvoll Schönes gesagt: „Pechstein ist äußerlich viel schöner, die Konstruktion ist erkennbarer, in seinen schwachen Sachen liegt sie zu sehr auf der Hand; aber seine starken Sachen klingen unbegreiflich wie Glocken; man weiß nicht, woher und wohin, aber sie sind da.“ [135]

In rätselvoller Schönheit steht neben Pechsteins Bildern aus Palau das Gedicht von Gottfried Benn: „Palau.“ Einige seiner Gedichtlesungen sind auf Tonträgern hörbar: er liest sein farbenreiches Gedicht[136] in seiner leicht singenden Stimme in einem fliehenden Tonfall, als sei er benommen von dem, was er liest. Das Gedicht beginnt mit Versen in Anführungszeichen: „Rot ist der Abend auf der Insel von Palau / und die Schatten sinken –“Niemand von den Germanisten erklärt, warum Benn eine Impression als Zitat daherkommen lässt. Pitt äußert eine Vermutung, die an Sicherheit grenzt.

Benns Gedicht hat mit Palau – keine Insel, sondern eine Inselgruppe – überhaupt nichts zu tun. Es ist ein Gedicht, das Farben und Formen in verfremdenden Überraschungen kombiniert, ein typisches Produkt jenes expressionistischen Zeitalters, aus dem Benn wie auch die genannten Maler kommen, die alle zeitbedingten Formen irgendwann wie Eierschalen abwerfen und sie zu zeitloser Klassizität erheben. Das Gedicht sollte ursprünglich „Rot“ heißen, und sein „Prinzip“ entspricht jener „absoluten Prosa, in der kein Satz im Zusammenhang mit psychologischen und erlebnismässigen Herkunftsäußerungen mehr steht“.[137]

Sollte Gottfried Benn im turbulenten Kulturleben Berlins, in dem er sehr engagiert war, in den frühen 1920er Jahren nicht den Bildern Pechsteins begegnet sein? Nicht den Bildern „Palaulandschaft I und III“ in seinen starken Abendrotfarben? „Rot ist der Abend auf der Insel von Palau –". Diesen Satz hat nicht ein Dichter oder ein Kunsthistoriker, zitierbar in Fußnoten, geschrieben, sondern er ist der Kern einer Rede des Bildes selbst. Der Dichter zitiert den Eindruck eines Bildes: er hat aus der Sprache eines Bildes in seine lyrische Sprache quellentreu übersetzt.

Nur am Rande: Pechstein und Benn haben das Weltgefühl im zeitlichen Umfeld des katastrophischen Weltkrieges geteilt, der viele am Sinn der Geschichte und an der Hoheit menschlicher Vernunft haben zweifeln lassen. Die geradezu zerstörerischen „Morgue"-Gedichte passen in diese Zeit. Und auch Pechsteins Text für eine Publikation „Schöpferische Konfession" von 1919, wo es heißt: „Arbeiten! Rausch! Gehirn zerschmettern (…) Krachen des Pinsels, am liebsten Durchstoßen der Leinwand. Zertrampeln der Farbtuben (…) Das verwünschte Hirn!"[138] Und Benn im Gedicht „Untergrundbahn" (1913) „Ich bin der Stirn so satt."

Natürlich gibt es kluge Versuche,[139] Benns Palau eine andere geographische Lage zuzuweisen, und das Gedicht streut in der Tat Motive und Worte, die das „Rot" der Südsee auch an der Costa Smeralda auf Sardinien leuchten lassen. Das Gedicht passe gut in Benns „ligurischen Komplex". Und die Megalithen, die Sepien, die Korallen – alles gehabt im mediterranen wie im pazifischen Palau. Und beschwört das Gedicht nicht gar die nordische Mythologie mit seinem Thor und seinen Asen, aber sind denn die wirklich die Ahnen Europas, das am Mittelmeer zu blühen begann? Pitt zitiert diese interessanten Indizien für eine Deplatzierung Palaus nur, weil er sechzig Jahre lang mit Waltraut, einer Tochter der Asen mit dem Namen Thorborg, verheiratet war.

„Rot". Pechstein in seinem Erinnerungsbericht aus dem Palau des Jahres 1913, einer Zeit, in der für die Expressionisten das Hirn „hassenswert" ist und gegen die Natur ausgespielt wird: „In ungebrochenen, reinen Farben bot sie sich mir in ebenso einfachen und großen Formen dar." Alles unter dem Regiment der Sonne: sie „schüttet Helligkeiten aus, von denen der Europäer nichts ahnt." Die „wundervolle Einheit" wird beschworen, das, was Benn in einem Gedicht fragen ließ: „Wer trennte sie, die Worte und die Dinge."

Der Maler empfängt „Bildgedanken" aus seinem Blick in eine natürliche Umgebung, und vor dem Gemälde, das sie realisiert, empfängt Benn Gedankenbilder. Benns Worte haben keine sachliche Bedeutung, sie steigen aus der „trunkenen Flut", sie sollen affizieren, sollen Spannungen laden, und wenn sie fremd und exotisch klingen, sollen wir nicht im Fremdwörterduden nach ihrer Bedeutung fahnden, sondern eintauchen in die Stimmung, die sie sind. Nicht die Palmen, die in Pechsteins Palau-Gemälden im starken Grün vor dem Rot stehen, spielen in Benns Gedicht ihre Rolle, sondern die „Palmung". Und wenn Pechstein in seinen Erinnerungen immer noch vor dem „lüsternen Kelch der Blumen" erschauert, weiß Benn: „auch aus den Kelchen der Frau lässt es sich trinken". Die „Nachtvögel" bei Pechstein werden bei Benn zu „Totenvögeln".

Max Pechsteins Reise nach Palau soll für Aufbruch und Zukunft stehen, aber sie endet in Desaster und Trostlosigkeit. Auch bei Gottfried Benn endet die Abwendung vom „Schutt" (so der Titel eines Gedichts in der Nachbarschaft von „Palau") der Zivilisation in Desillusion und persönlich katastrophal in politischem Irrtum. Die Intensität der Bild- und Wortgedanken wird verstärkt durch das Bewusstsein, dass eine Realität ihnen nicht entspricht.

Pitt hat seinen Schulfreund Heinz Schütte, den Soziologen, der die pazifische Welt in ihren ethnisch-kulturellen Phänomen bereist und in kenntnisreichen Büchern beschrieben hat, brieflich befragt, wie er Palaus Inselwelt erlebt habe – ein halbes Menschenalter nach den beiden Weltflüchtigen in ihrem Gedankenreich. Seine Antwort war so brutal, dass Pitt seinem zeitgenössischen Zeugen gewiss Unrecht tut, wenn er seine Antwort zitiert: „Von Palau erinnere ich übergewichtige Südseeinsulaner, die in ihren Autos vor den tiefgekühlten Supermarkets vorfuhren, und an vermüllte Strände."[140]

40 Blutstropfenfall

Die Glasmalerei Pechsteins bringt die Farben Palaus noch einmal zum Leuchten, unterstützt von der Sonne über dem Lac Leman, die zwar nicht emporspringt wie ein tropischer „roter Ball“, aber aller „Helligkeiten“ der Welt teilhaftig ist. Die Welt der Arbeit ist objektiv ein Gegenbild zur unberührten Natur der pazifischen Inseln, doch sie ist ihm in der Leuchtkraft der Farben verbunden. Das „Rot“ von Palau scheint in Erinnerungspartikeln in das Glasgemälde eingewirkt zu sein. Die Linien, in denen sich die gläsernen Mosaikteile verbinden, werden immer wieder unterbrochen durch kleine rote Kugeln. Sie sind nicht an Kreuzungspunkten hingetupft, sondern liegen auf der Linie, als sollten sie die Monotonie ihrer Gradheit in einem farbigen Akzent unterbrechen. Aber immer rot.

Sollen sie Blutstropfen symbolisieren? Wenn wertvolle Produkte durch menschliche Arbeit in krasser Ausbeutung unter unmenschlichen oder gar illegalen Bedingungen geschaffen werden, sprechen wir auch von Blutdiamanten oder Blutrosen[141] oder Blutholz. Will Pechstein daran erinnern, dass die ILO geschaffen wurde, um einer Gesellschafts- und Arbeitsordnung, wo sie unsozial und inhuman ist, das blutige Handwerk zu legen?

Wie leicht lässt sich der auf Hintersinn und Tiefsinn erpichte Drang, Kunstwerken ihr letztes Geheimnis zu entlocken, betrügen! Oder nur foppen? Sind wir in einer Welt, die uns in ihrer absoluten Zufälligkeit freundlich oder bedrohlich begegnet, nicht davon überzeugt, dass sich die Komposition von Kunstwerken der Regie des Zufalls entzieht (trotz der informellen Künstler, die bewusst den Zufall walten, ihn dadurch aber schon wieder als ein notwendiges Prinzip erscheinen lassen)? Nein! Pitt ist davon überzeugt, dass in einem Kunstprodukt jedes Detail unter dem Regiment des Ganzen und seiner Konzeption steht. So wie jeder minimale körperliche Ausdruck eines Menschen Zeugnis von seiner im Ganzen erscheinenden Individualität gibt. Nein, er will seine Überzeugung von der durchgängigen Macht des „allerkleinsten Samen“ bekräftigen wie der Echosopran in Bachs Weihnachtsoratorium.

Geglaubt hat Pitt nicht, was der Herausgeber der „Erinnerungen“ sagt, dass nämlich Pechstein sie nach dem Krieg einer Sekretärin diktiert habe. Vielleicht hat er es getan, aber die Tagebücher, die er in Palau geführt hat, müssen ihm dabei geholfen haben. Aber haben sie die Turbulenzen der Flucht aus Palau und die Kriegswirren, die so vieles zerstört haben, überlebt? Die diktierten Erinnerungen Pechsteins sind auch im Diktat so lebendig, so unmittelbar, so frisch, dass sie nur aus der Quelle von Tagebüchern fließen können. Hatte er wirklich nichts als die Erinnerungen, „die er in sich trug“?

Auf der Suche nach originalen Tagebüchern oder Tagebuchblättern fand Pitt ein kleines Buch aus dem Feldafinger Verlag Lothar-Günther Buchheims, des Malers, Verlegers, Autors und erfolgreichen Sammlers von Bildern der „Brücke“-Maler, erschienen 1956, ein Jahr nach dem Tode Pechsteins. Es enthält neben den Palauer Zeichnungen auch „Notizen“.[142]

Zwei Tage vor der verhängnisvollen Kriegserklärung des Deutschen Reichs an den Zaren (die ein deutscher Kanzler heutzutage um jeden Preis vermeiden will) beschreibt Pechstein am 29. Juli in seinem Tagebuch noch einmal seinen Palauer Traum – er weiß noch nicht, dass der Krieg, der ihn und mit ihm ganz Europa zerstören wird, begonnen hat, und er erwacht an diesem Tag in der „Gewißheit der gefundenen Einheit mit der Natur, welches Ruhe zu einem der stärksten Erlebnisse werden lässt.“

In dieser entspannten Situation dringen musikalische Rhythmen an sein Ohr. Er hält sie fest in einem Satz, der auch die poetische Farbschicht seines Charakters zeigt: „Die Töne sammeln sich gleich Blutstropfen im Herzen, um schwer und süß als Tau über das heißglühende Grün der unbewegten Landschaft zu fallen.“[143] Es sind Flötentöne, die an sein Ohr dringen. Seine Sinne „saugen gierig diese tropfenden Töne in sich auf.“

Beim Dröhnen einer Glocke – „mit der Freude Feierklange“ – denken wir natürlich an heranstürmende, ziemlich aufdringliche Schallwellen (unabhängig von Werner Köhlers Gedichtvortrag, in dem er die

Expression zu einem „Zirpen“ senken kann). Doch Pechsteins Glocke schlägt über der großen Welt der Arbeit und dringt mit ihrem Klang zu den Grenzen ihrer simultanen Sichtbarkeit, das heißt, sie verklingt schier unhörbar wie der Klang der Gloriosa, der ruhmreichen, vom Turm des Frankfurter Kaiserdoms auf den verebbenden Wellen hin zu den Königsteiner und Isenburger grünen Stadträndern.

Die Blutstropfen, die roten Tautropfen, die tropfenden Töne – sie streut der Glasmaler als Tropfenfall seiner Glocke über sein Glasbild. Sie dringen wie die Initiativen der Internationalen Arbeitsorganisation, die von ihr gefeiert werden, in jeden Winkel der Arbeitswelt. Die Glocke führt nicht nur ihr tönendes Zeitregiment über sie, sondern dringt mit ihren akustischen, in Rot gekleideten Atomen in das in den Fenstern dargestellte kooperative Geschehen ein. Die Glocke ist – nach Franz Marcs Wort – im Bilde immer „da“.

41 Anschauliche Abstraktion

Als Pitt vor sechzig Jahren an der 49. Internationalen Arbeitskonferenz teilnahm, wurde den Delegierten ein Guide in die Hand gelegt als Kompass in der weitläufigen Anlage des Palais des Nations mit ihrer großen Konferenzhalle im dritten Stock, die über den Sekretariaten der drei Gruppen, den kleinen Sälen für die Ausschusssitzungen und den Serviceeinrichtungen im zweiten Stock liegt. Präzise erklärt er die Verbindungswege über Flure, Treppenhäuser und Aufzüge, die zu den vielen Zimmern führen, die der Zweitheld in Cohens „Schöne des Herrn" begeistert beschrieben hat. Über den Lift 13 – aber es gab auch ein Treppenhaus – gingen die „Adviser", zu denen Pitt gehörte, hinauf in den fünften Stock, wo sie von einer Galerie hinunterschauen konnten in den großen Konferenzsaal, in dem die Delegationen ihre nach dem französischen Alphabet geordneten Sitze hatten. In den Schlussabstimmungen der Konferenz durften gelegentlich – erhebendes Gefühl! – auch die Technischen Berater in der heiligen Halle sitzen und zu den Resultaten der jeweils zweijährigen Beratungen ihr Ja oder Nein bekunden. Pitt ging manchmal in die Kabinen der Dolmetscherinnen und Dolmetscher, der wichtigsten Konferenzteilnehmer, um sie auf begriffliche Besonderheiten der in seiner Gruppe gerade verhandelten Sache aufmerksam zu machen.

Der Titel des Guide ist über beide Umschlagseiten bebildert mit einer figurenreichen Mensch-Maschine-Kollage der Arbeitswelt, einer ziemlich männlichen Welt. Die dominierenden Motive stammen aus der Schwarzen Kunst, viele White-Collar-Arbeiter mit Schlips, Graukittel an den Maschinen im Hintergrund, oh, einen Lehrling mit offenem Kragen sieht Pitt auch. Ja, wie will einer die Welt der Arbeit in einer Zeichnung darstellen?

Pitt erinnerte das Heft lebhaft an den Bildwörterduden im Bücherschrank seines verstorbenen Vaters, der – im Pressewesen tätig – sich das nützliche Werk in der Erstauflage des Bibliografischen Instituts 1935 zugelegt hatte. Die Mutter wollte das Werk bei Kriegsende aus dem Schrank verbannen, ja vernichten, weil es etliche deutliche Reminiszenzen an die gerade unter Pech und Schwefel untergegangene Massenpartei enthielt. Doch Pitts Bruder Willi, bewegt durch die Bitten des kleinen Bruders, der sein Bilderbuch retten wollte, hat den Duden trickreich vor der Vernichtung gerettet, und beiden hatten später in Ausbildung und Schule oft Nutzen von seiner wunderbaren Präzision und Detailfreude.

Paul Brandt zeigt in seiner großen Kunstdokumentation über das Bild der Arbeit in den Jahrhunderten nicht ein einziges Beispiel für das Insgesamt der Arbeit, kein Bild, das ein Ineinander von Funktionen darstellt, sondern Bilder von Arbeiterinnen und Arbeitern, das Tun in einzelnen Arbeitssituationen in besonderen Berufen, doch der Arbeitskosmos bleibt undargestellt. Im Hamburger Genossenschaftsmuseum, in dem Pitt im Auftrag seines Gründers Dr. Burchard Bösche gelegentlich als Zeitzeuge einen Rundgang lang eine untergegangene Welt ins Leben zurückrufen durfte, gibt es eine wundersame Zeichnung: alle vierzig Fabriken, die von der Zentrale der Konsumgenossenschaften gegründet und betrieben wurden, hat ein ingeniöser Künstler in einem Panorama vereinigt, einschließlich der nordafrikanischen Hafenstädte als Umschlagplatz der Produkte, die man in der Gründerzeit die Kolonialwaren nannte. Das Werk wirkt wie eine Burgenstadt, wie eine maghrebinische Kasbah. Warum wurde es geschaffen? Pitt meint: aus einem naiven Stolz auf das Geleistete und Geschaffene.

Max Pechstein war ehrgeizig, als er es unternahm, die Welt der Arbeit zu vergegenwärtigen in einem Feld, in dem er nur am Rande zu Hause war, der Glasmalerei. Es ist ein kühnes Werk, das nicht erschaffbar ist ohne ein tiefes Gefühl für die Bedeutung und die Dignität der Arbeit. Vielleicht ist ja der Künstler, dem es nicht um die praktischen Dinge des Lebens geht, der Mensch, der am tiefsten von allen empfinden kann, was Arbeit bedeutet. Man muss dabei nicht unbedingt an die Fron Michelangelos unterm Gewölbe der Sixtinischen Kapelle denken oder an die Besessenheit des aus dem Handwerk kommenden Malers Werner Tübke, der in acht Jahren mit zehnstündiger täglicher Arbeit auf den Gerüsten das gewaltige Panorama des Bauernkriegs in Frankenhausen mit seinen dreitausend Figuren malte – und seinen Urheber als Harlekin im Bild erscheinen ließ.

Wenn Pitt mit seinem papiernen Guide durch die Gänge des Palais spazierte, lugte er manchmal in Sitzungsräume, in denen fleißige Delegierte und Technische Berater über Themen diskutierten, die alle so spannend waren, dass sie als Einladung wirken konnten, einzutreten und mitzudiskutieren. Auf den Internetseiten der ILO heute die Kolonnen der nummerierten Übereinkommen und Empfehlungen: Abertausende müssen in den hundert Jahren an ihnen gefeilt haben und weitere Abertausende in den Ministerien und nationalen Parlamenten, in denen die Gesetze gebastelt werden, die den Mindestanforderungen der ILO gerecht werden. Darstellbar in Bild und Wort ist das alles nicht.

42 Brot, Wein, Fisch

Jeder darf, ohne dem Künstler in seinen Ambitionen Unrecht zu tun, unter seinen Bildern einen Favoriten haben. Die analytischen Usancen der professionellen Kunstkritik können von Laien getrost durch sehr subjektive Erfahrungen ersetzt werden. Im Genfer Hohelied ist es für Pitt das Feld der Landwirtschaft, das ihn besonders affiziert, das Bild des ersten Fensters. „Gelb vor allem“, nannte der Maler Bernard Schultze ein Bild, das Pitt einmal besaß, ehe er seine Aufmerksamkeit einem schlichten Bootsbild Pechsteins zuwandte.

Gelb vor allem die Erntefarbe, in der Komplementärfarbe Blau die unwirklich anmutende Arbeitskleidung des Schnitters und der Garbenbinderin, ganz oben, die Weinbauern, die sich nach blauen Trauben recken. „Brot und Wein“ – geradezu ein Urmotiv des menschlichen Seins. Im Internet gibt es Tausende von Bildern, die Wein und Brot – manchmal mit Früchten garniert – auf Tellern und in Körben gruppieren, mit einer Andacht, die der gleicht, die dem Brot und dem Wein in seiner vielfältigen Gestalt im christlichen Abendmahl zukommt. War es vielleicht auch dieses bannende Bild von Brot und Wein, das Pechstein inspirierte, die Arbeit auf die Ebene einer Verehrung durch ein Hohelied mit seiner biblischen Konnotation zu heben?

„Brod ist der Erde Frucht, doch ists vom Lichte geseegnet, / Und vom donnernden Gott kommet die Freude des Weins.“ Auf Hölderlins schöne Verse, in der achten Strophe der Elegie „Brod und Wein“, fällt tatsächlich das Licht der Sonne. Ob Pechstein vor den Kartons in der Betrachtung der blauen Trauben unter seiner Glocke animiert worden ist, seinem Gast Thomas einen guten Wein zu kredenzen?

Pitt, Lebensmittelkaufmann in einer genossenschaftlichen Handels- und Industriegruppe, fand es motivierend, als „Lebensmittler“ für den Konsumenten zu arbeiten. Leider wurde seine Gruppe von einer unter dem Slogan „Wir lieben Lebensmittel“ konkurrierenden sowie von anderen Wettbewerbern nicht nur grandios überflügelt, sondern ins finale Abseits gestellt. Gibt es ein Lebensmittel, das seinen Grund nicht in der Landwirtschaft hat – wenn es gesund ist? Pitt hat in seiner Erinnerung noch das Bild des Großvaters, der mit seiner Sense am Rande des Gerstenfeldes die Schneise für den Start des Erntetraktors schlug, und hört noch die rhythmische Melodie des Dengelns. Er sah den Schnitter gerade heute wieder in einer TV-Werbung für den goldenen Bergkäse, in der ein Almbauer auf seiner schiefen Ebene die Sense in weichem Schwung in saftiges Gras schlug.

Glockenton: „Schwer herein / Schwankt der Wagen, / Kornbeladen, / Bunt von Farben / Auf den Garben / Liegt der Kranz, / Und das junge Volk der Schnitter / Fliegt zum Tanz." So viel Fröhlichkeit stellt sich der Dichter vor, der noch nie einen langen Tag in der Sonne auf dem staubigen Getreidefeld gearbeitet hat. Die Bäcker wurden von der ILO schon früh durch ein Nachtbackverbot geschützt, das noch in der Bundesrepublik jahrzehntelang für heftige Kontroversen sorgte – wann beginnt das Recht der Verbraucher auf den Genuss knuspriger Brötchen zum Frühstück? (Sie heißen heute in vielen Gegenden „Ofenfrische", wohinter sich oft industriell Vorgefertigtes verbirgt, das im Backshop aus dem Ofen genommen wird.)

In der genossenschaftlichen Gruppe, in der Pitt mitarbeitete und die er vertrat, gab es in den 1960er Jahren noch lokale Bäckereien, ja, viele Unternehmen des „Konsum" (so hieß die Gruppe vor der co op-Ära, wie auch in der DDR) hatten noch Brotläden – all das verschwand mit dem Siegeszug der industriellen Backwarenproduktion und der Bäckerei-Ketten. Auch Mühlen und Teigwarenfabriken waren im co op-Portefeuille, wie auch Gemüse verarbeitende und konservierende Fabriken. In seiner Darstellung der Landwirtschaft hat Pechstein auf eine Andeutung der Fleischproduktion verzichtet. Wie hätte er aber der „Rinder breitgestirnte, glatte Scharen" in das Bild bauen können – war er doch kein Thomas Herbst, den man nicht nur in Hamburg den „Kuhherbst" nannte, weil er das wiederkäuende Buntvieh als Motiv so schätzte. In

Pitts Gruppe gab es neben den lokalen Fleischereien und Metzgerläden eine bedeutende Fleischindustrie – sie belieferte im Ersten Weltkrieg im großen Stil das Heer mit Fleischkonserven, von denen auch der Infanterist Pechstein an der Somme gezehrt haben könnte.

Die ILO hat sich mit den Arbeitsbedingungen in der Landwirtschaft schon in ihren ersten Jahren beschäftigt. Es ging beispielhaft um das Mindestalter der Beschäftigten in einem Wirtschaftszweig, in dem Kinderarbeit als kulturelle Selbstverständlichkeit galt. Auch das Recht auf gewerkschaftliche Organisation der Knechte-und-Mägdejobs, das auf dem Land schwieriger zu realisieren war als in der Industrie, wurde verbrieft. Die Krankenversicherung war ein wichtiges Thema, ebenso die Alterssicherung, die wegen der geringen Löhne in Stall und Feld und wegen traditioneller Versorgungsformen besonders problematisch war, und die Absicherung gegen die Berufsunfähigkeit. 1936 – die Deutschen war nicht mehr im ILO-Boot – kam ein wichtiges Übereinkommen über die Beschäftigung indigener Arbeiter, die oft unter Verhältnissen der Sklavenarbeit schufteten (dass auch die Deutschen die Menschen der kriegerisch besetzten Länder als „Eingeborene" betrachten und als Zwangsarbeiter wie Sklaven für sich arbeiten ließen, war nicht zu ahnen). Viele ILO-Pakte wurden nach dem Zweiten Weltkrieg erneuert.

In Pitts erstem Genfer Sommermonat wurden zwei Übereinkommen zu Fischereifragen vorbereitet und im nächsten Jahr verabschiedet. Es ging um die von Fischern nachzuweisenden Qualifikationen und um ihre Unterbringung an Bord – wir müssen nicht an Moby Dick denken, um zu verstehen, dass hier vieles im Argen lag. Auch in der Fischwirtschaft war die konsumgenossenschaftliche Gruppe stark engagiert. Sie hatte unter der tatkräftigen Führung des Konsum-Chefs und Hamburger Ehrenbürgers Henry Everling nach dem Zweiten Weltkrieg die Gemeinwirtschaftliche Hochseefischerei gegründet – gemeinsam mit den deutschen Küstenländern und den Gewerkschaften hatten sie den kargen Küchenzettel der Bevölkerung mit einer Flotte großer Fangschiffe durch das Volksnahrungsmittel Fisch bereichert.[144]

„Der Sämann" – dieser von vielen Malern dargestellte Urtypus der Landwirtschaft – war der Titel der Zeitschrift der Gewerkschaft Gartenbau, Land- und Forstwirtschaft, die auch die Fischer vertrat. Pitt hätte gern über die zweitgrößte deutsche Fischflotte in der Zeitschrift berichtet. Aber möglich war das nicht: denn das war „Industrie", und die Industriearbeiter der Ernährungswirtschaft waren in der Gewerkschaft Nahrung, Genuss, Gaststätten organisiert – da achteten die Gewerkschaften streng auf die Grenzen ihrer Territorien. Im Groschenimperium der Genossenschaften, das auf vielen Feldern mit Milliardenumsätzen arbeitete, gab es kaum eine Gewerkschaft, die nicht ihr Tarifpartner war.

Der Technische Berater für Fischereifragen war in diesem Jahr ein junges Mitglied des Vorstandes der Agrargewerkschaft, ein noch junger, fröhlicher Kollege, der nach dem Krieg als Waldfacharbeiter in den Forsten tätig gewesen war. „Nehmet Holz vom Fichtenstamme, / Doch recht trocken lasst es sein, / Daß die eingepreßte Flamme / Schlage in den Schwalch hinein". Vielleicht ist Schiller mitschuldig geworden, dass Waldbesitzer und Förstereien nach dem Krieg Deutschland mit Fichtenmonokulturen überzogen haben.

Ein Forstwirt, der nicht auch Jäger ist? Auf den Sonntagsausflügen zum Mont Salève oder in den Jura unterhielt er die Kolleginnen und Kollegen mit den spannenden Geschichten eines Schmalspurnimrods, die der Tarifpolitiker seiner Gewerkschaft im Pfälzer Wald oder in den hessischen Waldgebieten erlebt hatte. Als der junge Mann zwanzig Jahre später in den Mittelpunkt einer öffentlich-medialen Aufmerksamkeit und Kritik geriet, hat man ihm seine berufliche Liebhaberei, die er gelegentlich auch als Großwildjäger in Afrika genoss, als feudale Großmannssucht ausgelegt.

Tarifpolitiker, zumal in Gewerkschaften mit schmaler Mitglieder- und Beitragsbasis, müssen nicht nur als solche scharf rechnen können, und so wurden auch die Finanzen die Domäne des jungen, auf Nachhaltigkeit trainierten Forstmannes an der Spitze seiner Gewerkschaft. Bald erkannte man auch beim Deutschen Gewerkschaftsbund, der von Hermann Beermann im ILO-Verwaltungsrat vertreten wurde, seine Talente und rief ihn in seinen Vorstand, wo er die Abteilung Finanzen leitete. Pitt staunte in den Jahren nach Genf über den Genfer Mitstreiter, wenn er in den Zeitungen über seine neuen Karrierestufen las.

43 Underground Work

Das zweite Feld der Urerzeugung hat Pechstein in seinem Glasgemälde konsequent neben dem der Landwirtschaft platziert. In beiden Bereichen ist die Zahl der Beschäftigten in einem Menschenalter rapide gesunken, mit einer großen Beschleunigung hin zur Gegenwart, in der der Eindruck entstanden ist, alle Rohstoffe des Lebens – Mineralien, chemische Grundstoffe, Energieträger – kämen aus den Retorten. Auch die hochindustrialisierte Chemie, die Pechstein nicht im Blick hatte, durchläuft atemberaubende Rationalisierungsprozesse in Apparaturen, die durch wachsende Menschenleere geprägt sind. Die Gewerkschaften des Bergbaus und der Chemie, die Vereinigungen der wahren Urerzeuger, haben sich in Deutschland zusammengeschlossen.

Es fällt auf, dass im Vergleich zu anderen Produktionszweigen der Volkswirtschaft der Bergbau selten Objekt von spezifischen Übereinkommen und Empfehlungen der ILO gewesen ist. In den europäischen Ländern, in denen der Bergbau die Grundlage des industriellen Wachstums gewesen ist, war das staatliche Schutzniveau für die gefahrgeneigte Arbeit unter Tage recht hoch, zumal hier trotz des technischen Fortschritts ständig mit Katastrophen natürlichen – durch Vorkehrungen einzudämmenden – Ursprungs zu rechnen war. Wichtig war die Regelung der Arbeitszeit für diese Berufe, die durch außerordentliche körperliche und nervliche Anstrengungen geprägt sind, wobei die Frauenarbeit besondere Übereinkommen erforderte. Erst in den 1990er Jahren wurde der Sicherheits- und Gesundheitsschutz für die „underground work“ (an sich ein gruseliger Begriff) durch ein Übereinkommen gefördert.

Für wichtige Regelungsfelder im Bergbau hat die ILO nur Empfehlungen in die Welt gesandt, weil die realen Bedingungen weltweit sehr unterschiedlich sind. Es ist ein Wagnis gegen Widerstände, ein Mindestalter für die Beschäftigung in Kohleminen zu fordern, wo Kinderarbeit unter Tage oder im Tagebau das Familieneinkommen bei einem unsäg-

veau am Existenzminimum sichern soll. In Pitts neue Empfehlungen für die Arbeitsbedingun- und für das Mindestalter erarbeitet. Pitt hat sich Arbeitsgruppen erschlichen, und er war erstaunt, von mutbarkeiten in der Welt die Rede sein konnte.

der Arbeit 2024 hat er die Ausstellung „Man & Miners“ be-, die man nicht ohne Erschütterung verlässt. Sie wurde von der Weltkulturerbe-Stätte Völklinger Hütte im Saarland – die Pitt, als er dort lebte, oft besucht hat – und vom Museum der Arbeit in Hamburg-Barmbek gestaltet (dort steht übrigens auf dem Hof die gewaltige Tunnelbohrmaschine TRUDE, mit deren Hilfe die Hansestadt die Elbe unterquert hat). Es geht nicht nur um Kohle und Erze im globalen Underground, es geht auch um Gold und Diamanten und Seltene Erden, von denen die technische Zivilisation umso mehr abhängig wird, je digitaler sie wird. Seltene Erde: in einem Regal stehen schwarze Vasen unterschiedlicher Größe, die einen Begriff davon vermitteln, welche Mengen an zu schürfendem Material erforderlich sind, um ein Smartphone, ein Laptop oder eine E-Autobatterie herzustellen.

Wie mystisch leuchtet das Grubenlicht in Pechsteins Bild dem Bergmann! Wie grell blendet es uns als Helmleuchten über den Gesichtern der Miner im norwegischen Spitzbergen, die im Permafrost in den winzigen Kavernen kauern. Die Freiluftmine Serra Pelada, die Sebastião Salgado im Norden Brasiliens fotografiert hat: in einem terrassierten Trichter Tausende wie Ameisen auf schmalen Leitern, die in Säcken den Abraum ans Licht tragen, wo er auf Goldspuren gefilzt wird – Pitt erinnert sich an die Kohlenträger seiner Kindheit mit ihrem Nackenleder, auf denen sie die Briketts und Eierkohlen für die Öfen wuchteten. Eine Fotoausstellung, denn kein naturalistischer Maler der Industriewelt könnte dieses graue Elend in Schlamm und Gefahr festhalten.

Und die Kontraste des Mining! In Accra in Ghana durchstöbern Kinder, Frauen und Männer die Müllberge der Zivilisation auf der Suche nach wiederverwertbaren Materialien, die in Centbeträgen vergütet werden, oft in Rauch- und Staubwolken. Auch das wird Mining gen Und daneben das Bitcoin-Mining mit seinen riesigen energiefressen Computergewölben, wo das künstliche Geld in Milliardensummen u -gewinnen buchstäblich geschürft wird. Eine in grotesken Ungleichzeitigkeiten auseinanderbrechende Welt. Als Pitt nach Genf reiste, fotografierte Johnny Haglund den indischen Ort Iharia, wo junge Frauen im Rauch aus den unterirdisch brennenden Flözen Kohle sammeln. Kann eine ILO ein bisschen humane Ordnung in das Chaos der weltweiten Rohstofferbeutung bringen?

Natürlich laden die Museumspädagogen, die sich mit der Welt „an sich" nicht zufriedengeben können, zu spielerischer Kommunikation über die inhumanen Auswüchse der Rohstoffförderung ein – auf Hunderten von Ideenzetteln an den Tafeln und Flipcharts, auf interaktiven Plattformen, wo man seine Präferenz für ein Dutzend wohlfeiler Reformen bekunden kann, wobei die weltfremdeste ganz oben steht, nämlich die Einschränkung des Verbrauchs. Ach, die Welt wird nicht durch Gruppendiskussionen engagierter kritischer Geister verändert. Ein Blick auf die lange Liste der Übereinkommen und Empfehlungen der ILO würde genügen, um deutlich zu machen, dass die Entscheidungen über Stoffe, Formen und Inhalte der Arbeit nicht durch Wunschdenken bestimmt werden.

Bei einem Vorschlag aus dem Dutzend der Reformideen wischt der greise Pitt, der an diesem 1. Mai zum ersten Mal nicht mit seiner Gewerkschaft marschiert ist, in ideeller Verbundenheit über eine Schaltfläche, die eine besonders hohe Säule der Zustimmung für das Wirken von Genossenschaften zeigt. Doch wissen die Pädagogen und Besucher wirklich nicht, dass Genossenschaften das schwächste Instrument sind, um die Rohstoffförderung für den Menschen schonender und menschlicher zu machen. Schaut euch die Vasen in den Regalen an, die den Verbrauch seltener Erden anzeigen, ihr jungen Leute, legt einen Augenblick eure Handys aus der Hand, denkt ein bisschen über eure Ansprüche an den Komfort eures mobilen Lebens nach, ehe ihr mit euren flüchtigen

Forderungen die dumme Künstliche Intelligenz mit ihrem riesigen Bedarf an Energie und Materie füttert.

Selbst Max Pechsteins heile Inselwelt bleibt nicht verschont vom globalen Rohstoffwettlauf. In Tiefseebohrungen werden seltene Erden aus dem Grund des Bismarcksees geholt, und die Video-Künstlerin Lisa Rave zeigte 2014 die Verbindung zur alten kolonialistischen Ausbeutung von Rohstoffen durch das Deutsche Reich in Papua-Neuguinea. Das Scheckbuch ersetzt die Waffen.

Max Pechstein hatte auf Palau den Abbau des zu Tage liegenden, von Millionen Vögeln geschaffenen Phosphats als Dünger für die europäische Landwirtschaft beobachtet. Eine der ersten Übereinkommen der ILO galt der Arbeit mit giftigem Phosphor, der mit dem harmlosen Vogeldreck wenig zu tun hat, doch ähnlich wie der den Menschen im Bombenkrieg auf die Köpfe fiel.

Mit Spitzhacke, Hammer und Meißel rücken die gestählten Gestalten Pechsteins in ihren Blauhelmen der Materie der Arbeit zu Leibe. Vor ihnen eine schwarze, glänzende Wand. Ist es Kohle, oder ist es gar der vulkanische Pechstein, den es in Pechsteins Heimat Zwickau wie in Meißen und im Schwarzwald gegeben hat? Er war kein Rohstoff von globaler Wichtigkeit, eher ein formbarer Stoff für Gebrauchsgegenstände aller Art. Aber hart und widerständig ist er wie alles Reale in der Welt, aus dem ein Künstler wie aus einem Stein die Kerne der Arbeit schlägt.

44 Hoch hinaus mit Sicherheit

Wie sehen wir Pechsteins Bauarbeiter? Einer mauert, in einer offenbar fachgerechten Weise, einer sichert vielleicht den plangerechten Bau, einer schleppt Steine empor. Leiter, Gerüst, schmale Bretter – das Ganze wirkt gefahrenträchtig. An den Neubauten der Arenen für die Fußballmeisterschaft 2022 im Golfstaat Katar hat es viele, vielleicht über fünfhundert Tote gegeben. Beim Bau des Westfield Einkaufszentrums in der Hamburger Hafen City haben 2023 beim Einsturz eines Gerüsts fünf Bauarbeiter ihr Leben verloren. Solche Meldungen erreichen uns oft. Unterlegt sind sie meistens mit Berichten von unzulänglichem Arbeitsschutz, niedrigen Löhnen und ausbeuterischen Arbeitsbedingungen, vor allem für Schwarzarbeiter, mit denen von Sub-Unternehmen ein Handel mit faktisch Abhängigen betrieben wird, der die Kosten senkt oder die Gewinne steigert.[145] Die Bauwirtschaft zählt die meisten Arbeitsunfälle, und fast die Hälfte der tödlich Verunglückten kommt aus dem Ausland.[146]

Der Hausbau an sich steht nicht auf der Tagesordnung einer Arbeitskonferenz. Es gibt keine Notwendigkeit, seine Förderung durch übernationale Übereinkommen zu fordern, denn er ist für das menschliche Leben elementar und das Denken und Sorgen gelten bei den Menschen auf dem ganzen Globus – vom Iglu bis zur Kralhütte, vom Zelt bis zum Wolkenkratzer – der Schaffung von Wohnungen. „Housing first" lautet ein Grundsatz der Sozialpolitik: ist das Dach über dem Kopf gesichert, werden die Menschen frei für die Lösung aller anderen Probleme, mit denen sie sich plagen.

Einmal doch hat die ILO dem Bauwesen Impulse gegeben: als die Arbeitskonferenz 1961 (in der Empfehlung 115) genügend menschengerechte Wohnungen für die Arbeiter gefordert hat.[147] Wie kann der Arbeiter seine Leistungen erbringen, wenn er in der Wohnung seiner Verantwortung gegenüber seiner Familie nicht gerecht werden kann, wenn er sich in ihr nicht erholen kann, wenn er sie nur über kräftezehrende weite, unbequeme Wege erreichen kann oder wenn sie wegen hygienischer Mängel seine Gesundheit gefährdet. Schon im Zweiten Weltkrieg, in Philadelphia 1944, hatte sie dieses Ziel betont.

Sie hat 1961 dringend empfohlen, Arbeiterwohnungen zu fördern. Sie muss entsprechend ihrer dreigliedrigen Willensbildung ihre Empfehlung hinsichtlich der Bauherren neutral formulieren und nennt private, öffentliche und genossenschaftliche Träger des Wohnungsbaus (diese Drittelung entspricht in etwa den Verhältnissen in einer Großstadt wie Hamburg). Doch es ist klar: in vielen Ländern sind die Wohnungsbaugenossenschaften wichtige Träger des Wohnungsbaus, gerade für Arbeiter und Angestellte. Sie erfüllen ihre Aufgabe beispielhaft seit der frühen Industrialisierung, als das Wohnungselend so groß war, dass es die Produktivität der Arbeit in Frage stellte. Der Pionier des genossenschaftlichen Wohnungswesens, Victor Aimé Huber, hat gesagt: „Die Wohnungsfrage ist die Kernfrage der gesamten sozialen Frage, im Guten wie im Schlimmen."[148]

Es ist der Arbeitsschutz, der besser Schutz der Arbeiter heißen sollte, dem die Aufmerksamkeit der ILO gehört. Im Übereinkommen über Unfallverhütungsvorschriften bei Hochbauarbeiten (Nr. 62) aus dem Jahr 1937, das inzwischen revidiert wurde, werden die nationalen Regierungen und Parlamente aufgefordert, Schutzstandards zu beschließen, wie sie sich in der Welt nach dem Stand der Technik bewährt und als unerlässlich erwiesen haben. Da jedoch insgesamt und von zu Land zu Land eine Fülle sehr präzise und äußerst konkret beschriebener Gefahrenquellen am Bau erkannt werden, definiert aus Erfahrung, technischer Logik und administrativer Perfektion, werden in Form einer Empfehlung im gleichen Jahr (Nr. 53) in über vierzig Kapiteln Handreichungen oder „Mustervorschriften" für den wirksamen Schutz angeboten.

Die ILO öffnet den im globalen Kollektiv gesammelten Erfahrungsschatz jedem einzelnen Mitgliedsland, was auch ihre Arbeitsweise gut beleuchtet. Die Liste der Empfehlungen wurde in einer Zeit entwickelt, in der Kriegswolken am Horizont aufstiegen, die zu einem Weltengewitter geführt haben, in dem die Wohnungen von vielen Millionen Menschen zerstört wurden; Krieg und Nachkriegszeit sind Zeiten der Wohnungsnot. Nicht nur Pitts unverlierbare Kindheitserinnerung: „in den leeren Fensterhöhlen wohnt das Grauen“ und gleichzeitig die Anschauung „und neues Leben blüht aus den Ruinen“.

Wenn Holz für die Gerüste, dann ohne Rinde, wenn Metall, kein Rost und keine Risse, Rüststange, Standbaum, Stempel, alles leicht dem Gebäude zugeneigt, Gerüstbühne in Zentimeterbreiten, je nachdem, ob der Maurer steht, ob Material abgestellt oder Steine behauen werden. Luftbrücken: die Neigung 60 cm auf 1 m – ist das nicht das Maß des Goldenen Schnitts? Steht die Leiter, die Pechstein malte, einen Meter über dem höchsten Punkt? Stimmt ihr Neigungswinkel – oder will der Künstler dem schwerbepackten Steinträger die Arbeit leichter machen? Alles wie für jedes Haus neu erfunden: Kräne, Flaschenzüge, Aufzüge, Winden, Haspeln, Seilscheiben. Geländer! Nicht nur Menschen in der Höhe brauchen Halt, und wenn die Füße des Gerüsts auf losen Ziegeln stehen, ist es wackelig. Gefahrenabwehr durch Binsenwahrheiten? Wer die Frage stellt, macht sich schon des Tötungsversuchs schuldig.

In Deutschland wagten sich die Gewerkschaften in die schwierige Rolle eines großen Bauherrn, ja, mit rund vierhunderttausend Wohnungen waren sie der größte und schufen daneben für die neue Heimat, die sie vielen Menschen in den Jahrzehnten nach dem Krieg gaben, auch bedeutende infrastrukturelle Projekte. Die Größe des Unternehmens in ihrer Eigendynamik und Verführungskraft ließ sie die Stabilität des Gerüsts vergessen und führte zu einem Sclbstbewusstsein, das den Realitätssinn überstieg und bei manchem Projekt Maß und Mitte vermissen ließ (zum Beispiel in Hamburg bei der illusionären Totalüberbauung des Ortsteils St. Georg an der Alster). Als das Wohnimperium wegen fragwürdiger Manipulationen, schwindenden Vertrauens in der Öffentlichkeit und unter einer finanziellen Überlast zusammenbrach, sprachen viele Kritiker des Wohnungsgiganten von Hochmut, der vor dem Fall komme. Aber ist Hochmut nicht auch ein Stück des hohen Mutes?

Als die Kritik an dem gewerkschaftlichen Großunternehmen wuchs, dachte Pitt oft an den jungen Gewerkschafter in Genf. Der Forstmann und Berater der Fischer war ja im Deutschen Gewerkschaftsbund in die Aufgabe des Schatzmeisters hineingewachsen, der auch die wirtschaftlichen Beteiligungen und damit ein gebundenes Milliardenvermögen seines Verbandes verwaltete. Viele der in den Gewerkschaften und ihrem Bund vereinten Arbeitnehmer und Arbeitnehmerinnen und ihre Familien waren mittelbar am Betrieb ihres Vermieters beteiligt. Der Koloss hatte sich auf Investitionsfelder vorgewagt, für die seine tönernen Füße zu schwach waren. Pitt hatte immer das schmerzliche Gefühl, dass der junge Gewerkschafter in Genf, der in seinem Land ein einflussreicher Manager geworden war, sich wie die Sackträger Pechsteins zu schwere Gewichte auf die Schultern geladen hatte.

45 Pechstein, der Schiffsmann

Und Pechsteins Transportarbeiter, die Sackträger, der Schiffsmann in seinem Kahn? Hier hat die Darstellungskunst des Glasmalers seinen höchsten Abstraktionsgrad erreicht. Denn der „Transport" steht für den gesamten tertiären Sektor der Wirtschaft, für alle Dienstleistungen, die alle unmittelbar produktiven Sektoren der Volkswirtschaft miteinander verbinden und auch die Brücke bauen zu denen, die der Arbeitgeber aller Arbeiter und Angestellten sind, die Verbraucher. Dazu gehören auch die Banken und die Versicherungen und der öffentliche Dienst. Der Mann im Kahn, der Sackträger im Hafen, der Schauermann – er steht für den Warenmittler, nicht nur symbolisch, sondern tatsächlich, der die Güter über die ganze Wertschöpfungskette – wozu vor allem der Handel gehört – vom Erzeuger zu den Verbrauchern bringt.

Der Arbeitsplatz „Schiff" hat für die ILO eine zentrale Bedeutung. Er bietet in seinen vielfältigen Formen, in seiner Arbeitszeitordnung, in der Form der Entlohnung, seiner geografischen Mobilität, seinen Anforderungen unter schwierigen Wetterbedingungen, seiner problematischen internationalen Rekrutierung, in der Ausbildung der Schiffsführungen immer wieder Anlass zu spezifischen Regelungen, die sich in ungezählten Übereinkommen und Empfehlungen niederschlagen. Seefahrt ist not!, heißt der berühmte Roman von Gorch Fock. Wie hart ein Berufsleben an Bord ist, hat Max Pechstein auf seiner Flucht in die Heimat erfahren. Er hat auf der unteren Funktionsstufe vor den Glutöfen gearbeitet. Die Schwere dieser Arbeit ist zu vergleichen mit der Arbeit in den Segeln früherer Zeiten in Sturm und schwerem Wetter. Welcher Berufszweig hat im Laufe der Jahrhunderte mehr Opfer gefordert als die Schifffahrt?

Flüsse und Kanäle, Schienen und Luftrouten, Medien und Kommunikationswege, Lager und Läden, Einkauf und Verkauf – alles dient der Überwindung von Distanzen, der sinnvollen Zusammenführung und

Verzahnung aller Tätigkeiten im Endzweck der Wirtschaft: das Leben zu erhalten und zu fördern.

So wie Pitt mit Staunen auf den Weg des jungen Gewerkschafters in Genf geschaut hat, so hat ihn die Entwicklung eines anderen jungen Gewerkschafters verblüfft. Einer der Führer des längsten und opfervollsten Streiks[149] der deutschen Gewerkschaftsgeschichte, in dem es sieben Wochen lang darum ging, die Arbeiter dadurch in die moderne Welt zu integrieren, dass ihre Löhne im Krankheitsfall in der gleichen Weise fortgezahlt werden wie die der Angestellten, wurde später Hamburger Senator, Staatssekretär im Bundesverkehrsministerium und schließlich Chef der Lufthansa. Ein Dutzend Jahre nach dem ersten Durchbruch in Schleswig-Holstein ergänzte die ILO ihre Übereinkommen über die Krankenversicherung aus dem Jahre 1927 durch eine Empfehlung, die eine Lohnfortzahlung im Krankheitsfall für alle Erwerbstätigen zur Norm erhob (Nr. 134).

Nicht ganz nebenbei: Der Gewerkschafter, der zum Politiker und Manager wurde, war der Arbeitsdirektor der Genossenschaftszentrale in einer Reformphase, in der Pitt naher Zeuge seiner außerordentlichen Entschluss- und Tatkraft geworden ist. Die Welt des Handels war ihm gewiss zu klein, und so ließ er sich bei einem Regierungswechsel in sein Bonner Amt rufen. Nicht dass Pitt der Regierung, die einen fulminanten Start hatte, nicht außerordentliche Köpfe gegönnt hätte: aber bis heute ist er davon überzeugt, dass dieser Kopf und willensstarke Weichensteller den Handelskonzern, der später scheiterte, auf eine Erfolgsspur gestellt hätte.

Die Gewerkschaften haben ihre Beteiligungen an marktbedeutenden gemeinwirtschaftlichen Unternehmen – Wohnen, Sparen und Investieren, Versichern, Verbrauchen, Reisen, Bücher – in einer Holding zusammengefasst, und über kurz oder lang landete das schwierige Aufsichtsgeschäft über so viele heterogene Sektoren bei dem Schatzkanzler der Gewerkschaften. Er war nicht der Manager, der Weichen stellte und einen Kurs bestimmte, sondern er war der Mann des kollegialen Vertrauens, dem die Gewerkschaften ein gewaltiges Vermögen anvertrauten. Die Solidarität unter Gleichen war sein Feld, nicht der Kampf gegen den Eigenwillen von Subkonzernherren, die in ihrem nur legal mächtigen Schatzmeister einen überflüssigen Aufseher sahen. Er war kein Baumeister und kein Architekt von Häusern, die unter stabilen Gerüsten gebaut worden waren. Ja, er schaute nicht genau hin, als das Gerüst zu wackeln begann. In einem Schritt der Verzweiflung – den er nicht allein getan hat – „verkaufte" oder verschenkte er den Baugiganten für eine symbolische Mark an einen in jeder Weise überforderten Bäcker mit Spekulationsphantasie, in der verwegenen Hoffnung, einen Riesenberg von Schulden loszuwerden und seine Gewerkschaften nicht in einen Abgrund zu reißen.

Als das große Gebäude der gewerkschaftlichen Gemeinwirtschaft, das für die Arbeitnehmer mit großem Nutzen für sie geschaffen worden war, unter gewaltigem Getöse einstürzte, schaute alle Welt anklagend auf ihn. Er war nicht nur durch den grotesken Deal mit dem Bäcker angreifbar geworden, sondern auch dadurch, dass er von einem ausländischen Ableger des Handelskonzerns, dessen Aufseher er war, Vergütungen erhalten hatte, die in der Wirtschaft nicht als außergewöhnlich gelten konnten, deren Quellen jedoch im Dunkeln lagen und gerichtlich zu erhellen waren. Pitt hatte in diesem Unternehmen den Zugang zu vielen Dokumenten, die der Arbeit eines Aufsichtsrats zugrunde liegen. Wie hat es ihn erschüttert, dass sein fröhlicher „Genfer Kollege" ihn eines Tages verzweifelt anrief und ihn, den Unbefugten, bat, ihm die Protokolle des Aufsichtsrats, dessen Vorsitzender er gewesen war, zur Verfügung zu stellen. Sie könnten ihn entlasten. Er besaß sie offenbar nicht – hatte er sie auf einem Jagdausflug in irgendwelchen Forsthäusern liegen gelassen? War er von seinen früheren Kollegen, die ja die Unterlagen besitzen mussten, so isoliert, dass er von ihnen keine Hilfe erwarten konnte? Bis an sein Lebensende wird Pitt der Gedanke peinigen, nicht Schillers Satz aus dem 5. Akt der „Räuber" geachtet zu haben: „Dem Manne kann geholfen werden."[150]

46 Pechstein-Preis für den Mauermann

Den Männern und Frauen, die ein Haus bauen können, hat Pitt immer einen geradezu mystischen Respekt entgegengebracht. „Fest, wie der Erde Grund, /Gegen des Unglücks Macht / Steht mir des Hauses Pracht." Aber natürlich ist der Abschluss einer Elementarschadensversicherung empfehlenswert. Der Architekt, der als Sachwalter eines objektiven Geistes der König der Künstler ist, inspiriert die Meister der Gewerke zu ihrem Tun, und wenn ein Richtkranz über dem First weht, hört Pitt im Segensspruch des Poliers Verse, die in ihrer Schlichtheit sein Herz aufs tiefste bewegen. Leider verschwindet auch dieser schöne Brauch immer mehr unter Terminroutine im Regiment der seriellen Vorfertigung aller Bauteile.

Als Pitts Großeltern in Hannover-Linden ihre Diamantene Hochzeit – das sind 60 Jahre – feierten, kam der Pastor zu Besuch, der ihnen erzählte, er sei in einem früheren Berufsleben Maurer gewesen. Die diamantene Braut, die Luise Klostermeier, geb. Hartmann, sagte mit einer geradezu vorwurfsvollen Stimme: „Ja, aber warum sind Sie den Pastor geworden. Mauermann ist doch auch ein schöner Beruf." Recht hatte sie.

Aber auch die Bauherren mit ihrem Mut, mit einem bedeutenden Investment in die Zukunft zu schauen, sind zu bewundern. Pitts Frau Waltraut, eine Tochter der Asen, hatte ihren in Mietwohnungen stets zufriedenen Mann überzeugt, ihr Hamburger Elternhaus, ein altes Häuschen, in ein modernes Altersdomizil zu verwandeln, und beherzt die Rolle der Bauherrin und gleich der praktischen Bauleiterin dazu übernommen. Zu ihrem Unglück, doch zum Glück des Landes war in Deutschland gerade die trennende Mauer gefallen, was zur Folge hatte, dass die westdeutschen Handwerker in Scharen in das neue Eldorado des Bauens strömten, um der ehemaligen DDR das zu bescheren, was ihre Hymne versprochen hatte: „auferstanden aus Ruinen". Die Folge: höhere Kosten, Personalnot, geplatzte Termine, Lücken in der Lieferkette. Aber das Haus, das Waltraut gebaut hatte, war schön und licht wie das sechzigjährige Leben mit ihr.

In der Frankfurter Wohnung des Pittpaars hing seit der Wende ein geheimnisvoll zartes Aquarell eines DDR-Künstlers, das es vor dem Wendejahr in einer Kunstausstellung in der Alten Oper erworben hatte, um den oft verkannten Malern der DDR – hier ein Mitglied der „verschollenen Generation" der letzten Bauhaus-Studenten – Respekt zu bezeugen. Albert Hennig hatte es mit seiner zur Abstraktion neigenden Originalität nicht leicht im Land des sozialistischen Kunstideals. In den frühen 1950er Jahren war er Kulturfunktionär gewesen, aus irgendwelchen obskuren Gründen in die Fänge der Justiz geraten und musste zwanzig Jahre im gelernten Beruf des Betonbauers sein Geld verdienen, ehe er als freier Maler arbeiten konnte. Pitt ist im Besitz eines Fotos aus dem Jahr 1963, das den Betonbaubrigadier Hennig im August-Bebel-Werk Zwickau (ja, er war bis 1933 auch SPD-Mann gewesen) zeigt, eine Figur wie aus Pechsteins Hohelied; rätselhaft, wie die wuchtigen Hände mit dem Pinsel die Farben hauchen konnten.

Pitts Neugier auf Pechsteins Leba-Aquarell hat sich auf Hennigs Bild übertragen. Er erfuhr, dass beide Künstler Wurzeln und Heimat in Zwickau hatten – dort ist Hennig 1998 hochbetagt gestorben.[151] Auch er war – mit seinen fotografisch innovativen Arbeiten – 1933 ein Opfer der systemischen Ignoranz geworden. Pitt freut sich immer zu erfahren, dass der künstlerische Glanz eines Werkes auch Glanz auf den Abend eines Künstlerlebens wirft. 1991 hatte die Stadt Zwickau ihrem Ehrenbürger Albert Hennig den Max-Pechstein-Preis verliehen, und fünf Jahre später folgte das Bundesverdienstkreuz 1. Klasse (das Pechstein in der Version „groß" besaß).

Der „Max-Pechstein-Preis", für junge Künstler gestiftet, ging als Ehrenpreis, mit 10.000 Mark dotiert, an Albert Hennig, gefolgt von renommierten Preisträgern wie Alfons Hrdlicka, Lothar-Günther Buchheim, Klaus Staeck oder Doris Ziegler, einer Tübke-Schülerin, die ihre Figuren gern in Gebäudelandschaften stellt.

Pitt freut sich immer, wenn sein Blick den Gedankenlinien zwischen den Aquarellen zweier Künstler folgt, die in seinen Räumen nicht benachbart, aber in der Nachbarschaft von Heimat und Lebensschicksal doch verbunden und – wie er gelernt hat – auch in manchem künstlerischen Motiv verbunden sind. Beide hat er erst spät kennengelernt und beide sind über reizvolle Zufälle in sein Leben getreten.

Als er sich über den Pechstein-Preis informierte, erfuhr er, dass Pechstein kurz vor seinem Tod im Jahre 1955 noch zur Teilnahme an der Documenta 1 in Kassel nominiert war. Seitdem denkt er darüber nach, welches Motiv Pechstein für seinen Auftritt, der gewiss prägend gewesen wäre, gewählt hätte. Er hat eine Vermutung, aber darüber sprechen mag er nicht.

47 Mann in Eisen

Die Akteure in dem Stück, das uns Pechstein als Glaspanorama aufführt, heißen „Arbeiter“, mit Ausnahme des Bauern. Dass Arbeiter auch Frauen sein können, war dem Künstler nicht erwähnenswert. Wegführend vom Gedanken des Bildes wäre es auch gewesen, in seinen „Erinnerungen“ die vielen Substitute für das Wort „Arbeiter“ zu verwenden, in denen sich Klassendünkel, Rechtsvorschriften, soziale Gesetze oder moralische Vorstellungen austoben. Der Held der Arbeit, der in einem Hohelied zu feiern ist, ist ein Arbeiter. Punkt. So hat das auch Ernst Jünger in seinem Essay „Der Arbeiter – Idee und Gestalt“ gesehen. Ideen haben kein Personal, sie haben einen Träger, wie immer seine „Gestalt“ aussieht.

In Pechsteins Bild drängt alles zur Mitte, zum Geschehen unter der Glocke. Prototyp des Arbeiters war dem Maler offenbar der Industriearbeiter, genauer eben „der Mann in Eisen“. Oder gar: der Mann von Eisen. Das Bild in seinem pyramidalen Aufbau strebt über alle fünf Felder hinweg zum Fluchtpunkt der Glocke. Aber die Figuren links und rechts von der Mitte sind den Arbeitern im Mittelfeld zugewandt, ihrem Feuer, in dem ihre metallischen Stoffe formbar werden. Die beiden Männer, die im mittleren Bild, oben, die Glocke bewegen, wirken hingebungsvoll: es ist die Glocke, die nicht nur der Arbeit, sondern auch dem Hohelied seinen Takt gibt.

Dargestellt ist nicht die Glockenwerkstatt, nicht die Grube, nicht die Form. Auch das flüssige Eisen ist nicht die „Glockenspeise“, die ja eine Legierung aus Kupfer, Zinn, Blei und anderen Metallen ist. „Kocht des Kupfers Brei, / Schnell das Zinn herbei“. Die Masse muss fließen, und ihre Geschmeidigkeit entsteht dort, wo sich „das Strenge mit dem Zarten, /Wo Starkes sich und Mildes paaren“. Es gibt auch gusseiserne Glocken, zum Beispiel vor dem Rathaus von Bochum, dem Herzen des Stahlgebiets, die größte ihrer seltenen Art, gefertigt 1867 vom Bochumer Verein für die Weltausstellung in Paris; für die Segnung dieser atypischen Glocke musste der Papst bemüht werden.

Die Arbeit im Glutschein des Ofens ist in der „Werkstatt in Eisen", einer Gießerei, der Tiefe zugeordnet – wie auf dem Schiff, dem der Maler als Feuersklave dienen musste. Die Hitze schlägt uns ins Gesicht, wenn wir die Männer in ihren Schutzanzügen, mit ihren von der Hitze distanzierenden Tragstielen, Krammstöcken, Handpfannen, wie immer sie fachmännisch benannt sein mögen, als Schwerter im Kampf gegen Drachen, an den Öfen werken sehen.

Das Gussstück, ein Zahnrad, stolz umrahmt von stählernen Männern, steht für die „Verzahnung" aller produktiven Tätigkeiten, steht für die Notwendigkeit, die aus Energien gewonnene Kraft in Bewegung umzusetzen. Das Zahnrad ist das entscheidende Instrument, Dampfkraft als Antrieb nutzen zu können, Räder ins Rollen zu bringen und Hub- und Stoßkraft zu entwickeln, es wirkt im Gröbsten wie im Feinsten, in der Dampflokomotive wie in einer Taschenuhr. Es war ein Schreck für Pitt, als er heute in seiner Zeitung las, dass ein Unternehmen mit dem Zahnrad im Firmennamen, nämlich die ZF-Gruppe mit weltweit 170 Tausend Mitarbeitern, im Prozess der Transformation zur Elektromobilität vor großen Ertrags- und Beschäftigungsproblemen stehe.[152]

„Jedes dieser Fenster war figurenreich". Im zentralen Fenster unter der Glocke ist das Figurenensemble besonders groß. Arbeitend nur zwei, vier sind in lebhafter Mimik auf das fertige Werk konzentriert und zwei bewegen den Glockenbalken, als wollten sie sicherstellen, dass in ihrem Geläute wirklich „gute Reden" die Arbeit begleiten und fördern. Das Quartett halbnackter Männer vermittelt nicht das Gefühl großer Hitze, sondern deutet auf die Kraft, die in das Werk zu investieren ist. Die Gesichter haben einen strengen, „steil" wirkenden Schnitt und erinnern an das Bildnis des „jungen Mannes", der Pitt in der Hamburger Kunsthalle als der Schwager Pechsteins vorgestellt wurde. Es ist eine kommunikative Szene in einem Moment der Ruhe, die Entspannung kontrastiert lebhaft mit den grimmig-angestrengten Gesichtern der Bergarbeiter im Nachbarfeld.

Als der junge Pitt das Glasgemälde zum ersten Mal sah, war er direkt in dieses Fenster hineingelaufen, vielleicht auch angezogen von der Unwirklichkeit der Glocke, die über ihm schwebte. Welchen Eindruck sollten nach des Künstlers Konzeption die Besucher des Arbeitsamtes von den farbigen Fenstern empfangen? Sollte vielleicht der Gegenstand des Amtes, die konkreten und doch so abstrakten Tagesordnungen der Konferenzen, in physischer Leuchtkraft den Beamten, die zu ihrer täglichen Schreibtischarbeit streben, und den Delegierten entgegentreten, von denen ja viele – wohl die meisten – mit körperlich mühevoller Arbeit keine Erfahrung hatten.

Als der Tourist während seiner Genfer Stippvisite das Bild wiedersehen und es seiner Begleiterin vorstellen wollte und es nicht wiederfand, arbeite er an einem Roman, der das Scheitern seiner genossenschaftlichen Unternehmensgruppe darstellen und in seiner Schwerbegreiflichkeit erklären wollte. Der für den Untergang des Konzerns verantwortliche CEO hatte vor Antritt des zweiten Bildungsweges in einer Textilfabrik eine Lehre als Seidenstückfärber absolviert, in Wuppertal-Barmen („da wohnen die Armen“, soll Willhelm II zu seiner Frau in der Kutsche gesagt haben). Seide, Farbe – es hört sich leicht und luftig an, aber die Arbeit an den Bottichen ist eine Tortur. Der geniale Filmemacher Heinrich Breloer hatte 1991 in seinem TV-Dokudrama „Kollege Otto“ die Plagen des Lehrlings in Hitze und Dämpfen und Giften nachgestellt, ein Job zum Erbarmen (doch der Azubi sah das gelassener). Pitt konnte die Erfahrungen dieses Lehrlings nicht darstellen, weil er seine Geschichte eines komplexen, mit Schuldvorwürfen und Strafen beladenen Scheiterns eines Unternehmens aus rechtlichen Gründen nur als Schlüsselroman schreiben konnte. Und so wählte er den Beruf des Formers in einem Bochumer Betrieb, um zu zeigen, dass der hochgestiegene promovierte Kollege Otto wirklich einmal ein Kollege gewesen ist. Das war der Beruf gewesen, den sein Bruder Lambert gelernt hatte, nachdem er aus einer Lehre als Technischer Zeichner, die den künstlerisch begabten jungen Mann anödete, geflohen war. Er hatte das Industriehandwerk gelernt, das Schiller kenntnisreich beschrieben hatte: „Festgemauert in der Erden steht die Form, aus Lehm gebrannt“, einen Beruf, der ihm in einer zauberischen Aura erschienen war.

In Genf kam Pitt sich zu klein, zu wenig kompetent und anmaßend vor, in diesem hochreflektierten, leicht hypertroph wirkenden Überbau der Arbeitswelt als Berater wirken zu sollen. Das Arbeitsbild Pechsteins war für ihn ein Faszinosum gewesen, weil er in ihm einem kraftvoll glühenden Bild der Arbeit begegnet war, das ihm in den Büchern, Vorlesungen und Seminaren, in denen er seine dünnluftige Qualifikation erworben hatte, nicht geglüht hatte.

Als kurz vor seinem 15. Geburtstag in Hannover das Niedersachsen-Stadion mit seinen fast 90.000 Plätzen eröffnet wurde, waren die Schülerinnen und Schüler als Kulisse gerufen worden. Der Lehrer der Handelsschule übte das Lied des Dichters Hermann Claudius („Wann wir schreiten …“) ein, das auf den Rängen von der Jugend gesungen werden sollte. Es ist ein schönes Lied, das Pitt auch heute noch gern mitsingt, doch damals kam er sich lächerlich vor, davon schmettern zu sollen, dass „einer Woche Hammerschlag, einer Woche Häuserquadern“ in seinen „Adern zittern“ und ihn nicht „hadern“ lassen sollten.

48 Jubiläum einer berühmten Glocke

Das „Lied von der Glocke“ wurde 1799 in Schillers „Musenalmanach auf das Jahr 1798“ veröffentlicht. Das „Hohelied bürgerlicher Gesittung“[153] feiert in diesem Jahr 2024 seinen 225. Geburtstag – man darf seine Jahre in dieser Weise zählen, denn es ist unsterblich. Der trotz seines Ruhms in ziemlich prekären wirtschaftlichen Verhältnissen lebende Dichter hatte durchaus im Sinn, einen „Schlager“ zu schreiben. Er wollte ein Poem mit dem Potential zur Popularität schreiben, und das ist ihm in überwältigender Weise gelungen. Er hat lange an seinem Lied gearbeitet. Er hat den Arbeitsprozess des Glockengusses studiert, ist zu Glockengießern in die Werkstatt gegangen. Dabei kam es ihm nicht auf handwerkliche Kompetenzbeweise an, er wollte in seiner glänzenden Fiktion nichts sagen, was der Realität widerspricht.

In der Verzahnung von Arbeit und Leben, in dieser sinnreichen Helix der sich um die Achse unserer Existenz drehenden Erscheinungen praktischer Tätigkeit und Sinnreflexion liegt die Genialität des ersten Lieds der Arbeit. Dass manche unserer Literaten das Lied als Idyll und ein aus der damaligen und erst recht aus der heutigen Zeit gefallenes Elaborat eines „sentimentalischen“ Denkers und zum Pathos neigenden Klassikers verspotten, mag ihnen verziehen sein. Die Erlebniswelten von Arbeit und Leben klaffen in der modernen Gesellschaft ohnehin weit auseinander, und große Teile der Bevölkerung, deren Einkommensquelle der riesige Apparat von Verwaltung, Marketing und Vertrieb, Bildung und Wissenschaft, Medien und Entertainment ist, haben das Gefühl für die Bedeutung des handwerklichen und industriellen Kerns unseres Erwerbslebens, dessen Anteil am Sozialprodukt auf rätselhafte Weise immer weiter schrumpft, fast verloren.

Schillers Glocke wurde in unendlich vielen Spöttereien zum Scheppern gebracht, es sind über hundert Parodien dokumentiert, wobei es interessant ist, dass in ihnen die Produkte vieler anderer Handwerker und die Leistungen anderer Berufszweige den Glockenguss ersetzen.[154] Der Kleingeist tobte sich an dem Lied aus. Die vielfältige, auch ideologisch begründete Kritik und alle Verballhornungen sind aber ein Beweis für die Popularität des Gedichts, dessen Impact sich nicht in Verkaufszahlen messen lässt. Schiller geht es mit seinem Gedicht wie dem Bundeskanzler Helmut Kohl, der über die vielen Birnen-Motive in den Karikaturen, insbesondere denen des treffsicheren Strichkünstlers Walter Hanel (1930–2024), herzlich gelacht hat: nur wer und was Gegenstand von Witzen und Persiflagen sein kann, hat Bedeutung.

Sollte Pitt das Lied, dessen Text der französische Sozialist Albert Thomas in einem Berliner Atelier rezitiert hat, nicht auch mitsingen können? Er schaffte das mit seinem greisen Kopf nur, wenn seine Frau Waltraut – die eigene lyrische Vorlieben hatte – ihm als Souffleuse vor vielen Versfolgen einen verbalen Stups gab. Ihre Lieblingsgedichte – Hermann Hesses „Stufen" und Ricarda Huchs „Zwei Gärten" – hätte Pitt in der Trauerfeier für sie in der Kapelle 13 des Ohlsdorfer Friedhofs auch nicht ohne die Hilfe der vertrauten Helferin sprechen können, und so musste er diesen Part dem Schauspieler Daniel Sonnleithner überlassen.

Den Text eines Liedes, meint Pitt, gerade eines sehr langen Liedes (und das gilt auch für Balladen), kann man, selbst in Fragmenten, nur im Gedächtnis bewahren, wenn seine Gesamtkonzeption, sein A und O, vor dem geistigen Auge steht und stehen bleibt. Und wenn es gegliedert wird in Sätzen, die wir für so bemerkenswert und auf persönliches Erleben und Erfahrbarkeit gemünzt halten, dass wir sie uns merken (können). Das Lied bewegt sich in einer Herzschlagkurve: es hat Senken im Spannungslosen und Hebungen, aus denen Funken schlagen.

Pitt will versuchen, einige besonders markante Hammerverse in die Erinnerung zu rufen. Er müsste jedoch viele Seiten mit Zitaten und Kommentaren füllen, das mögen Germanisten oder Spötter tun, und so darf er sich, Pechsteins Glocke verpflichtet, auf einige lyrische Expressionen der Arbeit konzentrieren. Aber natürlich: Am liebsten würde er – mit der Stimme Werner Köhlers – die rasanten, pfiffig gereimten

Kurzverse hinschreiben, die eine Ernte, eine Feuersbrunst, eine Revolution ins Bild setzen, oder tief Atem holen in den ruhigen Strophen, die Lebensmelodien schreiben. Oder die Verse der frühen Liebe, die nur der für kitschig halten kann, der in der Adoleszenz nicht verliebt gewesen ist.

Immer deutlicher wird ihm, dass Max Pechstein den Gestaltungsimpuls des Schillerschen Liedes bewusst aufgegriffen hat. Er lässt die harte Arbeit vom Klang seiner Glocke begleiten, durch eine „gute Rede". Er krönt die Arbeit mit einem sinnstiftenden Symbol, das ein Ergebnis der dargestellten verzahnten Arbeiten und kooperierenden Arbeiter ist – in der Landwirtschaft, in den Minen, in Grube und Gießerei, in den Bauwerken, die Glocken tragen, im Verkehr mit seinen Häfen und Schiffen, deren Symbol die Schiffsglocke ist. Die Produktion der Glocke wie jedes anspruchsvollen Produkts hat das Ziel, in seinem Resultat zu „stimmen", es ist das Unstimmige der Komposition und tonalen Mixtur, das uns an einem Produkt oder einer Leistung „verstimmt".

49 Die Hammerverse

„Den schlechten Mann muss man verachten, /Der nie bedacht, was er vollbringt“ – das Veto gegen Pfusch und Verschwendung, das Plädoyer für den pfleglichen Umgang mit der „schwachen Kraft“, mit den Knappheiten, die das Wesen allen Wirtschaftens sind. Auch eine Mahnung an die Politik, nicht aus dem angeblichen Überfluss zu entscheiden und schädliche Fern- und Fremdwirkungen wohlgemeinter Beschlüsse zu bedenken, ja zu kalkulieren.

„Prüf mir das Gemisch! / Ob das Spröde mit dem Weichen / Sich vereint zum guten Zeichen.“ Die Maxime guter Wirkung gilt nicht nur den Komponenten eines elastisch tragfähigen Stoffes. Sie gilt auch für die menschlichen Arbeitsprozesse unter kluger Führung.

„Der Wahn ist kurz, die Reu ist lang.“ – Eine Warnung vor überstürzten Entscheidungen über Ehe und Partnerschaft, Investitionen und wirtschaftliche Zusammenarbeit, über politische Verträge. Aber wer isoliert das Wahn-Gen?

„Die Räume wachsen, es dehnt sich das Haus“ – Wachstumskurs, der die Grenzen bedenkt, nicht unter den Möglichkeiten bleibt und sie nicht sprengt.

„Doch mit des Geschickes Mächten / Ist kein ewiger Bund zu flechten“ – ein zu Vorsicht und Umsicht ladender Planungsgrundsatz. Nicht nur Naturgewalten entfachen Störfeuer und -fluten, das können auch anmaßende oder unzuverlässige menschliche Gewalten sein.

„Wohltätig ist des Feuers Macht, / Wenn sie der Mensch bezähmt, bewacht“ – eine Warnung vor allen Energien mit dem Potential von Kettenreaktionen und giftigen Auswürfen und das Gebot, Kontrollfähigkeiten klug einzuschätzen.

Dass Feuer nicht durch Blitzschlag und Brandschatzung, sondern durch Bombenteppiche entsteht, lag jenseits der Vorstellungskraft, auch wenn es häufig „losgelassen, /wachsend ohne Widerstand / Durch die volkbelebten Gassen / Wälzt den ungeheuren Brand." Pitts Kollege Günter Lucks (1928–2022), ein kämpferischer Gewerkschafter, hat den Feuersturm in Hamburg-Hammerbrook, in dem sein Bruder das Leben verlor, erlebt und beschrieben.[155]

Rätselhaft der Blick auf die Ruinen, die das Feuer geschaffen hat: „Müßig sieht er seine Werke / Und bewundernd untergehen." Respekt vor der unberechenbaren Macht, die das Werk zerstört? Akzeptanz des Unabwendbaren? Auch die Zerstörung als ästhetisches Phänomen? Fassungslos stehen Anfang 2025 die Hollywood-Stars vor den rauchenden Ruinen der Traumvillen in Pacific Palisades.

„In den öden Fensterhöhlen wohnt das Grauen". Den Vers wird der Mensch nach jedem Konkurs, jedem Krieg oder gar als letzter Überlebender eines Weltbrandes sprechen. Pitt, als Trümmerkind, hat den Satz als Zehnjähriger in Erschrecken und Neugier sprechen gelernt.

„Ach! Vielleicht, indem wir hoffen/, hat uns Unheil schon getroffen." Der Alptraum aller Pläne- und Projektemacher, die von unwägbaren Einflüssen im Wettbewerb, von behördlichen Entscheidungen, von Banken betroffen sein können, oder auf Urteile von Gerichten warten.

„Ihre Sorge wacht nicht mehr". Der Vers gilt einer toten Gattin und Mutter, aber auch einem Meister, der seine Werkstatt verlässt. Die Sorge als Person vorgestellt, sie tut etwas, sie „wacht". So hat sie uns Hans Blumenberg vor Augen geführt, wenn er sie über den Fluss gehen sieht. Hat Martin Heidegger sich von Schiller inspirieren lassen? Neben der angstbesetzten oder lamentierenden Sorge, die Menschen, ja das ganze öffentliche Leben beherrschen kann, steht die aktive, achtsame Sorge, die zur Tätigkeit aufruft. Welch eine Formulierung! Pitt hat sie als einen Leitsatz auf die Traueranzeige für seine Frau Waltraut drucken lassen.

„Ledig aller Pflicht / Hört der Pursch die Vesper schlagen, /Meister muss sich immer plagen." Wann kommt die Arbeitszeitverkürzung bei vollem Lohnausgleich für den Meister?

„Heilge Ordnung, segenreiche / Himmelstochter, die das Gleiche / Frei und leicht und freudig bindet" – wie liebt Pitt dieses so verlockende und doch unerreichbare Ideal. Dieser wunderbare Dreiklang ihrer Wirkung!

„Meister rührt sich und Geselle / In der Freiheit heilgem Schutz". Es sind eben „tausend fleißge Hände", unzählige, die sich im „Bund" rühren, die im „feurigen Bewegen" sind, und die sofort erstarren und erlahmen, wenn man ihre Freiheit einschränkt oder meint, besser als sie wissen zu können, was sie wollen.

„Arbeit ist des Bürgers Zierde". Dieser Vers macht alle Arbeiter zu Bürgern, was eine politische Diskussion mit ihrer ewigen Beschwörung exklusiver „bürgerlicher Kreise" oder „bürgerlicher Parteien" bis auf den heutigen Tag missachtet.

„Wenn die Glock soll auferstehen, /Muss die Form in Stücken gehen." Die Form hat ihr Recht nur über den produktiven Augenblick, in dem ein Produkt konzipiert wird, nach ihm sind neue angemessene Formen für neue Schöpfungen und Werkstücke zu finden.

„Wenn sich die Völker selbst befreien, / Da kann die Wohlfahrt nicht gedeihn." Ein seltsamer Satz für den von den französischen Revolutionären zum Ehrenbürger erhobenen „sieur Gille, publicist allemand". Doch er hat Recht: die Weltgeschichte ist den Beweis schuldig geblieben, dass Revolutionen das Los der Menschen bessern. Die Revolutionäre sind die neuen Tyrannen. Allerdings muss der Begriff „Revolution" sorgfältig definiert werden, um heilsame Revolutionen mit tatsächlich positiven Wirkungen auf die Wohlfahrt von dem Verdikt auszunehmen. Auch die Revolution von Produktionsverhältnissen richtet Schaden an, ja, kann Millionen das Leben kosten, wenn Unerprobtes in ideologischer Willkür gewaltsam zur Richtschnur gemacht wird.

50 Der weibliche Hausangestellte

Einige der sprachlich prägnantesten und am häufigsten verspotteten Verse des Liedes widmet Schiller der „züchtigen Hausfrau“, dem Schreckgespenst der klugen Salondamen der Romantik: sie sind ja bekanntlich „fast von den Stühlen gefallen vor Lachen“,[156] und alle, welche die Frauen aus dieser voremanzipatorischen Rolle befreien wollen, stimmen ein. Kann sie nicht eine moderne Hausfrau sein, die eine nachhaltige eheliche Zugewinngemeinschaft stärkt und ein bisschen Schönheit in den banalen Alltag bringt? „…Und mehrt den Gewinn / mit ordnendem Sinn / … und füget zum Guten den Glanz und den Schimmer / … und ruhet nimmer.“ Zeitlos reale Sätze zum Niederknieen. Sogar Gottfried Benns dritte Frau, eine Zahnärztin mit eigener Praxis, „ordnet in der Vase die Astern mit ruhiger Hand.“[157]). Schade, dass unsere Intelligenz, Hans Magnus Enzensberger an ihrer wortführenden Spitze, auf solche von Schiller geehrten fabelhaften Frauen, selbst in seriellen Ehen, offenbar verzichten musste.

Pitt hat die Hausfrauen-Verse nicht vollständig zitiert, weil er sich mit Marcel Reich-Ranickis Hilfe später noch mit Enzensberger anlegen möchte. Unter Pechsteins Glocke geht es um die Arbeit, und ausgerechnet am Schutz einer Arbeit, die etwas „Hausfrauliches“ an sich hat, droht die ILO zu scheitern.

Als der Witwer Gottfried Benn seiner Tochter Nele nach dem Krieg andeutet, er wolle sich wieder verheiraten, schreibt er: „der Haushalt verkommt und das Mädchen ist faul.“[158] Dass Hausangestellte „faul“ seien, gehört zum Arsenal unausrottbarer Vorurteile, zurückzuführen auf die Arbeitgeberinnen und -geber, die ja aus Bequemlichkeit, Dünkel oder Zeitnot ihren Haushalt nicht selber besorgen, aber natürlich meinen, sie könnten es viel besser als ihre Angestellten, könnten sie die Ordnung ihres Tages in die eigene Hand nehmen. Das ist das generelle Phänomen der Arbeitsteilung: der Chef meint immer, seine Angestellten seien seine verlängerten Arme, die er natürlich viel fleißiger und klüger bewegen könne, als sie es können.

Da kein Berufsstand weniger geschützt ist als der „domestic worker“ mit über 75 Millionen Personen in der Welt, hat die ILO 2011 mit großer Einmütigkeit das Übereinkommen Nr. 189 über menschenwürdige Arbeit für sie, die man früher Domestiken nannte, beschlossen. Die deutsche Fassung des Begriffs lautet „Hausangestellter“, wobei ein lustiges Sternchen darauf hinweist, dass die männliche Form die weibliche grundsätzlich einschließe – 80 Prozent der Helfer im Haushalt sind Frauen oder „Mädchen“, wobei die Männer wohl eher dem handwerklichen Bereich zuzuordnen sind. Die Arbeiter, die Max Pechstein meint, haben wohl keine Hausangestellten, sondern lassen ihre „hauswirtschaftliche Arbeit“ von ihren Frauen oder Müttern verrichten.

Das Pittpaar war von diesem Übereinkommen, beschlossen auf der 100. Tagung – an der Bundeskanzlerin Angela Merkel teilgenommen hat – so angetan, dass es ein Buch über eine deutsche Hauswirtschafterin, die teils selbstständig, teils angestellt arbeitete, veröffentlicht hat. Seine Protagonistin war in den Formen tätig, wie sie der ILO vorschwebt, nämlich arbeits- und rentenrechtlich voll gesichert – und tatsächlich hat sie sich mit ordentlicher Rente und einem Sparpolster einen sorgenfreien Lebensabend erarbeitet.[159] Mit dem Übereinkommen, von Deutschland 2013 ratifiziert, wurden alle lebensnotwendigen fürsorglichen Tätigkeiten wie Putzen, Kochen, Einkaufen, Betreuung von Pflegebedürftigen und unendlich viel mehr – als Arbeitsfeld „unterbewertet und unsichtbar“ (ILO) – mit klaren Regeln und Ansprüchen aus dem „Schattendasein ins Rampenlicht internationaler Politik“ (so DGB-Vorsitzender Michael Sommer) geholt.

Die Beschäftigung von Haus„angestellten“ ist weltweit prekär und nicht selten ausbeuterisch. In den meisten Ländern der Welt steht ein schier unbegrenztes, oft auch grenzüberschreitendes Arbeitsangebot zur Verfügung. Leider gibt es bei den von der ILO als besonders schutzbedürftig angesehenen Personen auch eine fatale Neigung, formelle Regelungen ihrer Arbeit nicht zu nutzen, um leichter einen Job zu gewinnen oder ihn durch Vermeidung von Abgaben lukrativer zu machen.

Es ist leicht vorstellbar, wo in der Hauswirtschaft die neuralgischen Punkte für die Angestellten liegen: beim Mindestalter (wobei nationale Arbeitszeitregeln auch mit der Schulpflicht zusammenstoßen), beim Schutz vor Missbräuchen aller Art, bei der Trennung von Arbeit, Privatsphäre und Freizeit, die am häuslichen Arbeitsplatz, vor allem wenn er mit einem Wohnrecht verknüpft ist, leicht verletzt wird, bei klaren, auch sprachlich transparenten Arbeitsverträgen, die schon vor einem Grenzübertritt vorliegen sollen, bei Urlaubsregelungen, Hilfe bei Rückreisen. Und ganz wichtig: kein Wegsperren von Reise- und Personaldokumenten, das den Weg in die Knechtschaft bedeutet. Die Lohnfindung ist oft willkürlich.

Auch ist die Arbeit von privaten Arbeitsvermittlern, die an der Fluktuation in diesem „Markt" gut verdienen, strikt zu kontrollieren. Die Koalitionsfreiheit ist für die ILO selbstverständlich, aber Gewerkschaften wissen, wie problematisch sie in der Praxis ist, auch beim Arbeitgeberpart. Nationale Mindestlohnvorschriften sind zu beachten, und der Lohn ist bar auszuzahlen (für ausländische Arbeitnehmer*innen besonders wichtig wegen der Sorge für ihre eigene Familie). Die Teilnahme an Systemen der sozialen Sicherheit soll den nationalen Normen entsprechen.

In Sorge um die Durchsetzbarkeit dieses Übereinkommens hat der Generaldirektor Guy Rider schon nach fünf Jahren, am 16. Juni 2016, die Wirkung der Nr. 189 analysiert. Es bleibe das Problem, dass die Arbeit von Hausangestellten in der Privatheit der Haushalte stattfinde, von außen nicht einsehbar oder kontrollierbar sei, dass selten formale Arbeitsverträge geschlossen werden (vulgo: Schwarzarbeit). Auf beiden Seiten, bei Hausfrauen/herren und „Perlen" (kostbar, weil oft schwer zu finden) gibt es eine hohe Bereitschaft, die Wünsche der ILO zu ignorieren. 2010 waren nur 10 Prozent der Haushaltshilfen durch befriedigende Arbeitsgesetze und -verträge abgesichert wie andere Arbeitnehmer.

Immerhin: 22 Staaten haben seit 2011 das ILO-Übereinkommen ratifiziert und weitere 30 Länder haben politische und gesetzliche Reformen eingeleitet, und mindestens 18 Länder haben den Sozialschutz für Hausangestellte verbessert. Es liegt an jedermann, der auf die Hilfe und Sorge von Angestellten (und das geschieht in wachsendem Maße) angewiesen ist, auch seinen persönlichen Beitrag zur UN-Agenda 2030, die für alle menschenwürdige Arbeit sichern will, zu leisten. Der Brite Ryder, der seit 2022 Unter-Generalsekretär der UNO ist, hebt die deutschen Regelungen zum Mindestlohn (2014) und zu den sog. Mini-Jobs (2013) mit ihrer grundsätzlichen Anmeldung zur Rentenversicherung anerkennend hervor.

Was für Schillers „züchtige Hausfrau“ gilt, darf für Ryders „Hausangestellte“ in keinem Fall gelten: „und ruhet nimmer.“ Hat je ein Liedermacher – ohne die Hilfe von Melodie, Rhythmus und dröhnender Stimme – etwas Wahreres gesungen?

51 Ein Barbar

Weiß man in der Zivilisation, in der wir leben, was ein „Barbar“ ist? Die Griechen, von denen wir das Wort entlehnten, sahen in ihm den, der nicht zu ihnen gehörte, nicht ihre „Leitkultur“ teilen konnte oder durfte. Der deutsche Sprachgebrauch hat aus ihm ein ziemlich grausames Wesen gemacht. Marcel Reich-Ranicki hat uns nicht die Bedeutung des Wortes erklärt, aber er hat gewusst, wer in seiner Zeit ein Barbar war, nämlich der brillante Intellektuelle Hans-Magnus Enzensberger.

Dieser vielseitig produktive Schriftsteller verkörperte in der Welt nicht nur einen hohen geistigen Anspruch, sondern auch einen Frevel. Als Herausgeber einer Ausgabe der Werke Friedrich Schillers, die für den Markt stromlinienförmig gemacht werden sollte, hat er 1966 etliche der auch von Reich-Ranicki geliebten klassischen Balladen nicht aufgenommen, wahrscheinlich nicht einmal in den Stehsatz, sondern sie ein für alle Mal aus dem Kanon des Druckbaren gestrichen.

Ein besonders langes Gedicht wurde für entbehrlich gehalten, das Lied von der Glocke, ein Lebensgedicht. Diese Nichtachtung, ja, der Affront gegen das Lied und gegen die „nicht zufällig bekannten“ populären Balladen könne nur das Werk eines „Barbaren“ gewesen sein, meinte Marcel Reich-Ranicki in einem so wichtigen Buch wie seinen Memoiren, die exakt zweihundert Jahre nach der Entstehung des entsorgten Lieds erschienen.[160] Ist Max Pechsteins Glocke aus dem Hohelied nicht auch aus seiner Höhe heruntergestürzt in die „zähe Glockenspeise“ vor dem Ofen und dort für immer verdampft oder zertrümmert wie die auf das Kellergewölbe gekrachten Glocken der Marienkirche in Lübeck?

Es ging nicht um ein verlegerisches Kalkül, so legitim das immer ist; man kann alkoholfreien Wein kaufen, wenn man’s weiß. Hans Magnus Enzensberger hat seinen Bann im Falle des Glockenlieds gegen die öffentliche Kritik ausführlich begründet.[161] Akademisch sauber trennt er das Lied in zwei Stränge, den handwerklichen mit der präzisen soliden

Beschreibung des Glockengusses und den „reflektierenden“ mit seinem moralischen Oberton, die nicht zueinander passten: „gute Reden braucht ein gutes Werk nicht.“ Er bedauert („schade“), dass Schiller sich nicht mit dem Handwerklichen begnügt habe. Hätte Max Pechstein, der ja auch großen Respekt vor dem Handwerk hatte, diese Kritik gefallen? Hätte auch er von einem „Versagen des Autors“ angesichts des „aufgehäuften Plunders“ und der „plakatierten Trivialität“ so mancher der gern und am meisten zitierten Verse gesprochen?

Der Nicht-Herausgeber des Liedes wirft seinen Versen vor, sie hätten die „Philister“ eingeladen, sich ihrer zur Begründung ihrer spießigen Moral und reaktionären Attituden zu bedienen. Und es hagelt Beispiele. Der „Knabe“, der sich „stolz“ vom Mädchen losreißt und ein paar Verse später den Spuren der Jungfrau „errötend“ folgt, habe Anlass, vor Scham zu erröten – und das „Gebild aus Himmelshöhn“, mein Gott, Schiller hat mit seinem Freund Körner sicher vor der Raffaelschen Ikone in Dresden gestanden (und wenn HME auch einmal dort war, hat sich ihm die Faszination durch die junge Frau in der „Jugend Prangen“ vielleicht nicht mitgeteilt). Schrill in den Ohren des Progressiven, der gern nach Kuba reiste, die Karikatur der Revolution, in denen sich Frauen in „Hyänen“ verwandeln, wenn sie mit des „Panthers Zähnen“ des „Feindes Herz“ zerreißen (ja, das Partizip „noch zuckend“ ist schief). Vielleicht hatte Schiller die noch aktuellen Pariser Ereignisse im Kopf, zum Beispiel den schrecklichen Metzelmord der Charlotte Corday an dem Revolutionär Marat: ja, das Küchenmesser hat sie tief ins Herz des Mannes in der Badewanne gestoßen, im Wahn, den Mordterror der Jakobiner mit seinen Tausend Opfern stoppen zu können. Durfte der Dichter auf diese grausliche Sache nicht ein gräuliches Bild draufsetzen? Sind Revolution und Mordlust nicht fast Synonyme? Und wenn es darum geht, dass einer zu ihrer Niederwerfung den „Bluthund“ machen muss.

Und alle diese „abstrakten Figuren“ – der Vater, die Gattin, der Knabe etc. mit ihren knalligen Zuschreibungen. Das soll eine lebendige, lyrisch attraktive Dichtung sein? Wie „abstrakt“ dürfen denn Figuren sein, wenn ein Künstler – sei er ein Dichter, sei er ein Glasmaler – partout den Ehrgeiz hat, das ganze Leben in seiner Fülle, die ganze Arbeit in ihrer Vielfalt in kurze prägnante Form zu zwingen. Es ist „der Mensch", den das Lied der Glocke ein Leben lang in Höhen und Tiefen begleitet, es ist „der Arbeiter", dem die Glocke ein Leben lang den Rhythmus des Tuns vorgibt – bei Enzensberger nur ein „synthetischer Jedermann", ein „Schemen", der getrost negiert werden kann. Er selbst hat in seinem Gedicht „Wortbildungslehre" mit Adjektiven gespielt, die er gleichsam herausgebrochen hat aus Doppelwörtern (so tot wie die „toten Lieder").

Der „Barbar" bemüht ausgerechnet Marcel Reich-Ranicki als Kronzeugen seiner eliminatorischen Tat: der habe schon vor ihm gefordert, die Klassiker in zeitgemäßer Kritik neu zu bewerten, wegzukommen vom Ewiggültigen und es dadurch vor dem Zugriff des moralisierenden Spießertums zu retten. Das sagte jedoch der machtlose Kritiker, nicht der mächtige Lektor, als den Enzensberger sich mit seinem entlarvenden Gutachten inszeniert.

Immerhin das Zugeständnis im Titel seiner Rechtfertigung: Tatsächlich „festgemauert"[162] ist die Glocke, obwohl sie so entbehrlich ist wie die Betonbunker des Bombenkriegs im kalten Krieg mit seinem Gleichgewicht des Schreckens, der zu einem Frieden geführt hat, den Schiller in der Apotheose seines Liedes nur herbeisehnen konnte. Enzensberger, ein „Mann mit außerordentlichem poetischen Talent" (MRR), hat seine Gedichte – die eigenen! – immer wieder hinein- und herausediert, Pitt mag sie. Aber er ist von ihnen noch nie in Versuchung geführt worden, sich eines von ihnen einzuprägen oder gar, wie ein unwilliger Schüler, zu „pauken", um es parat zu haben für Situationen, in denen Gedichte erprobte Lebensbegleiter sein könnten. Oder um sich an klarsichtigen Formulierungen zu ergötzen. Oder um es, wie Werner Köhler, begeistert von seiner durchaus nicht trivialen Sang- und Sagbarkeit, sich selbst oder anderen vorzutragen. Dass wir uns schwertun, moderne Gedichte by heart zu sprechen, hat nichts mit ihrem Rang zu tun, lediglich mit ihrer aus den Tiefen der Subjektivität steigenden willkürlich-originellen Wortwahl und Zeilenumbrüchen ohne innere Notwendigkeit. Darf man sich nicht mitnehmen lassen von dem rasanten Parforceritt der „Glocke“ in ihrem Percussion-Sound? Die Kluft zwischen intelligenter Wortstellerei und Lieddichtung ist unüberbrückbar.

Und dieser französische Sozialist an der Spitze einer nicht eben „spießigen“, ja ausgesprochen progressiven Weltorganisation? Hätte Albert Thomas in der Werkstatt eines Künstlers im Anblick einer Glocke über den abstrakten Figuren und Gesichtern von Arbeitern ein deutsches Lied zitiert, wenn es nur „lustlose Reime“, wie HME sie gesehen hat, aneinandergereiht hätte?

Warum nannte Schiller sein Gedicht ein „Lied“? Wenn nicht gesungen, sollte es in seiner einprägsamen Sprache gesprochen werden können – von jedermann. Nicht von denen, die in ihren Seminaren aufgepasst haben und die Stimmigkeit der Bilder, die Prosodie, das Versmaß und die Qualität der Reime beurteilen können und ins Stocken geraten, wenn sie eine Abweichung von ästhetischen Normen erleiden. Wenn es um Literatur, zumal um Lyrik geht, müssen wir uns nicht von den Kennern auf der Höhe ihrer Sprachmacht und ihres formalen Könnens legitimieren lassen, uns von einem Werk heimsuchen[163] zu lassen.

52 Blaumänner unter der Glocke

Ist es nicht allzu hart, dieses Wort „Barbar“, mit dem Marcel Reich-Ranicki einen Frevel anprangert?

Mit dem Wort vom „Barbaren“ verbindet sich ein aggressiv-kritischer Widerstand gegen Allgemeingültiges, das radikal in Frage gestellt wird. Der Barbar leidet nicht unter seiner Fremdheit in der Provinz des Gebräuchlichen, sondern er genießt sie. Ein Vorläufer der „cancel culture“[164] ist als untreuer Schiller-Agent ausgestiegen aus dem literarischen Brauchtum einer nationalen Kultur, die nicht von Schiller und Goethe erfunden wurde, die sie jedoch zu zwillinghaften „Säulenheiligen“ gemacht hat. Hans Magnus Enzensberger schätzt seinen Schiller, der in seiner Zeit so kluge Gedichte geschrieben hat wie er in seiner, aber er nervt, er stört ihn, er steht dem lyrischen Ich der Gegenwart im Wege. So ist sein Widerstand gegen ihn zu vergleichen mit dem der Medea, von Euripides „Barbarenweib“ genannt, die als Fremde aus Kolchos nach Korinth kam und in maßloser Ent-Täuschung gegenüber den nicht akzeptierbaren Normen dort die Kinder des untreuen Jason – ihre eignen Kinder! – tötete. Enzensberger hat aber Kinder eines anderen getötet, nicht die eigenen. Schiller und seine späteren Follower haben ihn mit ihrer ewigen Glocke und ihrem anheimelnden Klang in allen Lebenslagen persönlich beleidigt. Er will die Leser vor Versen schützen, die nicht auf dem von ihm gepflegten kritischen und ästhetischen Niveau eine fragwürdige Popularität feiern. Dem „Konkret“-Redakteur ist Schiller Boulevard.

Wahrscheinlich wird Hans Magnus Enzensberger dem Schicksal entgehen, künftigen Philistern geflügelte Worte zu liefern. Darin hat Schiller Goethe übertrumpft. Wir sind aber auch von Goethe-Worten umstellt. Da Pitt sich mit dem Glasmaler Pechstein und nicht mit Schiller beschäftigt, will er an ein kleines Gedicht Goethes erinnern, überschrieben: “Gedichte sind gemalte Fensterscheiben!“. Der Philister (er reimt sich auf „düster“), der von außen in eine Kapelle schaut, sieht nichts, doch ginge er hinein mit offenen Augen, erlebte er ein Farb- und Leuchtwunder. „Parabolisch“ nennt Goethe sein kleines Gedicht: nicht von außen, von innen müssen die Dinge gesehen werden, um ihre Leuchtkraft zu erleben, erlebt in „der Gunst des Augenblicks“ wie es in dem gleichnamigen Gedicht Schillers heißt.

Wie kann ein Dichter anders malen als ein Glasmaler? Er malt auch mit Farben. Oft setzt er seine Farben in den Adjektiven. Da die Farbskala Begrenzungen kennt, ist auch die Originalität von Adjektiven selbst beim lyrischen Ich in einer Subjektivität auf der Höhe der Zeit ziemlich begrenzt – wenn es auch bei Enzensberger in seinem Gedicht „Die Visite“ einen Engel gibt, der „fünfzehntausend Schattierungen der Farbe Blau kennt“. Gottfried Benn – Enzensberger, Rühmkorf & Co „kamen ohne Gottfried Benn nicht aus“[165] – hat empfohlen, auf Adjektive ganz zu verzichten. Die Dinge brauchen keine Bei- und Umstandswörter. Er setzt auf die Dinge, die seinen Beschwörungen dienen, gleich die kräftigen Farben: Rot zum Beispiel, oder das Benn-Blau. Er legt die Farben in die Dinge wie im Gedicht Palau. Pitt meint, dass das Lied von der Glocke mit seinen von Enzensberger als Klischees beäugten Adjektiven ein farbenreiches Werk ist, gerade in den Elementen, die Enzensberger für „entbehrlich“ hält. Und erst der Galopp der Verben! – bei der Ernte, im Wirtschaftswunder, in der Feuersbrunst. Pitt kann das Gefühl nicht verdrängen, der raffinierte Geist sei zum Philister geworden, der nur billigt, was ihm einleuchtet, schlimmer: einer von denen, die „nicht jönne könne“.

Goethe hat ein kurzes, Schiller hat ein langes Glasmaler-Gedicht geschrieben. Eine der vielen von Pitt schmerzlich bewunderten Wortschöpfungen Schillers ist der „Lichtgedanke“. Wird Max Pechstein – mit seinem idealistischen Schwung – nicht seinen Schiller gekannt haben? In Pitts Schiller-Ausgabe des Hanser-Verlags (mit „Glocke“) steht direkt vor dem Lied von der Glocke das Gedicht „Die Gunst des Augenblicks“. Einige seiner Lichtgedanken seien hier zitiert.

Langsam in dem Lauf der Horen
Füget sich der Stein zum Stein,
schnell, wie es der Geist geboren,
will das Werk empfunden sein.

Wie im hellen Sonnenblicke
Sich ein Farbenteppich webt,
Wie auf ihrer bunten Brücke
Iris durch den Himmel schwebt,

So ist jede schöne Gabe
Flüchtig wie des Blitzes Schein,
Schnell in ihrem düstern Grabe
Schließt die Nacht sie wieder ein.

Ob Pechstein in seinem Farbenteppich auf Glas die fünfzehntausend Blautöne des zur „Visite“ kommenden Engels erreicht? Trotz der halbnackten Figuren sehen wir den handwerklichen Blaumann dominieren. Changierend das Blau der Helme, der Hosen, des Kopftuchs, der Stiefel, der Blusen, der Kelle, der Stangen. Wie vielfältig erscheint ein Blau auf dem die Mitte des mittleren Bildes beherrschenden Zahnrad. Am blauen Balken die schwingende Glocke, und in ihr Nachtblau und Himmelblau schleicht sich ein Hauch von Grünspan. Mit welchen Worten, mit welchen Adjektiven und Adverbien würde der Glasmaler gestuftes Blau beschreiben – oder tut er das in Zahlen nach einem Muster, das auch den künstlerischen Laien oder ungeübten Kopisten nach Zahlen malen lässt? Malen als Hobbykunst für Jedermann – wie es Andy Warhol schon in den 1960ern getan hat.

53 Wer malt mal einen Handelsdiener

Weil alle Welt sich darum sorgt, die Diskriminierung von Einzelnen und Minderheiten zu vermeiden, will Pitt fragen: Hat Max Pechstein ihn, gar als den Angehörigen einer Mehrheit, diskriminiert? Er war in seinem beruflichen Leben ein Angestellter. In Max Pechsteins „Hohelied der Arbeit" – im Gemälde wie in seinen erinnernden Worten dazu – tritt der Angestellte nicht in Erscheinung. Das kann einen künstlerischen und einen sozialphilosophischen Grund haben.

Wenn wir Paul Brandts „Schaffende Arbeit und bildende Kunst" in den Kapiteln über die Malerei des Industrieäons betrachten, finden wir die Arbeit und die Arbeiter dargestellt in kraftvoller Körperlichkeit. „Da, da spanne sich des Fleißes Nerve ...." – die Anspannung der Arbeit wird als körperliches Phänomen gesehen. Die anatomische Struktur des Arbeitens wird gleichsam im Spiel von Muskeln und Sehnen sichtbar.

Wie dagegen will ein Maler einen Angestellten darstellen? Als Brandt seine Inspektion der arbeitenden Figuren in der Malerei abschloss, war der Angestellte als Typus der modernen Wirtschaft längst etabliert und seine Zahl näherte sich der der Arbeiter. Auch der Angestellte „arbeitet", natürlich, aber als „Handarbeiter" (Eduard David) wurde er nicht gesehen. Als Pitt einmal den Manager Goethe als leitenden Angestellten eines kleinen Herzogtums vorstellte,[166] hatte seine Grafikdesignerin Gisela Büchelmaier den „Lichtgedanken", auf dem Titel des Buches den von Chr. D. Rauch geschaffenen Goethe-Kopf in den Bildschirm eines Computers zu montieren – was 1984 recht innovativ war, heute wahrscheinlich trivial wäre.

Pechstein stellt Arbeiter dar, aber sein konzeptionelles Ziel gilt der „Arbeit", dem Abstraktum unseres Erwerbs. Unter diesem Begriff sind Arbeiter und Angestellte gleichberechtigt (heutzutage sind Unterschiede fast abgeschliffen). Warum denken wir dennoch, wenn wir Arbeit sagen, an den Arbeiter? Als im Haushaltsjahr 2024 eine schwierige Regierungskoalition über die Rentenplanung diskutierte und die Liberalen, das Gelblicht in der „Ampel", die Rücknahme einer früheren Rentenzusage forderten, empörte sich ver.di-Chef Frank Wernecke: das kleine Privileg für 45 Jahre „harter" Arbeit werde den Menschen ausgerechnet von denen nicht gegönnt, die nie in ihrem Leben gearbeitet hätten. Aber die Parteiführer und die Parlamentarier arbeiten hart! Wenn sie ihre Wochenstunden über ein aktives Politikerleben addieren, kommen sie auf ein viel längeres Arbeiterleben als jeder Arbeiter. „Arbeit" eben nur nach der Grundbedingung eines zu lobenden Werks: „Von der Stirne heiß rinnen muss der Schweiß"?

Wenn Sozialpolitiker und -wissenschaftler den Angestellten begrifflich festmachen wollen, ist der Ausschluss körperlicher Arbeit ein regelrechtes Definitionskriterium. Angeblich arbeitet er vorwiegend „geistig", was immer das heißt. Meyers Konversationslexikon von 1890 kannte das Wort „Angestellter" noch nicht. Aber auch der „Arbeiter" tauchte als Begriff nur im Zusammenhang mit „Arbeit" und „Arbeiterfrage" auf. In der ständischen Gesellschaft des 18. Jahrhunderts war der „Angestellte" ein Fremdkörper, doch immerhin schon zahlreich genug, um sich ein „Institut zum Besten notleidender Handlungs-Diener" zu schaffen.[167] Der Angestellte war der „Handlungsgehilfe". Er wurde als jemand wahrgenommen, der dem Händler oder dem Handelnden als Unternehmer half, seine Geschäfte zu besorgen. Klassisch rein trat dieser Typ in dem Roman von Robert Walser in Erscheinung: „Der Handlungsgehülfe". Er ist bei ihm der Mitarbeiter eines Erfinders und nicht sonderlich erfolgreichen Unternehmers, aber er ist ein Faktotum, denn er dient auch der Hauswirtschaft seines Chefs. Auch die größte frühere gewerkschaftliche Organisation der Angestellten bediente sich des Begriffs des Handlungsgehilfen (das Attribut „deutschnational" bedeutete leider auch Antisemitismus und Chauvinismus).

Aus diesem Status des Unternehmer-Gehilfen zog der Angestellte einen Großteil seines gesellschaftlichen, ihn über die Arbeiter erhebenden Sozialprestiges – mit anderen Lohnformen, längeren Kündigungsfristen, besseren Konditionen in der Sozialversicherung. Wie wenig das an der prekären Situation von Angestellten änderte, zeigte prägnant einer der genialen Romane des 20. Jahrhunderts, Hans Falladas „Kleiner Mann – was nun?“, dem alptraumhaften Bericht über den Abstieg des Buchhalters und Verkäufers Pinneberg in der Großen Depression von 1932, dem Todesjahr Albert Thomas’, in dem der unterwegs war, für seinen europäischen Plan zur Bekämpfung der Arbeitslosigkeit zu werben.

Die bewegten Bilder des Films sind vielleicht besser geeignet, die „Gestalt“ des Angestellten ins Blickfeld zu stellen, als die Malerei – entweder als unterdrückten und dennoch selbstbewussten Commis oder als den leidenden Helden einer total entfremdeten Welt. Orson Welles stellte ihn in seinem Kafka-Film „Der Prozess“ von 1962 dar, den er selbst für seinen besten gehalten hat. Ein Setting ist ein leerer Saal mit unzähligen aneinandergereihten Mini-Schreibtischen, über deren normierte Utensilien schließlich ein geisterhaft einsamer Angestellter springt („rennet, rettet, flüchtet“?). Auch das Titelbild von Gisela Büchelmaier kommt zum Zug: in Büros, in Bahnen, in den Kneipen, auf den Straßen die Angestellten, die an ihren immer größer werdenden Smartphones kleben, nicht mehr in Anzug, white collar, Schlips und Hut, sondern im Freizeitlook und Sneakers, doch von der gleichen angestrengten Unauffälligkeit. 2024, im Kafka-Jahr, ist Kafka ein Tiktok-Star mit mehr als einer Milliarde Klicks und Tausenden von Videos.[168] Warum? Man sieht in ihm wohl den „kleinen“ Angestellten (der er nicht war), in Labyrinthen verirrt und Apparaturen ausgeliefert, von denen keiner abhängig sein möchte. Dass Franz Kafka der Ahnherr einer „Literatur der schwarzen Moderne“[169] geworden ist, dankt er den Intellektuellen, die in der Angestelltenexistenz in ihren patriarchalisch-technologischen Zwängen ein schreckliches Gefängnis der menschlichen Seele sehen – was sie nicht selten auch ist.

Ja, sollte etwa der Angestellte keine eigene Stelle haben im Hohelied der Arbeit? Sollte er ausgeschlossen sein von der Arbeitswelt, wie sie Pechstein sieht: hart und heroisch, mühsam und doch von einem freudigen Elan beschwingt? Wir sehen es Pechsteins Glasmalerei für Genf durchaus an, wie sehr der Künstler darum gerungen hat, das Abstraktum „Arbeit“ in konkreten „Arbeiter“-Figuren darzustellen. Wo sollte der Angestellte in der Bildfolge seinen Platz haben? In einem sechsten Feld? Hätte er im fünften, dem „Transportarbeiter“ gewidmeten Feld den Angestellten als Mittelsmann zwischen der Produktion und dem Konsum in symbolischer Signatur erscheinen lassen können, vielleicht von Telefonen und Schreibmaschinen umstellt?

„Arbeiter“ in der Produktion, dem so genannten sekundären Sektor der Volkswirtschaft, ist nur noch jeder Vierte. Den primären Bereich der Bauern und Fischer, dem nur noch jeder Hundertste angehört, hätte Pechstein heute trotz seiner elementaren Bedeutung vernachlässigen müssen. Hingegen hätte er das fünfte Feld als den „tertiären Sektor“ der Dienstleistungen gewaltig ausweiten müssen, denn Dreiviertel aller Beschäftigten finden dort Lohn und Brot. Wir leben in einer Arbeitswelt, in der ein gewaltiger Block von administrativen, vertrieblichen, medialen, akademischen und persönlichen Diensten auf den von Pechstein in ihren ursprünglichen Funktionen gezeigten „Körpern“ und Schultern ruht. Es gibt heute mehr Kindergärtnerinnen und -gärtner als Automobilarbeiter, damit sich die arbeitende Bevölkerung die tollen Autos überhaupt leisten kann. Natürlich wird auch in diesem tertiären Bereich hart gearbeitet und ganz gewiss besteht seine Wertschöpfung nicht (nur) aus „falschen Kosten“ (faux frais), wie noch Karl Marx, der von der Marktwirtschaft zum Unglück der Menschheit nichts verstand, gemeint hat.

Sehr fern von Pechsteins Arbeitergruppe sind die prekär beschäftigten, schlecht bezahlten, an überlangen und unregelmäßigen Arbeitszeiten leidenden Hilfsdienstleister der Konsumgesellschaft, deren wichtige Funktion in einem krassen Missverhältnis zur Achtung und zur angemessenen Gegenleistung steht, die ihnen zu schulden ist. Ein Autor mit dem Namen eines ausgestorbenen industriellen Berufs hat darüber ein erschütterndes Buch geschrieben, dem er den Titel „Arbeit“ gegeben hat. Eine neben ihrer Ausbildung in 12-Stunden-Schichten auf einem Berliner Rettungswagen jobbende Frau denkt: „Die Leute, die diese Stadt regieren, sind jetzt alle schön zuhause, nur wir sind übrig, wir und die Kranken, die Kaputten, die Hilflosen und die Simulanten, wir sind auf uns gestellt und müssen das irgendwie hinkriegen, gemeinsam."[170] Die Klasse der Auf-sich-Gestellten.

Ja, es ist merkwürdig: wenn der alte Pitt drei oder auch mal vier Stunden in seinem Garten gewerkelt hat (wie heute gerade im Mai, in dem die von seiner Frau georderten Blumen gepflanzt werden müssen), durchdringt ihn das Gefühl, dass er „wirklich" gearbeitet habe, während die geistige Arbeit, die in diesen letzten drei Seiten steckt, die Beschäftigung eines Müßiggängers sei.

54 Trefflichkeit

In Goethes unverwüstlichem Theaterroman „Wilhelm Meisters Lehrjahre“[171] gibt uns der Schauspieler Serlo den Rat, jeden Tag ein kleines Lied zu hören, ein gutes Gedicht zu lesen, ein „treffliches Gemälde“ zu sehen und einige vernünftige Worte zu sprechen – „wenn es möglich zu machen wäre“.

Ein kleines Lied spendet der Rundfunk schon beim Wecken, und eine Strophe aus dem Lied von der Glocke hat Pitt wieder gelesen, weil das „Hamburger Abendblatt“[172] ihm zum Frühstück Ernst Ludwig Kirchners wundersame „Weiße Kuh“ mit einer farbigen, irgendwie deplatziert wirkenden bunten Glocke ins Haus gebracht hatte. Handelte es sich um ein „treffliches Bild“, obwohl in ihm die Proportionen so wenig zu stimmen scheinen wie in Pechsteins Glasgemälde? Goethe hätte seine Zweifel daran, denn sein Kunstgeschmack hatte eine bodenständig-handwerkliche Note und forderte Naturwahrheit in „reinlichen“ Linien. Und die „vernünftigen Worte“? – kein Problem: denn das Pittpaar sprach an diesem Morgen auch über „seinen“ Tag, an dem es sich vor 63 Jahren verlobt hatte (was nicht zu beweisen war, denn die Verlobungsringe mit dem Datum im Reif waren bei beiden nicht mehr von den Fingern abzuziehen; das war bei einem erst möglich am 3. November 2024, an dem „der Tod euch scheidet“).

Goethe hätte für die Farbenkunst der Expressionisten Verständnis gehabt, denn für ihn sind die nach Kunstregeln konzipierten „trefflichen“ Bilder auch „Transparente“. Es muss sich nicht um Glasgemälde handeln, und die Farben müssen nicht leuchten, weil eine „Lampe dahinter anzuzünden“ sei (wie es Pechsteins Bild jetzt in Genf geschieht). Es ist der „Saft der Farben“ und die „durchscheinende Klarheit“, die das Farbwunder bewirken, denn nach seiner Farbenlehre gibt es „ohne Durchscheinen keine Farbe“. Als Beispiel für den „herrlichsten Transparent“ nennt er Corregios „St. Georg“ in der Dresdener Galerie.[173] Und was die

„Zeichnung" betrifft: Eine ideale regelhafte Kunst ist für ihn die Darstellung, die ein reales Fundament hat, ohne realistisch zu sein.[174] Hat Pechstein nicht alle Kriterien für ein „treffliches" Gemälde erfüllt?

Gut, in Goethes Kunstanschauung gibt es durchaus noch andere Kriterien für Trefflichkeit. Ablehnend zum Beispiel seine Haltung gegenüber den mystisch-allegorischen Motiven Caspar David Friedrichs (der in diesem merkwürdigen Jahr 2024 wieder Furore macht), dessen Zeichnungen er in Weimarer Ausstellungen gesehen hat. Hätte Pechstein mit seinen mythisch-allegorischen Ideen im Hohelied nicht auch Kritik auf sich gezogen? Doch wenn es um das „Hohelied" – allemal ein Werk der Dichtung! – geht: Hat Pechstein nicht auch als „reinfühlender, klardenkender Künstler" gar eine „vollkommene Symbolik" mittels der „Gesundheit seines äußeren und inneren Sinns" erreicht?[175] Und noch ein Prädikat für Pechstein: die „selbstständige", also auch wohl die „treffliche" Kunst müsse der Forderung gerecht werden, „dass sie dienen soll."[176] Hat Max Pechstein sich nicht für die ILO in einen umfassenden Dienst gestellt?

Wenn es jemals diese reine Zweiteilung in Kopf und Hand gegeben haben sollte: die Moderne hat Arbeiter und Angestellte kentaurisch zusammenwachsen lassen, nicht nur in den sozialen Bedingungen (zum Beispiel 1990 in der vom Verfassungsgericht begründeten Abschaffung diskriminierender unterschiedlicher Kündigungsfristen). Es ist die Technik in der digitalen Atmosphäre, die sie mehr und mehr umhüllt wie ein peripheres Nervensystem, die im industriellen wie im tertiären Feld für viele, ja die meisten Beschäftigten eine direkte Kopf-Hand-Kopplung höchst differenzierter und komplizierter Arbeitsimpulse geschaffen hat.

Vielleicht ist der Prototyp dieses mit gleich starken Wurzeln in der Handarbeit und der Kopfarbeit verankerten Arbeitertyps der Künstler, zum Beispiel einer wie Max Pechstein. Sein Symbolbild für Genf zeigt – begünstigt durch die Zwecksetzung des Auftrages – eine Symbiose der intellektuell-konzeptionellen und der konstruktiv-handwerklichen, der ideellen und realen, der formalen und materiellen Intentionen.

Stirbt der Arbeiter in der von Pechstein in seinen Farben und Formen petrifizierten Gestalt vielleicht ganz aus? Haben wir es bei seinem Kunstwerk mit altsteinzeitlichen Höhlenmalereien wie in Altamira zu tun? Buchstabieren wir die ausgestorbenen Berufe der Arbeit wie Hans Magnus Enzensberger in seinem Gedicht über die „verschwundene Arbeit“[177], der nostalgischen Beschwörung „ausgestorbener Fertigkeiten“ – des Waidmüllers, des Pfragners, des Köhlers, der Kremplerin, des Schirrmachers, mit ihren Werkzeugen, dem Blatthaken, der Zugöse, dem Kammdeckel. An eine der verblassten Figuren kann sich auch Pitt, wie der Dichter, erinnern, an den Eismann, der an seinem eisernen Haken den „schimmernden Quader aus Licht“ (wie treffend!) auf das lederne Schulterblatt geworden hat. Fünf reimlose Strophen – aufs Vergängliche gibt es keine Reime.

Der in seinen hochgeistigen Kulturanspruch vernarrte Großkaufmann Fr. W. Oelze, der unentbehrliche Briefpartner Gottfried Benns, hat überhaupt das Organ für die Arbeit verloren. Er besichtigt mit seiner Frau 1954 in Genf das Palais des Nations, dieses „gespenstische Monument der menschlichen Anmaßung und des politischen Schwindels“,[178] und sieht in dem eleganten Bau „das Mausoleum Europas“. Will er in seiner Attitüde des absolut Unpolitischen vielleicht auch die ILO da hineinstecken? Am Beginn des deutschen Wirtschaftswunders habe er die Bundesrepublik „innerlich“ schon verlassen. Liefen denn seine Geschäfte so schlecht?

Da ist dieser Künstler van Gogh: der hat den Expressionismus erfunden, aber er weiß es nicht.[179] „Da ich ein Arbeiter bin, gehöre ich in den Arbeiterstand.“ Er will „Arbeitertypen aus dem Volk für das Volk“ schaffen und seine Bilder in einer „Volksausgabe“ gesammelt unter eben dieses Volk bringen. Seine Favoriten sind die Bergleute und die Weber, ja, und der Sämann, den uns Paul Brandt als Schaffenden, gemeinsam mit dem von Millet, präsentiert hat. „Ein großer alter Kerl“ (in Vincents Worten), aber auch ein zweiter „mit hellbrauner Jacke und Hose, die sich hell vom dunklen Acker abhebt“. Da es mehr Plackerei im Leben gebe als Ausruhen, fallen ihm auch die Darstellungen bewegter Figuren schwerer als die statischen.

Wie es auch mit dem Arbeiter bestellt sei, wieviel Hand und wieviel Kopf in ihm stecke, Vincent sagt: „The thing is as true to-day as it was yesterday, and will be as true to-morrow.“[180]

55 Geist und Geld

Vincent van Gogh, der sich Zeit seines Lebens gesorgt hat, mit seiner Kunst wenigstens die akkurat vorgerechneten Gestehungskosten zu verdienen, hat auch geschrieben: „Das Leben ist nur eine Art Düngezeit, und die Ernte findet nicht hier statt.“[181] Motiv: Sämann.

Pitt ist Volkswirt und Ex-Händler und kennt sich mit den Gesetzen des Marktes, den Unberechenbarkeiten des Angebots und der Unzuverlässigkeit der Nachfrage, recht gut aus, doch der Kunstmarkt ist für ihn absolut verwirrend. Der Kunstmarkt hat keine Gesetze, wie sie ja auch die Kunst nicht hat (trotz der vielen Gesetzgeber in Philosophie und Kunstgeschichte). Märkte sind immer irrational, doch der Kunstmarkt ist absolut irrational. Was nicht heißt, dass Kaufentscheidungen von Sammlern nicht auch ökonomisch-rationalen Kriterien folgen können. Die Ergiebigkeit des Kunstmarkts kann limitiert sein durch einen Mangel an 5-Sterne-Hotels, wie die Chefin der Art Basel[182] gesagt hat, die durch die Anmietung von Hotelschiffen – wahrscheinlich der Luxusklasse – den Galeristen, der Sammlerschaft und den Kunstschaffenden (von denen manche die Dienste von Airbnb in Anspruch nehmen werden) den Markt vergrößern und stabilisieren will.

Natürlich hat man in den Zeitungen von den „Malerfürsten“ gelesen, die ihre reiche Ernte selbst erleben, sei es in ihren persönlichen Einkommensverhältnissen oder im Spiegel phantastischer Auktionsergebnisse eines einträglichen globalen Umschlagplatzes, von denen sie persönlich nicht allzu viel haben, höchstens die Erben.

Es gibt unglaublich viel Geld in der Welt, und Geld (vor allem bei den „high-net-worth individuals“) erfüllt sich gern den Traum von Geist, Schönheit und Besitz. Und schielt auch in der Kunst nicht selten nach mehr Geld, wenn Bilder wie an der Börse gehandelt werden. 5 Billionen Dollar[183] liegen ungenutzt und karg verzinst allein auf den Konten amerikanischer und europäischer Unternehmen und sehr viel mehr auf

Giro- und Festgeldkonten der Privaten und lauern auf Anlagen, und oft ist es auch der Kunstmarkt, der Begehrlichkeiten weckt. „Die Milliardäre dieser Welt kaufen Kunst im großen Stil", stellte Ijoma Mangold lapidar fest anlässlich des Kaufs des deutschen Verlagsflaggschiffs Suhrkamp durch den Unternehmer Dirk Möhrle, dessen Familie einstmals die renommierte Baumarkt-Kette Max Bahr an die Praktiker-Gruppe verkaufte, die sie dann mit ihr in den Abgrund gerissen hatte.[184] Der Umsatz des globalen Kunsthandels lag 2023 bei 65 Milliarden Dollar.

In einer deutschen Top-30 Liste von Auktionsergebnissen – es gibt viele solcher Listen – nimmt Max Pechstein einen mittleren Platz ein: in einem Jahr wurden von ihm 118 Lose aufgerufen, die einen Umsatz von 9,1 Millionen Dollar brachten – der Spitzenname schaffte zehnmal so viel. Der maximale Preis, den ein Pechstein bisher erzielte, lag dabei bei 2,1 Millionen Dollar. In die Liste der weltweit am höchsten bewerteten Bilder hat Pechstein es nicht geschafft. Vincent van Gogh ist mit vielen Werken vertreten: eines seiner Zypressen-Bilder von 1888 brachte es 2022 auf 117 Millionen Dollar. Zufällige Beispiele für himmelstürmende Preise. In der Vorschau auf die Jubiläumsauktionen von Ketterer im Jahr 2024 ist Pechstein mit fünf Werken vertreten, für ein „Rotes Zelt mit weiblichem Akt" werden 300-400 T€ erwartet, 482 wurden erzielt; sein Brücke-Kollege Kirchner mit 25 Werken, darunter sein seit Brücke-Tagen in einer Privatsammlung verborgenes Öl-Bild „Tanz im Varieté", das 2 bis 3 Millionen € bringen sollte und 6,9 Millionen unter den Hammer brachte.

Der Preistreiber in der bildenden Kunst ist die universale Erkennbarkeit und Wiedererkennbarkeit des Künstlers. Denn Wertschätzung eines Bildes – die in Liebe, ja amour fou ausarten kann – gilt der Individualität des Künstlers in der Totalität des eigenen Ausdrucks. Der letzte Akzent wird gesetzt durch den Rang eines Bildes als Wegmarke der Kunstgeschichte. Auch durch attraktive Motive? Der Sammler hat nicht nur eine persönliche Beziehung zum Bild, wenn es nicht fürs Portefeuille erworben wird, sondern partizipiert auch an der gesellschaftlichen Geltung, die ein bildender Künstler gewonnen hat, gefördert durch ein weltweites Zusammenspiel von Galeristen, Kunsthändlern, Auktionshäusern, Kunstkritikern und -historikern, Kuratoren und Medien. Das Bild, oftmals eingebettet in anrührende Narrative, wandert auf einer Berühmtheitsskala nach oben und erreicht Spitzen absoluter Singularität.

Ein Muster für die Pflege künstlerischer Wertschätzung ist die ganzseitige Todesanzeige für Kasper König in der Frankfurter Allgemeinen Zeitung vom 24. August 2024. Der im Alter von 80 Jahren Verstorbene war für den Kunstmarkt eine Gate-Keeper-Persönlichkeit als Professor an der Kunsthochschule Düsseldorf, Rektor der Städelschule in Frankfurt, Direktor des Museums Ludwig in Köln, war Leiter des Kunstprojekts Expo 2000 in Hannover und Initiator des Skulptur-Projekts Münster, vor allem aber der Kurator vieler wegweisender Ausstellungen nach seinem Motto „Stellt Fragen an die Kunst!“ Die Anzeige – grafisch in Elementen des Herbstlaubs gestaltet – ist von rund 450 bildenden Künstlern, Kuratoren, Galeristen und Sammlern unterschrieben; auch ein Zaungast der modernen Kunstszene wird erkennen, dass ein begnadeter Marktmacher vielen namhaften Künstlern den Weg bereitet hat.

Die 95 Prozent der Künstler im unteren Skalenbereich müssen sich mit bescheidenen Erlösen begnügen. Die Statistiken der Künstlersozialkassen, die über die Einkommensklage von Künstlern gelegentlich berichten, zeigen, wie hart das Brot ist, nach dem Kunst geht. Als Objekt der Tagesordnung einer ILO-Konferenz sind Künstler schwer vorstellbar. Jedes künstlerische Werk ist singulär, doch es gibt einen Wettbewerb der Singularitäten. Nur ein Leonardo da Vinci, dessen Werk einem Sammler (oder einem Investor?) einmal 450 Millionen Dollar wert war, ist nicht substituierbar. Ein legendärer Nabob-Sammler, der seinen Schatz im zehnmal gesicherten Tresor aufbewahrt, vor dem ihn selbst jedes Billett Millionen kostet, schützt vielleicht die Exklusivität eines Liebesverhältnisses.

Es ist anzunehmen, dass Max Pechsteins so genanntes Hohelied der Arbeit auch dann keinen hohen Markt- oder Auktionserlös erzielen würde, wenn es mobil wäre. Es ist unerkennbar, unsichtbar – wer außer den Besuchern des ILO-Gebäudes und seiner Bibliothek hat es gesehen?

Wie kümmerlich ist seine Präsenz in den Medien. Manchmal denkt Pitt, die Verwandlung eines Werks der Glasmalerei in ein nicht vom Sonnenlicht bestrahltes Werk bedeutet auch die Umwandlung eines Gemäldes in eine Skulptur im öffentlichen Raum.

Manchmal plagt Pitt der Alp, die UNO und ihre Unterorganisation ILO könnten aufgelöst werden, weil die Spannungen in der Welt – zwischen autoritären und demokratischen Lagern, zwischen dem antikolonialistischen globalen Süden und dem vom ihm profitierenden Norden, zwischen den sich verfestigenden Weltblöcken des Ostens, des amerikanischen Kontinents und Europas – die vermittelnden Weltorganisationen als überflüssig erscheinen lassen. Der „ewige Frieden" Kants braucht normativ einigermaßen homogene Ordnungen. Was würde geschehen, wenn das ILO-Gebäude einmal leer stehen würde oder Verwaltungssitz eines Weltkonzerns würde? Würde die Bundesrepublik ihr Geschenk von 1926 zurücknehmen? Würde sie es kaufen? Würde sie ihm einen angemessenen Platz im öffentlichen Leben garantieren? Oder würde es in einer Auktion landen, in der sich die Oligarchen der Welt ein Stelldichein geben und sich ein kurioses Schnäppchen mit historischer Patina leisten wollen?

In dem aufschlussreichen Roman „Blue Ruin" – den man nur wegen seiner Meisterschaft nicht für eine Persiflage auf den Kunstbetrieb halten muss – hat der britische Autor Hari Kunzru die auf den sozialen Interaktionen beruhende Ruhm- und Preismechanik des Kunstmarkts dargestellt. Alles ist Kunst, hinter dem ein Kunstwille steht, doch zum Marktphänomen wird Kunst, wenn es von den Influencern des Geldes, des suggestiven Meinens und der ingeniösen Mittler in Galerien, Messen und Museen als bemerkenswert in einen sozialen Fokus gerückt wird. Das „Blue Ruin" ist ein hochpreisiges Gemälde, das von dem Assistenten eines angesagten Künstlers als Ghostpainter gemalt wurde und vom signierenden Meister nur dadurch geadelt wurde, dass er „die Klopapierrollen reingebracht"[185] hat. Der Assistent wird selbst ein Hochpreisiger, weil er das Glück hat, von einem vermögenden Kunstmäzen gesammelt zu werden und von einem geschickt agierenden, nicht nur gut, sondern kartellmäßig vernetzten

Galeristen in den Premiummarkt gepuscht zu werden („Ich brauch nur ein Litho zu signieren, schon krieg ich zwanzig Riesen"). Sein Galerist bringt auch das Kunststück fertig, das unvollendete Werk eines Konzeptkünstlers zu hohem Marktwert zu führen. Dessen Konzept (The Driftwork) hatte den kritischen Inhalt, sich selbst als Künstler abzuschaffen. Es gelingt ihm zwanzig Jahre lang, sich strategisch trickreich unsichtbar zu machen, auch um den Preis der völligen persönlichen Verwahrlosung und Prekarisierung, durch die er schließlich sogar versäumt, das Konzeptkunstwerk zu vollenden. Vollendet und zur Marktreife geführt wird es von dem Galeristen, der die Geschichte des Verschwindens dokumentiert, als überwältigend gelungen stempelt und es dem Kunstmarkt ausliefert. Nichts mehr steht dem Ruhm und dem großen Geld im Wege.

Es gibt kein Bild der bedeutenden Kunst, das wir uns heute nicht aus dem Internet vor Augen rufen könnten. Wir müssen als Kunstlaien die Originale nicht besuchen. Auch der an der Kunstgeschichte interessierte Sammler kann eine Sammlung von perfekten Drucken konzipieren. Aber ihm fehlt das, was die Kunsttouristen in die Museen treibt und vermögende oder besessene Sammler bewegt, Unsummen für das leibliche Werk auszugeben. Vor dem Original, auf dem Hand, Pinsel und Spachtel des Meisters gelegen haben, treten sie, oft in großen Trauben unterm Spiegeldach von Smartphones, ein in seine „Aura"[186] und partizipieren an einem unwiederholbaren Schöpfungsakt.

Es säen Tausende. Die Kunstszene ist auch für den Kenner unübersichtlich. Wo wachsen in den Landschaften der Kunst die Solitäre aus dem Dickicht der individuellen Entwürfe und Hoffnungen heraus. Wer erntet? Es ernten alle, die im Kunstbetrieb diesseits des Kreativen ihr Auskommen finden. Es ernten alle, die der Besitz von Kunstwerken beglückt. Es ernten alle, die in der Anschauung von Kunst bereichert (angesprochen, getröstet, inspiriert) werden. Kunst ist keine Kategorie des Erfolgs, sondern des Gelingens.

56 Im Unverhofften

Heute berichtet die Frankfurter Allgemeine über den Tod von Rolf E. Breuer, des ehemaligen Vorstandsprechers der Deutschen Bank. Auch im hohen Alter ist er regelmäßig in „seine“ Bank gegangen, um sich verschiedenen Mandaten zu widmen, auch wohl seinem Herzensmandat im Bereich der Kunst. Die größte deutsche Bank hat in 50 Jahren eine bedeutende, weltweit rund 50.000 Positionen umfassende, in 600 Gebäuden, auch in öffentlichen Ausstellungen präsentierte Sammlung von Werken auf Papier und Fotos aufgebaut, die viele Jahrzehnte lang von Friedhelm Hütte, der 2024 starb, geleitet wurde. Das Spiegelbild der globalen Kunstströmungen der klassischen Moderne, Expressionismus, Brücke/Blauer Reiter etc. atmet, und manchmal werden Glanzstücke, auch mal ein Max Pechstein, verkauft. Breuers Vorgänger im Amt, Hilmar Kopper, hat die Sammlungsziele und -motive der Bank in einem Buchtitel ausgedrückt: „Die Bank lebt nicht vom Geld allein.“ Ihre Abteilung Kunst und Gesellschaft wurde am Ende des Jahrhunderts von Brigitte Seebacher-Brandt, der Witwe Willy Brandts, geleitet; die Germanistin und Historikerin ist auch mit dem Unternehmenshistoriker Manfred Pohl Herausgeberin des Buches. „Der Umgang mit Geld setzt hohes Abstraktionsvermögen voraus und sucht den Ausgleich in Anschauung und Anhörung.“[187]

Pitt hatte Gelegenheit, etliche der vierzig Flure der Deutschen Bank in ihren Frankfurter Zwillingstürmen mit der schwergewichtigen granitenen „unendlichen Schleife“ Max Bills vor ihren Türen (heute mit einem neuen Standort) zu betreten, und er konnte auf seinen kurzen Wegen prägnante Werke bekannter Künstler erleben. Mit der Nähe von Bild und Büro wollte die Bank die Kunst an den Arbeitsplatz herantragen. Auch in der kleineren Bank für Gemeinwirtschaft, die den Gewerkschaften gehörte, hat Pitt manches Werk der zeitgenössischen Kunst kennengelernt, darunter einen Vertreter des deutschen Informel, Bernard Schultze, von dem das Pittpaar 1988 in einem Anfall von Leichtsinn auf der Frankfurter Art Fair das Ölbild „Gelb vor allem“ für ruinöse 26.000 Mark gekauft hat. Die Rentner haben das Ölgemälde nach dreißig Jahren in die Auktion gegeben, um eine schnöde Haussanierung zu bezahlen, jedoch nur 3000 € netto erlöst. Der Verlust ist dem „Sammlerehepaar“ (so heißen Käufer von Kunst, auch wenn sie nicht „sammeln“) nur arithmetisch entstanden, denn das Bild in seinem von Goethe in seiner Farbenlehre als „nächste Farbe zur Sonne“ gepriesenen Gelb hat seinen Alltag lange inspirierend erhellt.

Begegnung mit der Kunst im Unverhofften, an den Rändern gleichgültig schweifender Blicke, im Dauerlauf des Alltags – das sollte die Kunst im öffentlichen Raum ermöglichen. Manchmal tut sie es auch und rechtfertigt den Aufwand von Kommunen oder privater Investoren. Auf dem Weg zur Staatsbibliothek, in der er Maria-Katharina Schulz’ Buch über die Glasmalerei zurückgeben musste, ist Pitt durch den Dammtorbahnhof gelaufen. Der Bahnhof, um die vorletzte Jahrhundertwende im lichten Stil des Art Nouveau errichtet, um Kaiser Wilhelm I. und die späteren Staatsgäste Hamburgs außerhalb des tristen Hauptbahnhofs etwas animierender empfangen zu können, war auch Pitts Ankunftsbahnhof gewesen, als er vor 65 Jahren, noch wohnungslos, von ihm aus seinen Koffer mit seiner kleinen Bibliothek direkt zur gegenüberliegenden Universität zum Immatrikulationsbüro schleppte. War es die Erinnerung an diesen ersten Tag in der ihm fremden Großstadt, dass er den Bahnhof aufmerksamer, als er es je getan hat, betrachtete? Sozusagen in der Begegnung mit einem Kunstwerk im Unverhofften – „als würde ich einen anderen Menschen zufällig auf der Straße treffen“, sagt die neue Hamburger Stadtkuratorin (die Institution gibt es seit zehn Jahren in Hamburg) Joanna Warsza.[188]

Die im Stil des Bahnhofs gestalteten und durch den Denkmalschutz geretteten Vitrinen an verschiedenen Eckpunkten der Gänge zogen seine Blicke an. Waren sie von Gardinen verhangen, um zu kaschieren, dass sich für sie im Verkehrsgetriebe kein attraktiver Inhalt mehr gefunden hatte? Doch der zweite Blick verriet, dass ein künstlerischer, nicht nur dekorativ gestaltender Wille die schmalen Schaufenster – wohl zwanzig oder dreißig – verhängt hatte. Jetzt wanderte Pitt an allen Glasscheiben entlang. Ehe er informiert war, dass er einem Kunstwerk begegnete, war er an einzelne Scheiben herangetreten, um die Struktur der grüngelben – an Bernhard Schultzes „Gelb vor allem" erinnernde – Flächen in Augenschein zu nehmen. Er war einer Glasmalerei der besonderen Art begegnet. Und dieser erhellende Gedanke war nicht durch das Buch in seiner Mappe, die plötzlich ganz schwer geworden war, begründet.

Er sah florale Elemente, diffus, aber klar als Stamm- und Blattwerk strukturiert, in den Konturen verschwommen in dünnsten Wasserpolstern, die spurenreich an den Glasscheiben von innen herabliefen, Regentropfen in runder und fließender Gestalt, schneeige Schichten, Schlieren von kondensierten Dämpfen, Schwitzwasser, Nebeltau. Als habe ein Fensterputzer die Scheiben besprüht und sei in seiner Arbeit unterbrochen worden. Aber das wässerige Element saß nicht auf den Scheiben, sondern hinter ihnen. Und sie wirkten als ein geheimnisvoller Doppelvorhang aus den Molekülen des Wassers und des Glases vor Bildern der Natur. Sollten sie sich offenbaren, indem sie sich verbargen?

Pitt glaubte seinen Augen nicht trauen zu dürfen, als er in einem der Fenster die blassen Konturen von Palmwedeln erkannte. Er hätte sie erkannt, auch wenn er nicht in diesen Tagen in Pechsteins Welt verkehrt hätte, wenn er nicht die Bilder aus Palau in seinem Kopf gehabt hätte. Und wie faszinierten ihn die Regentropfen in ihrer unverstellten und zerfließenden Form – hatte er doch über einen Regentropfen, seinen Freund Gota Marilus, das Tropfenkind des Meeres und des Lichts, ein Buch[189] geschrieben.

Eine Infoplakette – die Deutsche Bahn war als Kuratorin dabei – konnte er nach dem Abflauen seines Staunens lesen. Er war einem Kunstwerk in einer indirekten Nachfolge des Glasmalers Max Pechstein begegnet. Nico Joana Weber präsentierte in ihrer wohl aus zwanzig Scheiben bestehenden Fensterflucht „Tropenhaus I" und „Tropenhaus II" Fotografien auf hinterleuchteten Folien. Sie hatte die Natur aus den

Tropenhäusern des nahegelegenen Parks Planten un Blomen in die Atmosphäre einer Bahnhofshalle hinübergebeamt. Pitt war mit seiner Frau oft in den Schauhäusern in ihrer ikonischen Ausdruckskraft gewesen, die es seit den 1960er Jahren in der grünen Stadtoase gab– ja, der dunkel schemenhafte Mann mit Hut, der hinter einer der Folien zu ahnen war, könnte sein Schattenbild gewesen sein.

Wie hat die Medienkünstlerin es gemacht? Hat sie das Tropengrün durch die Fenster im variantenreichen Spiel ihrer natürlichen Beschichtungen fotografiert und auf ihre Folien projiziert? Oder gibt es progressivere Verfahren? Sie ist hundert Jahre nach Max Pechstein geboren, und was bei ihm die Not einer Umquartierung gebot, nämlich die Durchleuchtung seiner Fenster durch eine künstliche Sonne, ist bei ihr ein Kompositionsprinzip. Könnte man die Künstlerin, die mit den modernen, hybriden Methoden der medialen Vermittlung vertraut ist, nicht für das Projekt gewinnen, Pechsteins Hohelied auf transportablen Folien in die Schaufenster deutscher Großstädte zu hängen? Vielleicht nur am Tag der Arbeit? Oder in der Weihnachtszeit an der Front von Galeria, um den Menschen zu zeigen – will die moderne Kunst das nicht immer? –, dass die Konsumlust ohne Arbeitslust nicht zu haben ist.

57 vivos voco

Lasst uns die Glocke aus dem Hohelied der Arbeit, „deren Klang das Tagewerk bestimmt“, noch einmal heranzoomen. Sie nimmt sich ja fremdartig aus in der von Pechstein ausgemalten Arbeitslandschaft. Sie erscheint als ein Geschöpf elementarer Arbeit von Schwerarbeitern, die in der von Pitt noch erlebten Lebensmittelrationierung nach dem Krieg allesamt ihre Schwerstarbeitermarken erhalten hätten. Sie ist ein abstraktes Symbol der Zeit, vor allem der Stundenmessung. Der von Pechstein gewählte Typ des Arbeiters ist der Stundenlöhner – er muss möglichst viel Leistung in der Zeiteinheit erbringen, nach der er bezahlt wird. Er ist dem Zwang messbarer Produktivität unterworfen (was bei den Angestellten nicht der Fall ist, denn sie werden für Aufgaben, die im Laufe ihrer Anwesenheit zu erledigen sind, entlohnt).

Bei Friedrich Schiller ist es die Aufgabe der Glocke, die Menschen („vivos voco“) im Sakralen und Weltlichen zu begleiten. Für Arbeit und Alltag erfüllt sie oft die Funktion einer Uhr, zumal in den Zeiten, in denen die Arbeitenden nicht mit Armband- oder Taschenuhr unterwegs waren. Sie kann zur Arbeit rufen, sie kann die Arbeit in wohltuenden Pausen unterbrechen, sie kann sie beenden, sie kann unmittelbar zu Aktionen rufen. Arbeit, Auszeit, Alarm[190] sind im Weltlichen ihre wohltönenden oder schrillen („wimmernden“) Signale.

Max Pechstein hat diesen groben Zeittaktgeber Glocke in den 1950er Jahren noch erleben können. Er lebte ja bis zu seinem Tod 1955 nicht nur in Berlin, sondern auch in ländlichen Gebieten, wie auf Usedom oder in Strande an der Kieler Bucht oder auf Amrum, und er wird die Kirchtürme mit ihren Glocken beachtet haben, die in alten Traditionen mit ihrem Schlag den Tag der Arbeitenden gliederten.

In diesen Jahren lebte südlich von Hannover im Dorf Müllingen Pitts Freund Helmut Schütze in einem Pfarrhaus, und da seine Mutter den Küsterdienst in der Kirche versah, war er schon als Zwölfjähriger zum

„Glöckner von Müllingen" bestellt worden. Er läutete die Glocke um 7 Uhr, wenn die Feldarbeit begann – mit der Erlaubnis, verspätet in der zweiklassigen Schule zu erscheinen, die ja ebenfalls um 7 Uhr begann –, er läutete um 12 Uhr zur Mittagsruhe, wobei er dann oft den Unterricht vorzeitig verlassen musste, und er schickte das Feierabendgebot über Dorf und Felder. Manchmal erwischte ihn auf seinen Waldgängen in eifriger Käferforschung (er ist neben seinem Beruf als Lehrer ein bekannter Entomologe geworden) der 18 Uhr-Glockenschlag einer benachbarten Dorfkirche und sandte ihm den Schrecken in die Knochen, seinen eigenen Glockendienst versäumt zu haben.[191] Manchmal durfte Pitt ihm beim Läuten, einer Arbeit am Seil, assistieren.

Pitts Bruder Lambert, der das Industriehandwerk des Formers gelernt hatte und später in einem graphischen Beruf in der Schweiz tätig war, lud ihn und seine Schwägerin Waltraut nach Zürich zum Fest des Sechseläutens (Sächsilüüte) ein. In einem überwältigend bunten, faszinierenden Zug zogen die Repräsentanten der 26 Zünfte in ihren Trachten, zum Teil beritten, durch die Stadt, um in alter Tradition der „Feierabendglocke" Ehre zu erweisen, die im Turm des Großmünsters der zeitliche Hüter ihres zünftig geregelten Handwerks mit seinen strikten Arbeitszeitregeln war. Ein Höhepunkt des Frühlingsfestes ist die Verbrennung des Winters auf dem Sechsläuteplatz am Opernhaus, der in Gestalt des Böögg, eines Strohschneemanns mit pyrotechnischer Ladung, in einer Feuersäule spektakulär explodiert.

Der Bruder lud das Pittpaar auch ins prachtvolle Zunfthaus zur Meisen am Limmatufer ein, das sich die Gastwirte, Sattler, Makler und Flach- und Kunstmaler im 18. Jahrhundert erbaut hatten. Dort hatte Winston Churchill 1946 seine berühmte Rede „Steh auf Europa" (Europe Arise) gehalten. Pitt tippt diese Zeilen am 27. Mai 2024, an dem Präsident Emanuel Macron vor der Frauenkirche in Dresden die Jugend zur Stärkung Europas aufruft, in seiner und deutscher Sprache. Die ehrwürdige Handwerksordnung als Fundament des Finanzplatzes Zürich: Pitt hatte in dem Zunfthaus 1987 im Rahmen einer Road Show zur

Börseneinführung der co op-Aktie an einer Präsentation teilgenommen – einer wirtschaftlich erfolgreichen und moralisch desaströsen Aktion.[192]

Stammgäste im Café der Zunft waren die „Kunstmaler" Gottfried Keller, der Sohn eines Zürcher Drechslermeisters und Laienakteurs in Schillers Dramen, und Ferdinand Hodler, den unser Gewährsmann Paul Brandt einen „Bahnbereiter des Expressionismus" nennt – sein „Holzfäller" schlägt mit schwungvoller Axt in die Kerbe, wobei nach Pitts Empfinden der Baumstamm viel zu schmal für die gewaltige Kraftanstrengung erscheint. Den Maler kannte er seit dem Schulausflug ins hannoversche Rathaus, wo er den Hodlersaal sah, sein wie in einer Glasmalerei farbiges monumentales Wandgemälde, in dem Hannovers Bürger die Reformation (in eigenartiger „Steilheit" der hochgereckten Hände) beschwören. Es heißt „Einmütigkeit" und klingt nach dem Rütlischwur in Schillers schönem Pathos „Wir wollen sein ein einig Volk von Brüdern."

Der „Feuermann" Pechstein auf seinem New Yorker Dampfer wird die Schiffsglocke in seinem Trimmerschlafsaal wohl gar nicht gesehen haben können. Die Glocke in seinem Glasgemälde ist auch keine Schiffsglocke, denn sie schwingt an einem Balken, d. h. die Glockenwand schlägt gegen den Klöppel, während der Klöppel einer Schiffsglocke mit der Hand an die Messingwand geschlagen oder „gebeiert" wird. Die Schiffsglocke – auf großen Schiffen eine auf der Back, eine kleinere am Ruderrad – steht für die genaue, die Zeit in kleine Abschnitte, in Glasen von einer halben Stunde, einteilende Zeitmessung. Sie teilt die Wachen zu, sie dirigiert Verantwortung für Schiff und Mannschaft und auch für die Sicherheit des Schiffsverkehrs, wenn sie, wie früher häufig, als Nebelglocke eingesetzt wird.

Auf dem russischen Segelschulschiff „Sedov" aus St. Petersburg, dessen Deck das Pittpaar 2014 beim Hamburger Hafengeburtstag betrat, ist die schlangenförmige Halterung der Schiffsglocke hinter dem Ruder noch unverändert die des Segelschulschiffs „Kommodore Johnsen", doch die messingglänzende Glocke trägt den Namen „Sedov", nicht mehr den des Schiffes, das der Kapitän Otto Lehmberg 1937 in einfallsreicher Improvisation aus einem Hurrikan bei den Azoren hinausgeführt und in den Hamburger Hafen gebracht hat. Das ist seinem unglücklichen Kollegen Johannes Diebitsch mit dem Segelschulschiff „Pamir" zwanzig Jahre später nicht gelungen. Als die Ex-„Kommodore Johnsen" 1981 zum ersten Mal als „Sedov" wieder nach Hamburg kam, empfing Kapitän Preweztschikow den Kapitän Clausen, der das Schiff bis 1945 geführt hat, an Bord.

Ein Gemälde der tapferen „Kommodore Johnsen" hatte Waltraut von ihrem Kapitänvater Heinrich Thorborg, der den Tod seines Sohnes Klaus-Diedrich auf der „Pamir" nicht lange überlebt hat, geerbt. Es ist ein schönes Schiff. Das Messinggold der Glocke leuchtete, vielleicht nicht ganz so hell wie das der „Mir" („Frieden") aus Kaliningrad, der Stadt des Friedensphilosophen, das oft zum Hafengeburtstag einlief. Die Russen hatten den Frieden gestört, und die Esten und die Polen verweigerten 2019 der „Sedov" die Einfahrt in ihre Häfen, weil sie Kadetten und Offiziere aus der von den Russen okkupierten Krim an Bord vermuteten – dagegen sah man in Rostock-Warnemünde nur klimatische Eintrübungen ohne Folgen.

Im Jahr 2005 war die Imitation der versunkenen Glocke der „Pamir" an Bord der alten „Kommodore Johnsen" zurückgekehrt. Der Großsegler spielte – in die Traditionsfarben der Flying P-Liner der Laeisz-Reederei kostümiert – als Hauptdarsteller in dem TV-Katastrophenfilm „Der Untergang der Pamir".[193] Die Kontur des Schiffes schmückt den Grabstein, unter den das Pittpaar die Tafel gelegt hat, die seine und seines Sohns Georg Namen trägt – einer von ihnen mit dem Todesdatum.

58 Unruh und Hemmung

Die meisten des halben Tausends der Glocken, die von den Autoren der freien Enzyklopädie Wikipedia[194] in filigraner Arbeit beschrieben werden, haben wohlklingende, manchmal rätselhafte Namen. Pechsteins Glocke für Genf führt keinen Namen auf dem Metall, wie auch die Glocken seiner Heimatstadt Zwickau nicht, die Bronzeglocke der örtlichen Glockengießer im Dom St. Marien und die Stahlglocke des Bochumer Vereins in der Lutherkirche. Drei Buchstaben, die auf der Schiffsglocke des Schulschiffs einer unfriedlichen Nation „Frieden" bedeuten, würden auch auf die Miniatur einer gläsernen Glocke passen: ILO.

Der Klang der Glocke bestimme das Tagewerk, sagte Pechstein. „Unter ihr" und „neben ihr" gestaltete er die Figuren und das Tagewerk seiner Arbeiter. Meinte er nur, die Glocke gliedere mit ihrer Intervention die tägliche Arbeit, bestimme ihren Anfang, ihr Ende und eine Mitte, in der sich die erschöpfte Kraft für eine weitere Leistung aufbaut? Sah er die Präposition „unter" nur als eine räumliche Lagebestimmung? Sah er im „neben" nur eine örtliche Konstellation? Hätte ihn die Vorstellung bewegt, das Ergebnis eines metallurgischen Prozesses in seinem dritten, dem mittleren Fensterfeld sei wichtig, hätte er sich mit dem Zahnrad begnügen können. Oder spukte ihm, der ein Hohelied komponieren wollte, das lyrisch-epische Lied Schillers im Kopf herum? So wie es der Genfer Robert Henri Graf in seinen Versbelegen getan hat? Gewiss hatte er sich mit der sieben Jahre zurück liegenden Entstehung der ILO beschäftigt, als er sich mit der für ihn außerordentlichen Aufgabe konfrontiert sah, für eine der Arbeit gewidmete Weltorganisation ein Symbolbild zu schaffen, und war in den Gründungsurkunden der Organisation auf das Wort „Frieden" gestoßen. Und war von ihm der assoziative Sprung zu Schillers Glocke mit ihrem „erst Geläute", das den Frieden verkünden möge, nicht kurz?

Die Komposition hätte die Annahme erlaubt, Pechstein hätte die Glocke als eine Art Schlussstein seines Arbeiterszenariums betrachtet und als ein kleines Kronjuwel darüber gesetzt. Nein, er platzierte sie, als sei sie der erste Gedanke, „über“ dem erst in der Konzeption entstehenden Gemälde, und „unter“ ihr entwarf er die Figuren in ihrem Zusammenspiel. Als hätte die Glocke einundzwanzig Männer und eine Frau zu ihrer Arbeit gerufen, wie eine Schulglocke, die Schülerinnen und Schüler in ihre Klassenzimmer ruft.

Unter der Glocke arbeiten wir, unter ihrem Diktat. Neben der Glocke arbeiten wir, als unserer Kontrolleurin und Zeitnehmerin, die uns antreibt, Leistung und Tempo zu bringen, jene „Ordnung, Präzision, Geschwindigkeit“, die der Jungmanager Goethe in Weimar erstrebenswert fand.[195] Diese Glocke hat die autoritäre Aufdringlichkeit, die zu einer Pflicht ruft, wie alle Kirchenglocken einer Stadt: von der Gloriosa im Frankfurter Kaiserdom bis zur Bürgerglocke in der Paulskirche. Die Kirchenglocke kündet Gnade, aber sie ist ein gnadenloses Instrument.

Pechsteins Glocke, eine relativ kleine Glocke, die händisch bewegt wird, ist eher eine Bimmelglocke oder eine Alarmglocke wie der „Schreihals“ (braillard) in der Zürcher Kirche St. Peter. Und doch ist sie gleichzeitig so mächtig dominant wie die Pulsglocke im Lübecker Dom und einigen anderen Kirchen, die den tiefsten und daher erschütterndsten Ton angibt. Der Puls als Schlag unseres Herzens, die Minutenschläge der Stunde, die Sekundenschläge der Minute. Sie sind der natürliche Taktgeber unseres Lebens, hinter dem wir mal zurückbleiben, ihm mal vorauseilen. Die Intervalle sind nicht gleichmäßig bemessen wie von einem Metronom, sondern sie werden von den Energiestößen bestimmt, die aus unserem subjektiven inneren Kraftkern gesendet werden. „Alle Uhren gehen anders“[196] – sofern es menschliche sind.

Pitt meint, dass Pechstein in seiner Glocke die Uhr transponiert hat. Er hätte seine Glocke die Jahrtausenduhr nennen können, wie es die Hamburger mit einer Glocke ihres volkstümlichen Michel getan haben. Die Verwandlung der Uhr in die Gestalt einer Glocke ist keine schlichte Allegorie: wie hätte der Maler in die elementare Darstellung der Arbeit eine Uhr einfügen können? Die größte Michelglocke trägt eine Inschrift

„Denn tausend Jahre sind vor dir wie der Tag der gestern vergangen ist" – die Arbeit in ihrem Immerso, Einerlei und Überall.

Die Uhr zeigt uns die Zeit in ihrem mal trägen, mal rasenden Hindernislauf durch die Stromschnellen an und sie gliedert sie in Abschnitte, die wir nach Zweckmäßigkeit definieren. Aber das ist nur ihre technische Funktion. Die Messung der Zeit führt direkt in ihr Wesen: die „Unruh in uns" greift als Hemmung in ein unter der Spannung einer Feder stehendes Zahnrad und bewegt die Zeit voran, sichtbar gemacht in einem Zeiger, in winzig kleinen, übergangslos scheinenden Sprüngen wie die Explosionen in einem Verbrennermotor. Wir selbst sind es, die durch unseren bewussten Eingriff in den Strom des Seins, durch Hemmung, Stockung und Lösung, die Zeit erschaffen. Als reine Naturwesen brauchten wir keine Zeit und keine Uhr. Unter dem Bogen der Sonne könnten wir uns in der Dauer eines Tages oder eines Jahres in Raum und Zeit orientieren. Vielleicht war dies der Zauber, den Max Pechstein auf den Inseln von Palau erlebte.

Wenn er im Mittelfeld seines Gemäldes die Uhr und das Zahnrad darstellt, sagt er: wir treiben die Zeit voran. Wir lassen uns von ihr nicht treiben oder jagen, wir bestimmen ihren Lauf in unserer Aktivität und Anstrengung. Wir sind nicht, wie es sich die Maya vorstellten, der „cargador del tiempo",[197] der die Zeit wie eine Last auf den Schultern trägt. Die Glocke ist eine Pulsglocke. Sie macht den Puls, der unser Herz wie unsere Arbeit vorantreibt. Als Arbeiter mit Kopf und Hand sind wir die Macher der Zeit. Glocke und Zahnrad, im Mittelfeld seines Gemäldes untereinandergestellt, meinen das Identische: die Zeit.

Die Glocke als Inbegriff der Zeit ermöglicht menschliche Kooperation, die Pünktlichkeit und Zuverlässigkeit verlangt. Sie ruft nicht uns allein, sie ruft die Menschen zusammen zu gemeinsamer Arbeit und Andacht, profan und spirituell, in den Urphänomenen der Gemeinschaftlichkeit.

Natürlich kennen wir alle die Entfremdungsformen der Arbeit. Die ILO ist dafür geschaffen worden, ihre negativen Folgen zu dämpfen, indem sie das persönliche Investment und den Ertrag unter ein weltliches Gebot und nie erreichbares Ideal der teilenden Gerechtigkeit stellt. Die Arbeit ist das Normale unter den zwingenden Normen der Zeit. Aber als nicht-produktiver Betrachter eines Gemäldes betrachten wir nicht das Normale, sondern die Erscheinung, wie Walter Benjamin sagt, in ihrer Aura, in diesem authentischen, nicht wiederholbaren Moment, in dem ein Künstler auf den Kern der Dinge vorstößt, ob naturalistisch oder in höchster Abstraktion, in „trefflicher" Zeichnung oder charakteristischem Zeichen.

59 Die Signatur des Bildners

Lange hat Pitt auf dem Glasgemälde nach einer Signatur Pechsteins gefahndet. Vergeblich. Er kann ja nur, forschend oder meditativ, den Bildschirm seines Computers mustern, denn in einem Kunstbuch oder -katalog würde er kein Bild finden. Allerdings: auf dem Schirm scheinen Transparenz und Details des Bildes stärker ausgeprägt zu sein als auf einem Hochglanzblatt.

Der schöne Druck der Keitelkähne bei Leba, der Pitts Entree in Pechsteins Arbeit gewesen ist, zeigt eine klare Signatur von 1923. Der Name ist lesbar ausgeschrieben, und die Vornamen Hermann und Max erscheinen in einem monogrammartigen Zeichen verbunden. Gewiss hätte eine solche Signatur auf dem Glasgemälde keinen passenden Raum, und eine Rückseite steht nicht zur Verfügung. Dennoch: nicht ein kleines Zeichen der Urheberschaft? Wie kraftvoll prangt die Signatur auf den Glasgemälden Marc Chagalls in Mainz und Markus Lüpertz' in Hannover.

Hat sich Pechstein ein kleines verborgenes Logo ausgedacht, nur ihm und seinen Freunden oder Auftraggebern sichtbar? Vergleichbar etwa dem markanten, wie ein Dach wirkenden Logo Albrecht Dürers, das wir alle kennen. Oder wie es Johann Sebastian Bach gemacht hat, der in seine Motetten sein B-A-C-H als individuelle Pointe in die Töne eingebaut hat (was Pitt nur von seiner Frau wissen kann). Es gibt in der Kunstgeschichte Bildmonogramme, die Kenner entziffern können. Ein Prägestempel ist auf dem Glas nicht möglich. Künstler haben sich „sprechende Monogramme" ausgedacht, Gegenstände oder Erscheinungen, in denen man wie in einem Rebus einen Namen erkennen kann. Pitt hat es mit dem Namen Pechstein versucht. Er hat den fleckig- oder fettglänzenden Stein in der Natur nie gesehen, man findet ihn in Pechsteins Heimat Zwickau, bei Meißen oder im Schwarzwald. Hat er den Stein vielleicht im Bild der Bergleute versteckt? Oder im gesamten Gemälde in den Farben: braun, rot, grün, schwarz, wie der Pechstein erscheinen kann. Vielleicht ist das ganze Glasgemälde in seinen Farben eine wundersame Paraphrase auf den Namen Pechstein.

Bei allen Recherchen nach Informationen, die spärlich sind, muss einem der Zufall helfen; er ist immer noch zuverlässiger als die Künstliche Intelligenz. Pitts helfender Zufall bescherte ihm das Bild zweier Glocken. Sie hingen einst unterm Dachfirst einer kleinen Kirche, die 1939 in einer Genossenschaftssiedlung in Pitts Gemeinde Farmsen-Berne in Hamburg gebaut worden ist. Nun soll die Kirche, die in den 1960er Jahren durch Anbauten und einen Glockenturm erweitert worden ist und dadurch den Denkmalschutz verloren hat, zugunsten eines Wohnquartiers abgerissen werden – es hatte eine Gemeindefusion gegeben, und die Zahl der Kirchenmitglieder sinkt eh in bestürzender Geschwindigkeit. Sie heißt Friedenskirche, und so nennt Pitt ihre Glocken Friedensglocken, so wie viele Glocken in Deutschland heißen. Dass sie ausgerechnet in einem Jahr zur Disposition steht, in dem der Frieden der Welt aufs ärgste bedroht ist, gehört zum Koboldcharakter der Geschichte. Und gerade in dieser kleinen Kirche, die zur ev.-luth. Gemeinde Farmsen-Berne gehört, hat die Pastorin Corinna Claussen, die für Waltraut Peter die Trauerandacht in der Kapelle 13 gehalten hat, ihrer am ersten Advent 2024 in einer Fürbitte und Abkündigung gedacht.

Pitt, der „ungläubige Christ",[198] hat ein Faible für Kirchengebäude. Und so machte er sich auf die Suche nach dem Architekten der Berner Friedenskirche. Einer der Architekten war Bernhard Hopp (1893–1962), der mit seinem Partner Rudolf Jäger in Hamburg und Norddeutschland viele bedeutende Kirchen gebaut oder wiederaufgebaut hat, so zum Beispiel die Christuskirche in Wandsbek – sechs Glocken des Bochumer Vereins in einem hohen Turm –, auf deren historischem Kirchhof Matthias Claudius ruht.

Der Kirchenbaumeister wirkte mit Charles (auch Carl) Crodel zusammen. Der Maler, Wandmaler, Mosaikkünstler, Glasmaler aus dem Deutschen Werkbund hat viele architektur- und baugebundene Werke in ganz Deutschland und im Ausland geschaffen. Mit drei seiner Gemälde (von insgesamt 52 beschlagnahmten) war er 1936 an der letzten Ausstellung des

Deutschen Künstlerbundes im Hamburger Kunstverein[199] beteiligt. Seine Wandmalereien für bedeutende öffentliche Gebäude waren von den Nazis schon als „Kritzeleien" oder „Schmierereien" verunglimpft und zerstört worden. Mit seinem Wirken beschäftigt, fand Pitt einen Hinweis, der Pechsteins Genfer Anonymität erklären könnte. Erst ab den 1960er Jahren sei es üblich, Glasfenster als eigenständig ausgeführte Originale zu signieren. Nur bei Crodel oder allgemein? Waren sie vorher Kunstwerke minderen Ranges? Oder wurde vom Künstler erwartet, dass er sich gegenüber den Auftraggebern mit seiner Persönlichkeit – das ist ja eine „Signatur" – und auch aus seiner Rolle am Rand nicht in den Vordergrund dränge?

Allerdings ist schon in dem der Arbeit gewidmeten Glasgemälde für den Hagener Bahnhof[200] von Johan Thorn Prikker oben links ein helles Glasfeld mit der Signatur des Künstlers und des Herstellers Heinersdorff zu sehen. Der Hersteller betrieb ein zielstrebiges Marketing und legte Wert darauf, dass die Künstler ihm die Glasmalerei im engeren Sinne überließen. Als die Informatikerin Katharina Zweig[201] Pitt über die Möglichkeiten und die Grenzen der Künstlichen Intelligenz mit ihren allwissenden Chats aufklärte, lernte er: wenn die KI für ihr Lernenlernen mit Bildern gefüttert wird, die ihre Signatur – oder ihr Logo – immer links oben (wie bei Prikker) oder rechts unten haben, werden bei der Bildersuche immer solche Gemälde angezeigt – wie sollte sie der Glaskunst Pechsteins auf die Spur kommen?

Die gewollte Anonymität wäre allerdings schier unglaublich. Die Welt der Kirchen ist voller Glas- und Lichtwunder zur Bebilderung der „Bibel der Armen". Sollten ihre Schöpfer nicht die gleiche Aufmerksamkeit verdienen und finden wie die Orgeln und ihre mehr oder minder berühmten Erbauer, die den Raum mit sprechenden Klängen füllen, wie es die Fenster und ihre Gestalter mit dem farbig berührenden Licht tun? Vielleicht sind sakrale und öffentliche Räume mehr noch als die Museen die Orte, wo die meisten Menschen – zwischen Andacht und Amt – mit der Gewalt von Formen und Farben im Medium eines ausdrucksstarken Kunstwillens konfrontiert werden. Sie sind nicht Schulen der bildenden

Kunst, aber Schulen der Empfindsamkeit für Kunst. Bei einem Volk, das nicht nur in seiner Geschichte gern über ungewohnte Bilder gespottet hat, ist das nicht wenig. Könnte Pitt vielleicht einen Beitrag dazu leisten, dass künftig vom Genfer Gemälde als den „Pechstein-Fenstern" geredet wird wie von den Mainzer Chagall-Fenstern?

Angeregt durch einen kunstsinnigen Freund,[202] hat Pitt einmal etliche der „Signaturen" aus dem Verlag Hans Theo Rommerskirchen in Remagen-Rolandseck erworben – wunderschöne vignettenhafte Bildmotive von bekannten zeitgenössischen Künstlern, die ihre signierten Mini-Werke unter Acrylglas in einem Schuber präsentieren, der auch Skizzen und Notate auf Pappe enthält, versehen mit allen Erläuterungen zu Leben und Werk – in limitierten und nummerierten Ausgaben in der Anmutung von Originalwerken. Der alte Pitt bedauert, dass er sich nicht entschließen konnte, alle 40 Ausgaben zu erwerben – manchmal kennt man Neigungen nicht, die sich in erst in ferner Zukunft entfalten. Und: wer hat so große Wände, die er mit den Fingerabdrücken „malender Dichter und dichtender Maler" bedecken könnte?

Es war Charles Crodel, der in einem der siebzehn manchmal über zehn Meter hohen Glasfenster der Katharinenkirche in Frankfurt am Main, in der Goethe getauft und konfirmiert wurde, eine Uhr dargestellt hat. Es ist die Uhr, deren Zeiger stehengeblieben ist um 21.43 Uhr am 22. März 1944 – Goethes Todestag –, als die Katharinenkirche sowie Goethes Elternhaus am Großen Hirschgraben und die historische Stadt zerstört wurden.[203]

Er hat auch ein anderes Fenster gestaltet, dessen Intention sich mit Pechsteins Hohelied trifft, nämlich die biblische Urszene, in der Eva und Adam nach ihrer Vertreibung aus dem Paradies den Urteilsspruch erfahren, im Schweiße ihres Angesichts arbeiten zu müssen. Charles Crodel hat die Frankfurter Fenster gemeinsam mit seiner Frau Elisabeth gemalt. Crodel war ein wirklicher Glasmaler. Pechstein sieht den Glasmaler als seinen Partner, dem er seine Bildkartons zureicht. Er schreibt, dass er für das Genfer Glasgemälde nur ein Fenster als Muster für den Glasmaler „selbst in dem Schwarzlot wischte".

Wenn diese Recherche Pechstein als Glasmaler bezeichnete, war sie ungenau. Wo er sich selbst als Handwerker daran beteiligte, seine Kartons aufs Glas zu übertragen, war er es tatsächlich. Aber wie nennen wir einen Maler, der Bilder malt, die andere im und auf Glas in schwierigen, mehrstufigen Prozessen verewigen? Einen Farbfenster-Maler? Auch dies wäre noch ein ungenauer Begriff. Pitt, dem eine Monographie über Glasmalerei fern liegt, spricht vom Glasmaler Pechstein, wenn er von dessen singulärem Genfer Glasfenster zum Thema „Arbeit" in literarischer, nicht in kunsttheoretischer Absicht spricht.

Aber „singulär" ist ebenfalls ungenau. Auch andere Künstler haben die arbeitenden Menschen in ihren Werken auf Glas dargestellt. So hat Johan Thorn Prikker, der bedeutende Vertreter der Glasfenster-Kunst im frühen 20. Jahrhundert, wie schon erwähnt, für den Bahnhof in Hagen 1911 ein großes Fenster über der Vorhalle geschaffen. Es stellt die Verbindung zwischen Kunst und Industrie mit dem hohen, oft pathetisch klingenden Anspruch des Deutschen Werkbundes dar: „Der Künstler als Lehrer der Gewerbe." Der Künstler, in einer lehrenden Haltung mit Zirkel und Plan in der Mitte des Bildes, wird von Menschen aus dem arbeitenden Volk – Maurer, Schmied, Weberin zur Rechten, zur Linken Bauer, Grubenarbeiter, eine alte Frau mit einem Kind und eine Gerberin, die ein Schafsfell trägt – gleichsam bedrängt, ihnen Rat für gute Arbeit zu geben.

Gleichzeitig mit Pechstein hat Albert Croll für die Saarbrückener Landeszeitung die Welt der Technik in ihrer Dynamik und Mobilität in abstrakt wirkenden Lineaturen dargestellt, zwei Männer in roboterhafter Starrheit im Mittelfeld. Das Bild ist zerstört wie auch ein Glasmosaik von Franz Wilhelm Seiwert, das in den frühen 1930er Jahren für das Foyer des Kölner Kunstgewerbemuseums geschaffen, von den Nazis vereinnahmt wurde und seitdem verschollen ist. Der Entwurf zeigt, dass der Künstler den Industriearbeiter in seinen Tätigkeiten in der Fabrik zeigt und sogar versucht hat, Hierarchien anzudeuten und Kritik an den sozialen Verhältnissen zu üben.

Einige Fenster, die Adolf Hölzel für einen Sitzungssaal des Keks-Markenartiklers Bahlsen im Ersten Weltkrieg in starken, philosophisch aufgeladenen Farbkonfigurationen (Leibniz!) geschaffen hat, konnte Pitt in seiner Heimatstadt Hannover noch bewundern. Doch das reine Kunstwerk hat mit der Arbeit der „cakes"-Bäcker mit ihrem Sinn für ägyptische Ornamentik nichts zu tun. „Gelb vor allem" leuchtete – wie bei Bernard Schultze – aus einem der Fenster eine Sonnenscheibe, wie man sie über Hannovers Himmel selten erlebt. Hölzel hat in Hannover auch für einen Konferenzsaal von Pelikan, des Schöpfers des herrlichen Füllhalters, mit dem Pitt zeit seines Lebens schreibt, Buntverglasungen geschaffen, die nach Zerstörungen rekonstruiert wurden. Dort hat Pitt sie gesehen.[204]

Das Motiv „Arbeit" in Glaskunstwerken ist in seiner Darstellung geprägt von einem elementaren Gesetz der Arbeit: der Arbeitsteilung, dem Agens der Produktivität im Alltäglichen. Das gilt auch für andere Werke, die gebäudegebunden oder als Kunst am Bau abhängig von der architektonischen Umgebung sind. Meyers Konversationslexikon[205] hat in seiner grandiosen Darstellung der Geschichte der Glasmalerei von der Antike bis zur Gegenwart, mit ihren Höhepunkten in der Goldgrundkunst des Mittelalters und der lichten Gotik, auf die Eigenart dieser Kunstgattung hingewiesen: der entwerfende und der ausführende Künstler sind nicht identisch. Der künstlerische Entwurf der Glasmaler kann sich aus seiner Abhängigkeit von der Architektur und der Kunstfertigkeit der Glasmacher und Glasmaler im engeren Sinne nicht befreien. Nicht erst in der industriellen Welt fällt die Glasmalerei auseinander in die Herstellung des schon in der Produktion gefärbten Glases, des Entwurfs auf Karton oder seiner Kopie, der Bearbeitung der Glasfläche in chemischen Prozessen, des Brennens und Verbleiens der Teile, und den Intentionen des Architekten und des (oft politischen) Auftraggebers. Das Glaskunstwerk ist ein großer Kompromiss. Wir alle – und vielleicht am schmerzlichsten der Künstler – arbeiten im Kompromiss: selten können wir die authentischen

Impulse unserer Arbeit rein realisieren, meistens wird die Norm unseres Wirkens durch die Materie oder konkurrierende Ansprüche versklavt.

Maria-Katharina Schulz ist in die Archive von Puhl & Wagner/Gottfried Heinersdorff gegangen und hat zeigen können, wo für Pechsteins Genfer Fenster die Grenze der künstlerischen Freiheit (ohne politische Aspekte) lag. Die Reichsregierung als Sponsor, die ILO als Bauherr und der Architekt des Verwaltungsgebäudes, Georges Epitaux, haben von Pechstein verlangen müssen, auf seine kräftigen Farben zugunsten von Blau und Gelb in der Gesamtstimmung zu verzichten, da die von ihm zu gestaltenden fünf Flurfenster – die Pitt beim ersten Anblick so beeindruckt haben – die einzige Lichtquelle der großen Eingangshalle waren. Da das Werk auch am Abend bei künstlichem Licht seine Wirkung haben sollte, wurden „gewischte Antikgläser" – die trennenden Konturen der von innen gefärbten Glasteile werden „weicher" – in Goldglanzmalerei und transparente Gold- und Silbergläser verwendet, die das aus Lampen auf sie fallende Licht reflektieren und heller werden lassen. Der Architekt hatte Gottfried Heinersdorff gebeten, „gewisse hypermoderne Momente" zu vermeiden. Bruno Taut sprach bei seinen Großsiedlungen ja davon, den Willen einer Gesamtheit „erspüren" zu müssen.

Aus diesem gebieterischen Wunsch, der natürlich die Autonomie der Kunst, zumal der auf den reinen Ausdruck konzentrierten, einschränkt, hat die Kunsthistorikerin auf einen minderen künstlerischen Rang des Werks gegenüber Pechsteins malerischem Werk geschlossen. Es stehe im „krassen (!) Gegensatz zu den fortschrittlichen Ansätzen in seinem früheren Arbeiten". Dieses Urteil hat gewiss dazu geführt, dass sie Pechsteins Hohelied in ihrer umfangreichen, so gründlichen Studie nur zwei kurze Abschnitte widmet.

Ist das Farbfenster eines öffentlichen Raums – und sei es auch eine Kirche –, der den Bedürfnissen eines Publikums dient, nicht immer auch von seinem "Gebrauchswert" bestimmt? Und kann man einem Kunstwerk, das diesem Nutzen Rechnung trägt, daher als ein quasi-kunstgewerbliches, populäres, von „naturalistischem Pathos" (Schulz) erfülltes

Werk bezeichnen? Verlangt ein solches „populäres" Werk, das nicht den Beifall der Kenner, sondern den der Bekenner suchen muss, nicht ein Kunstdesign sui generis? Und liegt nicht darin seine schöpferische Kraft jenseits von Fortschrittslinien der Kunstentwicklung?

Die Kunsthistorikerin wird sich selbst untreu. An vielen Stellen ihres Werks, das in erster Linie der sakralen Glasfensterkunst gewidmet ist, stellt sie es als selbstverständlich dar, dass die Geistlichkeit und die Gemeinden Wert darauf legen, die religiöse Gestimmtheit – Farben und Formen als Helfer des Glaubens und der inneren Mission – zu betonen oder wenigstens nicht zu vernachlässigen. Mindert das den künstlerischen Rang irgendeines der vielen Fenster, die sie einfühlsam beschreibt und wertet? Werden wir nicht beim Betreten einer Kirche von der farblichen Wucht der Fenster förmlich überwältigt, unseres kritischen Sinns beraubt und auf Gefühlswelten eingestimmt, die unser Urteil betören? Und dienen diese Kunstwerke deshalb einer „Propaganda" mit graphischen Mitteln?

Es tut mir leid, geehrte Frau Schulz, ein bisschen erinnert mich Ihre Behandlung des Hoheliedes an die Entscheidung des deutschen Intellektuellen Hans Magnus Enzensberger, ein Lied des zu seiner Zeit populären Dichters Friedrich Schiller aus dem Kanon zu eliminieren, weil es nicht auf der Höhe seines Könnens und auch nicht auf der Höhe des Fortschritts sei. Sie sehen, Frau Schulz, im Arbeiterbild Pechsteins die „zum Mythos erhobene werktätige Arbeit", ja, doch damit sind seine Figuren nicht „an die Stelle der göttlichen Personen gerückt." Sie sehen in der läutenden Glocke über dem Bild dann das „Symbol eines neuen Glaubens" und damit geraten Sie vollends in den Bannkreis der christlich geprägten Glasmalerei, die Sie fabelhaft darstellen. Warum halten Sie sich nicht an die Interpretation des Künstlers, ein Symbol des Zeittaktes der Arbeit im Sinn gehabt zu haben. Und müssen die Schallwellen der Glocke, dargestellt in „kreisenden gelben Strahlen", unbedingt den Eindruck eines „Glorienscheins" erwecken? Max Pechstein hat seinem Hohelied in seinen „Erinnerungen" einen angemesseneren Platz gegeben als die Kunsthistorikerin in ihrer akademischen Anschauungswelt.[206]

61 Jenseits des Arbeitsgebots

Ein Autor hat Gründe, der Frage, die ihn beschäftigt, auf den Grund zu gehen. Warum verwendet er so viel Zeit, Mühe und Kosten darauf, sich selbst eine Antwort zu geben, die ihn befriedigt. Warum hat ihn ein Glasfenster in einem Verwaltungsgebäude so stark beeindruckt, dass er es in vielen Jahren nicht vergessen hat, ja, sich immer wieder einmal vorgenommen hat, sich mit ihm auseinanderzusetzen. Es war ein anonymes Bild, das ihn – ohne den einladenden Glanz eines großen Namens – zur näheren Betrachtung angestiftet hat. Sein Blick auf das Gemälde war kurz. Er hat es aus einer ziemlichen Entfernung sehen müssen. Dass es seine Aufmerksamkeit für kurze Zeit fesselte, hing zusammen mit einem thematischen Bezug: er war ja Besucher in einem Arbeitsamt und als Teilnehmer einer Arbeitskonferenz in spezifischen Gedanken gefangen.

Da er keine theoretische oder kunsthistorische Position zu dem Bild einnehmen konnte, hat er es unbefangen gesehen, ohne Wertung, ohne Einordnung, ohne Interpretation. Es ist ihm aufgefallen und hat ihn gefesselt als eine besondere Erscheinung. Als ein Phänomen von Belang. Waren es die Formen, die ihn faszinierten, die Farben, die Dominanz von Farben, ihr symphonisches Zusammenspiel?

Er schickte sich an, an Beratungen teilzunehmen, die das Feld der Arbeit als ein sehr problematisches betrachten und als ein Feld internationaler Sozialdiplomatie. Hatte der ihm fremde Künstler mit seinen Figuren vor dem Licht Muster für ein tiefes, nämlich künstlerisches Verständnis von Arbeit in ihrem Immerso und Einerlei gegeben – etwa nach der Inschrift auf einer vierhundert Jahre alten Schifffahrtsglocke: „Denn tausend Jahre sind vor dir nur der Tag, der gestern vergangen ist". Er hatte mit seinem Kollegen, den er im ILO-Gebäude besuchte, nicht ein einziges Wort über das Gemälde gesprochen, so dass niemand ihn in seinem Eindruck beeinflussen konnte. Er stand vor dem Bild wie ein Staunender ohne den „Verstand der Verständigen", in ein ursprüngliches

Verstehen versetzt durch ein „kindlich Gemüt" in seiner „Einfalt" (nach Schiller, wem sonst?)

Mit grundsätzlichen Fragen der Kunst hat er sich nur anhand ästhetischer Theorien von Kant, Schiller, Schopenhauer und Nietzsche beschäftigt. Alle diese Theorien sind keine Apps auf den konkreten Fall, schon gar nicht, wenn er sich in der massiven Gegenständlichkeit der Arbeit präsentiert. War das Gemälde dort oben auf den Fenstern überhaupt ein Kunstwerk oder nur eine figürliche, farblich attraktive Schmuckwand für ein abstraktes Arbeitshaus, ein Schlüsselbild für Verwaltungsflure, ein Mosaik von Stolpersteinen, die den Schritten für Momente des Nachdenkens Einhalt gebieten?

Es war etwas Andersartiges in der Aura dieses Gemäldes. Die Arbeiter in der Statik ihrer dynamischen Hantierungen vermittelten ihm eine bejahende Grundstimmung jenseits des Ach-und-Wehs des biblischen Arbeitsfluchs, fern von Klage und Anklage, die so oft und mit eklatanten Gründen künstlerische Darstellungen der Arbeit in der bildenden Kunst und der literarischen Welt begleiten. Das Arbeitselend, das von den Kritikern der industriellen Arbeit und von allen beschworen wird, die in der Arbeit Entfremdung, Zwang und Last beklagen und den Freiheitsverlust in ihr erleben, schienen von ihnen abgefallen zu sein.

Das Bild war seiner Umgebung und ihrem konstruktiven Geist angemessen, so wie es Goethe auf seiner italienischen Reise beim Anblick natürlicher organischer Formen erlebte und ihn ausrufen ließ: „wie wahr! Wie s e i e n d!"[207] Die Arbeit als naturnotwendiger Prozess jenseits von Anstrengung, Ambition und Ausbeutung.

Und über allem diese unwirkliche hochklingende Glocke! Pitt wusste nicht, dass sie ein Hohelied anstimmen sollte oder – wie Schiller es in seinem Gedicht von der „deutschen Muse" gesagt hat – einen „Hochgesang" aus „Herzens Tiefen quellend" intonieren sollte, in seiner „eigenen Fülle schwellend" wie jedes Glockenlied. Ein Künstler in seiner eigenen Weise lässt eine Glocke läuten und in ihr „spottet er der Regeln Zwang."

Es sind in Pechsteins Bild zwei Arbeiter, die den Balken mit der Glocke bewegen. Sie beugen sich nicht unter ihr Joch, sie dirigieren sie. Sie tun das in der Ruhe, der Gelassenheit, mit der sie alle zweiundzwanzig mit ihren Werkzeugen hantieren. Sie feiern in ihrer Arbeit ein in aller Mühsal gelingendes Leben. Könnte das alles nicht an das Lied von der Glocke in seiner Mischung aus Pathos und Idyllik erinnern?

Vor diesem Bild ist jeder Ästhetiker und jeder Kunsthistoriker macht- und einflusslos, ihre Regelermächtigung, ihre Deutungshoheit, ihr kritischer Einwand haben ihr natürliches Recht verloren. Die Kategorien stimmen nicht mehr. Ob naturalistisch, expressionistisch, abstrakt, konkret, wenn kümmert's, wenn die Glocke schlägt. Die Form ist zerschlagen, wenn das Geformte erscheint, die Schale muss zerspringen, damit sich der Kern zeigen kann.

62 Lichtcluster

Das Museum Wiesbaden hatte für 2024 die Pechstein-Ausstellung „Die Sonne in Schwarzweiß“ angekündigt – das ist ein Wink für dich, dachte Pitt, dessen Arbeit an diesem Text ins Stocken geraten war, und er machte sich auf den Weg. Weil die Sonne der inspirierende Helfer der Glasmaler ist, würde er unter diesem Sonnen-Thema neue Hinweise auf das glasmalerische Werk, in irgendeiner Form, finden. Er kaufte sich auch den voluminösen Katalog, um in den Texten nach neuen Spuren des Genfer Hohelieds fahnden zu können. Nichts. Er macht eine bedauerliche, ja skandalöse kunsthistorische Blindheit oder Missachtung verantwortlich dafür, dass dem Werk für die ILO so wenig Aufmerksamkeit geschenkt wird. Ein Bild in der Ausstellung – ein wunderschöner „Alter Fischer“, wohl aus Leba, mit ausgearbeiteten Händen und einem sonnenglühenden massigen Gesicht – wurde immerhin 1926, im Jahr der intensiven Arbeit am Hohelied, geschaffen.

An der Schwelle des bürgerlichen Ruhestands, nach einem entbehrungs- und arbeitsreichen Leben, nach Boykott, Diffamierung, barbarischer Ausgrenzung am Pranger anmaßender Geschmacksurteile, nach den Werkzerstörungen durch die Kriege, nach Triumphen und Enttäuschungen schreibt ein Künstler seine „Erinnerungen“. Welche Lichtcluster findet er? Was waren die prominenten Ereignisse und prägnanten Eindrücke, die einem Leben Glanzlichter aufsetzen?

Da sind die Bilder von Mühsal und Armut in seiner Familie, in der Welt der Berg- und Fabrikarbeiter, kindliche Erfahrungen von „aufrüttelnden“ Demonstrationen, die Bilder Thomas Müntzers und der Zwickauer Propheten in der Katharinenkirche, der Vater bei der Arbeit, überm Schurzleder mit nacktem Oberkörper, „ohne Sonnenlicht“. Sehen wir nicht die Figuren seines Hoheliedes? Wie kann er sie anders malen, wenn er ihre existentielle Kompetenz zeigen will – was sind dagegen Stilmarken und Epochenformen?

Er sieht sich als Lehrling, vier Jahre täglich von 6.30 bis 19.30 Uhr. Der junge Künstler, aus dem Handwerk kommend, erhungert sich seine ersten Bilder im „Zwang Geld zu verdienen“, kann sich die 2 Pfennige für das Blaue Wunder in Dresden nicht leisten und teilt ein Brötchen für die Mahlzeiten des Tages in drei Teile. Er erlebt den außergewöhnlichen Lohn seiner Anstrengung: Preise, Stipendium, früher Ruhm. Die Silbermedaille für die Ausmalung eines Domes auf großer Wandfläche. Ein Großer der Welt, Emil Rathenau, erwirbt für 300 Mark ein Bild, und sein Schöpfer kann reisen! Der Glasfensterauftrag für Eibenstock: „Es beseligte mich, als durch diese im Raum aufgestellten Glasbilder das Licht floß und die Gläser auflodern ließ“. Farbe, Licht, aber auch Befriedigung in handwerklicher Perfektion „durch den Rückgriff auf alte Techniken“. In Italien die Begeisterung für Fresken, Mosaiken, die etruskische Kunst und das Staunen über die Figürlichkeit der Wandmalereien in der Vatikanischen Bibliothek. War die Farbenherrschaft der „Brücke“ vielleicht nur eine Episode, in der die Farbe das Leuchtfeuer für neue Formen war?

An der Ostsee die „Arbeit als Fischerknecht“, immer wieder das einfache, harte Leben. Die strenge Figürlichkeit der mit dem Boot verschmolzenen Mannschaft im „Fischerboot“ aus dem letzten Friedenswinter, „eine meiner wichtigsten Arbeiten“. Paul Brandt hat den Rang des Bildes (er nennt es „Ruderboot“) in seiner angestrengten „Steilheit“ als Beispiel „schaffender Arbeit“ herausgestellt; es könnte auch „Galeere“ heißen.

Die nach dem Krieg geschaffene wuchtige Holzschnitt-Mappe „Das Vater Unser“ in der spannungsreichen Balance von Schrift und Figur, deren Schwarzweiß auch koloriert wurde, hat er nicht erwähnt.[208] In einem Aufsatz hatte er 1921 von seiner „Sehnsucht nach der Farbigkeit des Schwarzen in der Graphik“[209] gesprochen. Pitt hat das Gefühl, dass hier der spirituelle und materielle Überlebenskampf des Menschen dargestellt wird. Die Motive im Arbeitskampf um das „täglich Brot“ (Tafel 5) mit dem unversehrten Fisch auf dem Tisch der Fischer, im Kampf gegen das „Übel“ (Tafel 9), in der „Kraft“ der ins All greifenden Hände wirken wenige Jahre später auf das Hohelied der Arbeit ein. Malen als Forderung des Tages,

1945, als er in seinem Leba, der Heimat seiner Frau, im Auftrag des polnischen Paters auf einem Bettlaken die „Madonna als Fürbitterin" schuf: unter ihren Füßen der Globus, auf dem Stürme Segel blähen.

Und im Zentrum natürlich das „Gefilde der Seligen", Palau, fünfzig Seiten. Schon in der Jugend stand ihm Palau vor Augen. Die wenigen Monate, die Jahre aufwiegen, in denen Traum, Malerei, Handwerk und Leben ineinanderflossen. Der jähe Absturz in Krieg und elende Schinderei.

Auch der Krieg, den Pechstein durchaus als Patriot[210] zwei Jahre in den Schrecken der Somme-Schlachten erlebte, ist als Schockerlebnis in den „Erinnerungen" präsent. Pitt wollte sie hier ausblenden, wurde daran aber durch die Wiesbadener Ausstellung gehindert, durch die er erfuhr, dass Pechstein zwei Brüder[211] in diesem Krieg verloren hatte. Wenn die Sonnen „schwarz" sind, ist alles besonders schwarz in den Radierungen „Somme 16", eine Folge von Alptraumszenen: Eine erinnert an eine Pièta in der Darstellung eines in den Armen eines Sanitäters (oder Kameraden) Gestorbenen, eine „Erste Hilfe", die eine letzte ist. Oder eine alles zerfetzende Detonation. Die beiden Krankenträger mit der Trage auf den Schultern im unwegsamen Gelände – Pitts im Krieg gebliebener Vater[212] war im zweiten Krieg Feldwebel in einer Krankenträgerkompagnie in Polen, mit weniger dramatischen Herausforderungen, aber doch unter der Flagge der Humanitas, die im Krieg nicht gänzlich zerrissen werden kann.

Glückauf! „Sie hatten den Geruch und die Farbe ihrer Arbeit unter der Erde an sich, und immer war mir der Gedanke schrecklich, daß sie gezwungen waren, ohne Sonnenlicht zu arbeiten." 1926 hat Pechstein den Bergleuten und ihrer Arbeit, wie immer sie aussieht, seine Farbe gegeben und sie in das Sonnenlicht gestellt, das so schwer zu entbehren ist. Gut – die Farben waren nach dem Wunsch der Auftraggeber und den Gesetzen der Raumkunst zu modifizieren, wurden – wie es ja auch die ILO in ihrer Arbeit will – ein bisschen heller und freundlicher. Ehe er seine Erinnerungen an die Entstehung des Hoheliedes diktierte, erinnerte er sich an ein Gemälde, das er – wie früher das Thema „Ruderer im Boot" – „zu einer für mich endgültigen Form gebracht hatte", nämlich eine „Neugestaltung des ewigen Bekenntnisses zur Madonna". Das Mutterbild: in diesem Jahr der Genfer Glocke war sein zweiter Sohn, Max, von seiner zweiten Frau, Marta, geboren worden. Braucht ein Maler, ein Bildhauer, ein Glasmaler für die „endgültige Fassung" eines Werks die Kraft einer realen Imagination? Braucht die Realität eines Bildes, das nicht realistisch ist, den Stempel der Wirklichkeit?

63 Goldene Ketten

Die Erinnerungen an das letzte Kapitel des Lebens kann auch ein großer Künstler nicht einer Sekretärin in den Block diktieren. Pechsteins „Erinnerungen“ von 1946 werden in Bruchstücken fortgesetzt von Paul Fechter, einem Freund und kritischen Wegbegleiter Pechsteins seit dem Frühling des Expressionismus. Der von Pechstein mitgetragene „Arbeitsrat für Kunst“ von 1918 hatte bedeutende Künstler der Zeit versammelt, aber auch den Journalisten und Kunstkritiker Paul Fechter, etwas älter als Pechstein. In vielen Publikationen erwies er sich in der Wirkung geradezu als ein PR-Agent der „Brücke“-Künstler und insbesondere Max Pechsteins.[213] Der wurde von ihm herausgestellt als der originellste und entschiedenste Kopf der Gruppe, gegen den manchmal heftigen Widerstand anderer Mitglieder der Gruppe, die darauf hinweisen konnten, dass Pechstein erst spät und gewissermaßen als Randsiedler zur „Brücke“ gestoßen sei. Dass Pechstein zu einer prägenden Figur der Berliner Kunstszene nach dem Weltkrieg avancierte, ist auch auf Fechters Faible für ihn zurückzuführen, und insofern gehört Fechter zum kleinen Club der Einflussreichen im Vorfeld von Pechsteins Glocke für Genf.

Er hat 1921 das graphische Werk Pechsteins in einem umfangreichen Katalog gezeigt.[214] Von den 860 Graphiken – von denen Fechter in seinem Katalog nur einen Teil kennen konnte – sind 390 Lithographien, 290 Holzschnitte und 170 Radierungen. Mit dem Blick auf die Genfer Fenster mögen die Graphiken als Vorstufen gewertet werden: „Aus der Fähigkeit, das reale Sein zur monumentalen Form zu erheben, wurde er ein Wegbereiter“ (Günter Krüger)[215]

Paul Fechter ist eine der vielen literarischen Figuren einer Zeit, die stark in deutschnationalen Anschauungen befangen waren, die zwar einen Blick für fortschrittliche Aspekte der künstlerischen Entwicklung hatten und sie zu würdigen wussten, die aber auch die Anbindung an Traditionen wollten, an die „Substanz“, wie sie es oft in ihren „wesenhaften“ Betrachtungen betonten. Oft ist an ihrer Haltung eine Widersprüchlichkeit zu beobachten: einerseits ein kühner Zukunftswille, andererseits eine reaktionäre Rückbindung an einen „deutsch" (nicht „völkisch") definierten Kulturwillen der Vergangenheit. Diese deutschnationale Gestimmtheit hat Fechter, wie manchen anderen, ins Fahrwasser der Nationalsozialisten geführt. Dass er, der beredte Fürsprecher und Vorkämpfer des Expressionismus in vielen Publikationen, sich in die geistige Nähe derer begab, die nicht nur seinen Freund Pechstein als „entartet" bezeichneten, gehört zu den Unbegreiflichkeiten einer geistigen Existenz im 20. Jahrhundert, wie wir sie auch bei Gottfried Benn erleben konnten. Carl Zuckmayer, der am Kriegsende in seinem „Geheimreport" für den amerikanischen Geheimdienst deutsche Intellektuelle und Künstler einer Art Lackmustest auf Nazinähe unterzog, schrieb: Fechter „war immer ein extrem nationaler Mann, doch von viel zu hoher Intelligenz und viel zu großer innerer Sauberkeit um je ein Nazi werden zu können"; sei ein „unantastbar sauberer Charakter" und habe „sicheren Instinkt für alles Starke und Eigenwüchsige",[216] und dabei dachte Zuckmayer gewiss auch daran, das der Kritiker ihm den Kleist-Preis für seinen durchaus umstrittenen „Fröhlichen Weinberg" zugesprochen hatte. Pechstein hat uns seinen Kopf unter dem Titel „Der Kritiker" überliefert: er scheint in seinen von der Kaltnadel scharf gezeichneten Linien nur aus Stirn zu bestehen.[217]

Thomas Mann nannte Fechters einst und schon wieder einflussreiche nationalkonservative Literaturgeschichte in den drei Zeitgeistversionen von 1932, 1941 und 1952 „bösartig",[218] denn natürlich konnte sie dem Weltautor nicht gerecht werden. (Pitt hatte sich in seiner Wirtschaftsoberschule in Hannover darüber gewundert, dass seine Deutschlehrerin neben dem schulamtlichen Lehrbuch auch Fechters Kompass unter ihrem Pult hatte). Fechter war auch Mitglied der renommierten Berliner Mittwochsgesellschaft, in der einige konservative Gegner Hitlers im Umkreis des 20. Juli eine Rolle spielten.

Es scheint so, dass es bedeutenden Künstlern und ihren Freunden gelingt, eine Art Äquidistanz zu den herrschenden politischen Systemen schaffen zu können, wenn ihr Gestaltungswille nicht allzu weit vom nationalen Geschmackspfad abweicht. So berichtet Paul Fechter von einem Besuch im Berliner Bildhaueratelier von Richard Scheibe, dem Freund Georg Kolbes. Sein Denkmal für den gedrungen-massiven Friedrich Ebert an der Wand der Paulskirche in Gestalt eines nackten Jünglings hat Pitt oft, stets irritiert, betrachtet (Scheibe war vor 1933 Leiter der Frankfurter Städelschule gewesen). Aber zu seinen Sammlern gehörten eben auch Hitler und Goebbels, auf Nazi-Ausstellungen war er prominent vertreten, und Hitler hatte ihn als „Gottbegnadeten", wie viele andere, vom Kriegsdienst befreit. Aber er durfte auch das von Ernst Reuter am 20. Juli 1953 enthüllte Denkmal für die Opfer des Widerstands im Bendlerblock schaffen. Paul Fechter berichtet von einem Besuch in seinem Atelier – auch das Paar Pechstein war anwesend – und dem überwältigenden Anblick einer überlebensgroßen Gipsfigur des kraftvollen, unbekleideten Mannes mit den gefesselten Fäusten. Im Gespräch mit einem jungen Mann, dem Max Pechstein nicht bekannt ist (er könnte Pitt gewesen sein), nennt er ihn „meinen Freund Max" (und so nannte er auch ein Kapitel des Buches,[219] in dem er die späte Welt Pechsteins beschrieb.

Er besucht Silvester 1951 seinen Freund zu seinem 70. Geburtstag in Grunewald, in der Warmbrunner Straße 20. Er sieht in das „einfache nur wenig veränderte Knabengesicht", doch der Jubilar erscheint ihm doch als ein „vorzeitig gealterter Mann". Hat er seine „wunderbare Simplizität und Vitalität" ganz und gar verloren? Zu Gast ist neben einigen Schülern Pechsteins auch der gleichaltrige Richard Scheibe. Einige Zeit später unterstützte Fechter seinen Freund in der Berliner Hochschule, an der Pechstein seit 1945 Professor war und wo er sein Atelier hatte, bei der Auswahl von Bildern für eine Ausstellung. Vielleicht war es dieses Ineinander von Vergangenheit und Gegenwart, der dem Kunstkritiker den Eindruck vermittelte: „Er war eine Knabengestalt und ein alter Mann zugleich." Sie holten zwanzig alte Bilder hervor, „herrlich wie am ersten Tag", und neuere Zeichnungen aus der Gegenwart, doch „der

Strich ist stumm". Pechstein „saß da mit seinem traurigen kranken, alten sächsischen Gesicht, zuweilen lachte er sein früheres gutes Lachen – der Mensch aber, der er einst war, war irgendwo schon weit hinter ihm."

Paul Fechter kam drei Tage vor Pechsteins Tod am 29. Juni 1955 mit einem Pfingstrosenstrauch an sein Bett. Über ihm hing ein großes ungerahmtes Bild, „aus der großartigen Zeit seines Schaffens", die der Kunstkritiker um 1930 sah: eine Gruppe junger Menschen am Meer, eine junge Frau hält ein Kind, ganz Ausdruck des „wunderbaren Daseinsglücks des Mannes Pechstein."

Hat Max Pechstein die Ordensverleihung an seinem 70. Geburtstag genossen? Vielleicht hat er sich amüsiert über das verunglückte Zeremoniell. Das Großkreuz des Verdienstordens, das wie der Orden Pour le mérite um den Hals getragen wird, von Bundespräsident Heuss verliehen, der schon früh über Pechsteins Glasmalerei geschrieben hat. Die Ansprache des Senators Tiburtius hört der Geehrte mit der Stummelpfeife im Mund, wie auf fast allen seinen Selbstbildnissen.

Das Ritual geriet ins Stocken, als der Senator und sein Kunstreferent das – wie alte ready-made-Binder – mit einem Haken zu schließende Ordensband nicht über den Kragen brachten und diesen schließlich vatermörderisch hochklappen mussten, was dem Geehrten kein würdiges Aussehen verlieh (Gott sei Dank gab es noch keine Smartphones). Sind nicht alle Maler unabhängig von der Richtung ihrer Arbeit Konzeptkünstler und war diese Szene nicht als eine Performance zu verstehen, die bedeuten könnte: Lieber Staat, gib den Künstlern Aufträge und anständige Honorare, doch „die goldene Kette" nicht.

64 In den Sielen

Der Mann, der in einem Berliner Atelier beim Anblick einer Glocke ein berühmtes Lied rezitierte, war ein Schüler von französischen Deutschlehrern. Insofern sind Pitts Skrupel hinsichtlich der Frage, ob Albert Thomas seine Schiller-Verse in deutscher Sprache vorgetragen hat, übertrieben. Er hat sich mit Albert Thomas leider erst beschäftigt, als er die „Erinnerungen" Pechsteins gelesen hatte. Er hätte viele Gründe gehabt, seinen Spuren nicht erst als Mittachtziger zu folgen. Als er mit Reiner Tostorff über Thomas korrespondierte , bedauerte der Historiker das Fehlen einer deutschen Biografie des praktischen Gründers der ILO, doch wer sollte sie in Auftrag geben?

Mit dem plötzlichen einsamen Tod des 54jährigen Albert Thomas am 7. Mai 1932 in einem Pariser Restaurant leitet sein niederländischer Biograf Bertus Willem Schaper seine Biografie ein. Als er zwei Tage zuvor nach Paris gereist war, lag eine schwere Influenza noch nicht hinter ihm. Gesundheitlich belastet, hatte er persönlich viele Tage an seinem „report of director" für die ILO-Konferenz gearbeitet. Er lebte zwar, weiß Schaper, nach der Forderung „Bevrijdt U van woorden, ziet naar de realiteiten",[220] aber er war nicht der Mann, seinen Bericht in die Hände von Ghostwritern, die ihm zahlreich zur Verfügung standen, zu geben. Der Journalist und Autor vieler Bücher hatte den Anspruch, der Sache, die er vertrat, seine persönliche Form zu geben. Pitt – der vor vielen Jahren das erste Buch über die Kunst des Ghostwriting[221] geschrieben hat – sieht ihn an einem riesigen Konferenztisch allein hockend, um sich herum die unzähligen Protokolle, Bereichs- und Länderberichte, Analysen und Statistiken ausgebreitet, die ihm seine Stäbe zugereicht haben. Die gegen den ärztlichen Rat unternommene Reise, die ihn kurz vor dem Tod nach Paris geführt hatte, galt Gesprächen mit Vertretern der Kohle fördernden Länder Europas über die Ratifikation des Übereinkommens über die Arbeitszeit in den Minen.

Die Erschütterung über den Tod eines engagierten Geistes teilt sich dem heutigen Leser der Reden, die am 11. Mai in der Trauerfeier vor dem Rathaus von Chamigny, Heimat und Ort seines früheren Wirkens gehalten wurden, unmittelbar mit.[222] Die ILO hat auch die Beileidsbekundungen von Hunderten in Europa und der Welt und eine Unzahl von Presseberichten aus der ganzen Welt dokumentiert. In Deutschland würdigte die Frankfurter Zeitung Thomas als Brückenbauer zwischen Frankreich und Deutschland nach dem Krieg, der so tiefe Gräben gerissen hatte. Hätte Max Pechstein die Dokumentation gelesen, hätte es ihn berühren können, dass neben großen deutschen Zeitungen auch Blätter „seiner" Arbeiter des Toten gedachten: Der Landarbeiter, Der Metallarbeiter, Der Bergarbeiter, die Werkmeister Zeitung.

Viele beschreiben ihre Begegnungen mit dem unermüdlich Reisenden. und die Widerstände, mit denen er konfrontiert war: dem Pochen der Staaten auf ihre Souveränität, der Langsamkeit der parlamentarischen Arbeit und den unsichtbaren Widerständen in der ministeriellen Bürokratie („red tape"), all den unausbleiblichen, doch die Geduld strapazierenden Hemmnissen in Verwaltungen, die nun mal Gefangene nationaler Grenzen sind. Seine kommunikativen Gaben ließen seine persönliche Anwesenheit geraten erscheinen, so „the irrestible charme of his eloquence, his wonderful persuasive power, the magnetic force oft his passionate enthusiasm."[223] Ist der Eindruck Pitts falsch, dass dieser Albert Thomas ein wahrer Schiller-Typ gewesen ist?

Der Sprecher der Mitarbeiter des Internationalen Arbeitsamtes, Christie Tait, erinnerte an manch selbstironische Äußerungen des Chefs als „Wanderjude des sozialen Fortschritts" oder über seine oft karikierte äußere Erscheinung (denken wir an Albert Cohen!) mit Brille, Bart und großer Aktentasche. Und er erinnerte an die letzte Rede, die Thomas vor der ILO-Konferenz gehalten hat, in der ein Hauch von Bitterkeit über mangelnden Fortschritt, aber auch ein großer Fortschrittswille steckte, ausgedrückt in den zitierten Worten Goethes, die der Zeuge auch in der Intonation wiedergab „‚Fortune against you?'

– dann, den Kopf erhebend, vollendete er das Wort ‚No! Saddle your horse and ride'".

Es gehört zu den Widersprüchen des Geschichtslaufs, dass auch Pierre Laval, früherer Ministerpräsident und jetzt Arbeitsminister, in seiner Rede an eben diesen von Thomas zitierten Satz Goethes als Beleg für Unerschrockenheit erinnerte. Und er schilderte, wie der unermüdlich bis zur Erschöpfung für den Frieden kämpfende sozialistische Staatssekretär und Minister Thomas im Krieg von Fabrik zu Fabrik geeilt sei, um die Produktion von Waffen und Munition anzukurbeln – ähnlich wie es auf deutscher Seite Emil Rathenau tat und wie es heute ein deutscher sozialdemokratischer Minister, nämlich Boris Pistorius, nach der russischen Aggression der Zeitenwende tun muss. Laval, Gewerkschafter und einst jüngstes Mitglied der sozialistischen Fraktion, war schon zur Zeit des nicht eben deutschenfreundlichen Clemenceaus als „unabhängiger Sozialist" nach rechts gerückt und hatte es schließlich als prägendes Mitglied der Vichy-Regierung sogar für wünschenswert gehalten, dass das nationalsozialistische Deutschland im Verein mit Frankreich den Krieg gewönne. Das hat ihm eine Anklage wegen Hochverrats und den Tod vor einem Erschießungskommando eingetragen. Die Pferde, die Goethe satteln wollte, können tatsächlich in unterschiedliche Richtungen galoppieren.

Als Genossenschafter will Pitt natürlich die Rede von Ernest Poisson, Vize-Präsident des Internationalen Genossenschaftsbundes und Chef der französischen Konsumgenossenschaften, erwähnen. Gewiss im Sinne Thomas', aber durchdrungen vom Pathos der Utopie, betonte sie seine Verbindung „with the two great movements of human progress, the trade union movement and the co-operative movement". Er sprach über Thomas' Idee – worüber er allerdings selbst ein Buch geschrieben hatte –, eine enge Zusammenarbeit der Genossenschaften der Erzeuger und der Verbraucher als Instrument in seinem Plan zur Bekämpfung der Großen Depression, aus dem er herausgerissen worden war, einzusetzen. Im Juni 2024 hat die Generalversammlung der UNO in einer Resolution das Jahr 2025 erneut zum Internationalen Jahr der Genossenschaften gekürt. Die

ILO und schon Albert Thomas waren daran beteiligt, dass die Weltorganisation den Genossenschaften als sozialen Organisationen einen prominenten Rang gibt.

Manches von dem, was Thomas bewegte und was ihn Dinge in Bewegung setzen ließ, ist untergegangen in den geschichtlichen und sozialen Metamorphosen so wie Pechsteins Hohelied, das von manchen schon zu seinen Lebzeiten nicht mehr als zeitgemäß empfunden wurde. In vielen europäischen Ländern gilt das z. B. für die Konsumgenossenschaften, in den europäischen Ländern für die Arbeit in den Steinkohleminen, der ein alter Bergarbeiter in Gelsenkirchen nachtrauerte, als er von einem TV-Reporter gefragt wurde, was er davon halte, dass die hochbezahlten britischen Fußballspieler auf dem Weg in ein Halbfinale der Europameisterschaft sich über die Tristesse seiner Heimatstadt beklagt hatten.

65 Die Deutschlehrer des Direktors

Und wie steht es mit Thomas' „französischen Deutschlehrern", mit denen Pitt die Leserinnen und Leser vielleicht neugierig gemacht hat, wie das die Journalisten in den online-Medien mit ihren Fliegenfängertiteln tun? Es ist immer noch nicht klar, ob der Generaldirektor des Deutschen so mächtig war wie des Englischen (er musste nach seiner plötzlichen Wahl in das Amt, das seine Arbeit zunächst in London aufnahm, ein Englischtraining absolvieren, aber nur, um die französischen Schollenkrümel auf seiner Zunge abzustreifen). Das Goethe-Zitat musste er englisch vortragen, denn im Original wäre die Pointe verloren gewesen.

Aber wo hat Goethe diese Worte sprechen lassen, von wem? Als Pitt sie las, dachte er unwillkürlich an Egmonts Worte aus dem 2. Aufzug des Trauerspiels, mit denen er uns so energisch auffordert, die Sonnenpferde der Zeit vor unseres Schicksals leichtem Wagen mutig an die Zügel zu nehmen (er hatte das Selbstzitat an den Schluss von „Dichtung und Wahrheit" gestellt). Auch in Jagsthausen beim Götz von Berlichingen wird viel geritten und gestritten. Wo noch? In Fausts gelehrter Umgebung werden keine Pferde gesattelt. Die Künstliche Intelligenz konnte nicht behilflich sein (sie müsste wohl das Originalzitat kennen). Wer kann Pitt helfen?

Vor jeder Reise nach Deutschland machte Albert Thomas sich umfangreiche Notizen (Notes pour l'Allemagne), die im Nachlass gefunden wurden. Offenbar dienten sie nicht nur dazu, Verhandlungen gründlich vorzubereiten oder diplomatische Missgriffe zu vermeiden. Die Notizen waren Erkundungen in der Kultur eines Landes, das ihm nahestand und mit dessen geistigen Wurzeln in idealistischer und sozialistischer Ahnherrenschaft er sich seit seinen Studienjahren in Deutschland auseinandergesetzt hatte. Er war kein Germanist, wie sein Biograf Schaper betont,[224] doch er stand unter dem Einfluss des Begründers der modernen französischen Germanistik, Charles Andler (1866–1933), der Schüler des deutschen Gymnasiums in Straßburg gewesen ist. Er war Professor für deutsche Sprache und Geschichte an der École normale supérieure und später an der Sorbonne, wo er Vorlesungen über Goethe, Heine und Nietzsche (als Autor eines Buches über ihn) hielt. Schaper schreibt, der junge Thomas sei bei ihm „kind an aan huis geweest“, und nicht nur bei ihm, sondern auch bei Lucien Herr, dem berühmten Pariser Bibliothekar, der eines der schönsten deutschen Bücher, nämlich den Briefwechsel zwischen Goethe und Schiller, ins Französische übersetzt hat.

Nicht nur berühmte Germanisten – wie Félix Bertaux (aus der Germanisten-Dynastie) oder Robert Minder – werden als Andlers Schüler hervorgehoben, auch Albert Thomas. Er stand in der Nähe der zweiten Quelle, aus der sich die Produktivität Andlers speiste, nämlich dem sozialistischen Denken und dem politischen Engagement, das ihn zum Gesprächspartner Friedrich Engels' und zum Übersetzer des Kommunistischen Manifests von Marx und Engels gemacht hat. Am Ende seines Lebens hatte er den Lehrstuhl für germanische Sprachen und Literaturen am Collège de France inne – dieser singulären französischen Hochschule, an der Topgelehrte aller Disziplinen als Krönung einer ruhmvollen Laufbahn ihren Hörern, die keine formale Qualifikation haben oder erwerben müssen, Vorlesungen aus ihren aktuellen Forschungen bieten, wobei es ihnen nicht auf Resultate ankommt, sondern auf den Prozess des Denkens.

Lucien Herr (1864–1926), ein zweiter Freund der deutschen Philosophie und Literatur, bei dem Thomas „Kind im Haus“ gewesen ist, hat ihm mit seiner Wünschelrute Wege in Schätze des Nachbarlands erschlossen. Er war legendärer Bibliothekar an der École normale supérieure, der Generationen von Intellektuellen bei inspirierenden akademischen Studien mit seinem Quellenwissen und seinem literarischen Universalgedächtnis geholfen hat; er war viele Jahre ein Gesicht zu der klangvollen Adresse „rue d'Ulm“. Lucien Herr und Charles Andler waren Verbündete im Kampf für die Rehabilitation des von chauvinistischen Kreisen des Landesverrats bezichtigten jüdischen Hauptmanns Dreyfus gewesen. Herr gehörte zu den Gründern der Zeitung „l'Humanité“, einer Plattform für sozialistisches Denken. Mit Andler verband ihn auch die Hochschätzung deutscher Autoren; lange hat er sich an Hegel abgearbeitet. Mit Albert Thomas verband ihn die Enttäuschung des Pazifisten über den Weltkrieg, der sie zwang, aus patriotischen Gründen Notwendiges gegen innere Überzeugungen zu vertreten und – wie Thomas zum Beispiel – als Mann der Friedensarbeit die Rüstung auf die Beine zu stellen.

Nach dem Krieg haben Andler und er viel getan, um die kulturelle Kooperation der von vielen als Erzfeinde betrachteten Länder – auch im Spannungsfeld Elsass-Lothringens – zu fördern. Dazu gehörte auch die Völkerversöhnung, nicht zuletzt im Geist des Völkerbunds. Als sich die gemäßigten Sozialisten 1920 auf dem Congrès de Tours als Minderheit von den nach Moskau marschierenden Kommunisten lösen mussten, stand Herr als Ghostwriter[225] auf der Seite von Leon Blum, dem späteren Ministerpräsidenten, der im Zweiten Weltkrieg von Pierre Laval an die deutschen KZ-Herren ausgeliefert wurde. Die beiden „Deutschlehrer" Thomas' haben als Erbauer von Brücken über den Rhein auch die Türen der französischen für die so selten progressiven deutschen Universitäten geöffnet. Dass das Frankfurter Institut für Sozialforschung nach seiner Vertreibung zunächst Zuflucht in der École an der rue d'Ulm gefunden hat, ist gewiss auch auf das Wirken von Andler und Herr zurückzuführen.[226] Andler musste noch den Tod seines hochgestiegenen Schülers Thomas erleben (Herr war im Jahr der Pechstein-Glocke verstorben).

66 Hoheslied des Lebens

Kunst als zutiefst menschliches Phänomen braucht die globale Bühne. Wenn es Kunstwerken nicht gelingt – aus welchen Gründen auch immer –, die nationale Grenze als geistiges Exportgut oder als Contrebande zu überschreiten, bleibt sie eine nationale Privatsache, wie wir sie in den häuslichen Ateliers der begabtesten Hobbymaler erleben können. In der politischen Isolation des Deutschen Reichs nach dem Ersten Weltkrieg wird es in den 1920er Jahren für Max Pechstein ein Durchbruch zum Welthorizont gewesen sein, in Genf und in New York, den Städten größter Internationalität, beachtet worden zu sein, auch wenn das in Deutschland, immer noch frustriert in seiner nationalen Nabelschau, kaum aufgefallen ist.

Ehe Pechstein in den „Erinnerungen" von seiner Begegnung mit Albert Thomas und ihren Genfer Hintergründen erzählt, stattet er einen Dank ab an das Carnegie Institut mit seiner Ausstellungarbeit und das Museum of Art, das seinem 1926 in Leba geschaffenen lebensgroßen Mutter-Kind-Bild im Farbklang blau und rot einen Mittelpunktplatz in Pittsburgh gegeben hatte. Im eigenen Land, sagte er, „wurden wir schaffenden Künstler … nie so achtungsvoll behandelt" wie in Amerika. Sein persönlicher Dank galt dem Direktor Homer Saint-Gaudens. 1927 hatte Pechsteins ausgestelltes Blumenstück „Kalla" einen Sonderpreis erhalten – zum ersten Mal nach dem Krieg wurde ein deutscher Künstler so geehrt.

Homer Saint-Gaudens besuchte Max Pechstein häufiger in Berlin, um Gemälde für seine Carnegie-Ausstellungen auszusuchen. Gegen den Willen der Kunstfeme nach 1933 schaffte er deutschen Künstlern Echo und Brot in den Vereinigten Staaten, auf eine rätselhafte Weise, die sich die Gestapo nicht erklären konnte. Vielleicht lag es daran, dass Saint-Gaudens, der als Colonel in einer Camouflage Section des Militärs diente, also ein Spezialist der Tarnung & Täuschung war, Schleichwege intelligent verschleiern konnte. Andrew Carnegie, einst der drittreichste Amerikaner, hat sein in modernster Stahlproduktion erworbenes Vermögen in philanthropische Stiftungen gesteckt, weil der schottische Autodidakt unter frühem Einfluss der arbeiterfreundlichen reformeifrigen Chartisten des 19. Jahrhunderts meinte, wer reich sterbe, sterbe in Schande.

Es sind knappe Sätze, mit denen der Maler seine Begegnung mit Monsieur Thomas – dem er die nicht korrekte Funktion „Präsident" zuschreibt – schildert. Pechstein unterscheidet nicht zwischen den „Fenstern" und seinen Entwürfen. Oder sprach er doch von den fertigen Fenstern? Thomas besuchte Pechstein in der „Werkstatt", nicht in einem Atelier. War damit vielleicht die Werkstatt des Herstellers Heinersdorff gemeint? Hatte der „Präsident" die Kartons vielleicht schon früher gesehen und wollte nun erfahren, ob die Umsetzung in das Glaskunstwerk gelungen sei? Dann könnte er sich in seinen Reisenotizen für Deutschland natürlich auf ein geistvolles anschmiegendes Entree im Anblick der Glocke vorbereitet haben.

Recherchen müssen Raum für Vermutungen haben, denn nicht immer führen sie zu historischer Wahrheit. Pitt, ein immer wieder staunender Schillerleser, ist geneigt, Albert Thomas, der deutsche Geistesgeschichte kennt, zuzutrauen, dass er Verse, ja Strophen des Lieds von der Glocke spontan, angeregt durch den magisch-imaginären Klang einer smaragdfarbenen Glocke, gesprochen hat. Dieses Hohelied des Lebens lädt ein, sich Enthusiasmus, Vitalströmen und Emotionen in einer von allem Dinglichen losgelösten Gestimmtheit hinzugeben. Da ist das universell Anklingende, das weit jenseits von Satzbau, Wort, Reim, Rhythmus liegt. Das Lied wie seine dingliche Protagonistin ist ein einhüllendes Medium. Es trifft auf den kommunikativsten der Sinne, sogar auf die Haut schlägt ihr Laut. Statt ein Kompliment für ein gelungenes Werk in wohlgesetzten, doch immer etwas peinlichen Worten zu sprechen, lieber Verse sprechen in der „Freude Feierklange", darüber, dass ein Werk für gelungen gehalten wird.

Das gelungene Werk des Glasmalers mit seinem starken Akzent ist ein Konter zum „Menschen in seinem Wahn", diesem „schrecklichsten der Schrecken" und zu den „leeren Fensterhöhlen", die innerlich zusammengehören, zu all den „leergebrannten Stätten", über die immer wieder der „ungeheure Brand" rast. Stellte Pitt sich einen Meinungsstreit über das

Lied zwischen dem vierzehnjährigen Handarbeiter und Klempner Köhler und dem Kopfarbeiter und Kritiker Enzensberger vor, würde er ihn zugunsten des jungen Genius in seiner deklamatorischen Leidenschaft entscheiden. Lasst uns auch von einem literarisch anfechtbaren Lied verzaubern. Es hat sich ein höheres Recht erworben, das eine praktische Intelligenz, wie sie Albert Thomas verkörperte, in der Werkstatt des großen Künstlers Max Pechstein bezeugte.

Dank

Wenn einer sich auf das Abenteuer einer Recherche in einer Terra incognita einlässt, muss er sich wie ein Wüstenwanderer mühsam seine Quellen suchen. Das lange Anmerkungsregister ist mir ein bisschen peinlich, denn wissenschaftliche Wahrheit ist das letzte, was ich anstrebe. Ich habe alles genommen, was mir, in manchen Versuchen, in die Hände gefallen ist – „gefallen" ist allerdings falsch, denn ich er habe oft genug mit bloßen Fingern graben müssen.

Besonderen Dank schulde ich Freunden, die ich im Text oder in den Anmerkungen genannt habe. Ein großer Dank gebührt den Seniorinnen und Senioren des Arbeitskreises Veranstaltungen und Freizeit im Landesbezirk Hamburg der Gewerkschaft ver.di. Sie waren es, die mir den „Lichtgedanken" eingegeben haben, die kreative Arbeit einer sozialen Weltorganisation und eines immer engagierten Weltkünstlers zu verknüpfen. Ihnen will ich Respekt und Dank auf Pechsteins Glocke gravieren. Einen Dankesgruß zu ihrem 80. Geburtstag richte ich an Siegrid Karrasch, die durch fürsorgliche Administration die Arbeit der Seniorengruppe in vielen Jahren gefördert hat.

Anmerkungen

1 „Wie herrlich muss es sein, mit der Sonne selbst malen zu können", sagte der niederländische, in Deutschland wirkende Glasmaler Prikker. Myriam Wierschowski, Zum Werk von Johan Thorn Prikker, in: „ … mit der Sonne selbst malen …", Johan Thorn Prikker und der Aufbruch der Moderne in der Glasmalerei, Dt. Glasmalerei Museum Linnich, 2007, S. 11

2 Armin Peter, Entwicklungszusammenarbeit – eine Initiative des Freien Ausschusses deutscher Genossenschaftsverbände, 12. Tagung zur Genossenschaftsgeschichte, Hamburg 2017, unveröff. Vortrag (erhältlich bei der Agentur am Aspersort GbR).

3 In der Hamburger Volkshochschule, in der Pitt gelegentlich Vorträge hielt, lief sogar ein Kurs, der sich in mehreren Semestern für die Gegnerschaft zu TTIP, Ceta & Co. fit machte. Pitts Einladung an den Kursleiter (der später sein Nachfolger bei den ver.di Senioren wurde), einen Vortrag des im Europa-Parlament zuständigen Ausschussvorsitzenden und engagierten Gewerkschafters Bernd Lange im Kurt-Schumacher-Haus zu hören, fand nicht sein Interesse.

4 Zitiert bei Enrique Vila-Matas, Montevideo, E-Book Wallstein 2024, Pos. 1415

5 Frankfurter Allgemeine Zeitung v. 6. Dezember 2024, Seite 1

6 Sonja Wegner, Zuflucht in einem fremden Land – Exil in Uruguay 1933–1945, Berlin/Hamburg 2013, S. 9. Mit Hilfe dieses wichtigen Buches fand Pitt biografische Informationen über den Professor Peter/Pedro Heller, dem er in seinem Buch „Die Heimsuchung des Lesers – Literaturgeschichten" das Kapitel „Der Deutschlehrer" widmete; er war ihm vor 50 Jahren in Montevideo begegnet.

7 Goethe, Faust II, 5. Akt, Lynkeus der Türmer, auf der Sternwarte singend. Die von Carl Loewe vertonten Verse wurden in Waltraut Peters Trauerfeier am 25. November 2024 in der Kapelle 13 des Ohlsdorfer Friedhofes vorgetragen.

8 Magdalena M. Moeller und Kathrin Baumstark, Max Pechstein, Künstler der Moderne, Hirmer 2017,

9 Ruth Göres, Glasfenster von Max Pechstein im Kunstgewerbemuseum Berlin Schloss Köpenick, in: Staatliche Museen zu Berlin, Forschungen und Berichte, Bd. 7, 1965, S. 62–67

10 ARD-Film „Außer Dienst? Die Gerhard-Schröder-Story" von Lucas Stratmann anlässlich des 80. Geburtstages des Altkanzlers, 8. 4. 2024

11 Theodor Heuss, Ein Glasfenster von Max Pechstein, in: Wieland, Jg. 5, Heft 7, München 1919, S. 2–4

12 Günter Krüger, Glasmalerei der „Brücke"-Künstler, in: Brücke-Archiv, Heft 1, o. D. (1967), S. 19–33

13 Über die künstlerischen Autodidakten vgl. Armin Peter, Lob des Autodidakten – Versuch über die solitäre Bildung, Norderstedt 2024, Kap. 12 Die geborenen Autodidakten

14 Peter Thurmann, Max Pechstein, die „Brücke“ und die Secessionen. Dresden und Berlin, in:Max Pechstein, Künstler der Moderne, a. a. O., S. 33

15 Wolfgang Knop: „Mein lieber Alex … Dein alter Max“. Die Korrespondenz Max Pechsteins mit dem Maler Alexander Gerbig und weitere Dokumente einer außergewöhnlichen Künstlerfreundschaft, Zwickau 2014

16 Ebd., Seite 272

17 Kunststiftung Heinrich-Stegemann (Hrsg) „Malerei und Plastik in Deutschland 1936“: Die Geschichte einer verbotenen Ausstellung: eine Ausstellung der Staats- und Universitätsbibliothek Hamburg Carl-von-Ossietzky und der Kunststiftung Heinrich Stegemann 8. Juli bis 28. August 2016, Norderstedt 2016

18 Frankfurter Allgemeine, Kunstmarkt, vom 30. 12. 23. Im Ketterer-Katalog „Preview Autumn Auction, December 8./9, 2023, wird Pechstein angeboten mit „Der Mühlengraben“, 1921, Öl, 300–400 T. €, Stillleben mit Orangen, 1909, Öl, 315–420 T. €, Morgen am Garder See, Öl, 1929, 140–180 T. €, Ruhendes Mädchen, Aquarell über Bleistift, 1921, 60–80 T€

19 Gottfried Benn, Summa summarum, Gesammelte Werke, Autobiografische und vermischte Schriften, Wiesbaden 1961, S. 17

20 Armin Peter, Der Parteibürger und der Kanzler – Erlebnisbericht, Norderstedt 2023

21 Knop, a. a. O., Seite 224, Fußnote 643

22 Das Wort ist entlehnt von Gerhard Vowinckel, Von politischen Köpfen und schönen Seelen – Ein soziologischer Versuch über die Zivilisationsform der Affekte und ihres Ausdrucks, München 1983

23 Hans-Joachim Bieber, Bürgertum in der Revolution – Bürgerräte und Bürgerstreiks in Deutschland 1918–1920, Hamburg 1992, S. 119

24 Max Pechstein, Erinnerungen – Mit 105 Zeichnungen des Künstlers, herausgegeben von Leopold Reidemeister, mit einem Nachwort von Karin v. Maur, Stuttgart 1993, S. 111

25 Knop, a. a. O., S. 262

26 Leonie von Rüxleben, Lebensdaten 1881–1955, in: Max Pechstein – Sein malerisches Werk, hrsg. von Magdalena M. Moeller (Publikation anlässlich der Ausstellungen im Brücke-Museum Berlin, Kunsthalle Tübingen und Kunsthalle zu Kiel 1996/97), Hirmer, München 1996, S. 24/25

27 Thieme/Becker, Allgemeines Lexikon der bildenden Künstler von der Antike bis zur Gegenwart, Band 26, Nachdruck der Originalausgabe, Leipzig 1999. Er fand das Werk mit seinen vierzig Bänden bei seinem Freund Ludwig Kordes in dessen Ahrensburger Haus der dreißigtausend Bücher.

28 Siehe Fußnote 92

29 Büchergilden-Ausgabe 1977, Vorspiel „Die Sorglosen". Fallada nennt schon 1932 die Angestelltengewerkschaft, deren Mitglied Pinneberg ist (und die von seinem künftigen Schwiegervater gar nicht als Gewerkschaft anerkannt ist) „Dag", wie die Nachfolgeorganisation nach dem Krieg heißen wird.

30 Die Staatsarchitektur der Weimarer Republik, Berlin 2006, Seite 257

31 Myriam Wierschowski, a. a. O., Seite 11

32 Joëlle Kuntz, The Architectural History of International Organizations in Geneva, Genf o. J., Chapter 9

33 Robert Henri Graf, Le Bureau International du Travail: les œuvres d'art et les dons reçus par cette institution, Genève: non publié, 1951

34 Bei der Einweihung des neuen IAA hatte das Bundesarbeitsministerium ein Geschenk über 100 T DM zur Ausstattung der Bibliothek zugesagt. Der Betrag reichte nicht, auch den Umzug des „deutschen Fensters" (oder „vitrailles allemandes", wie die IAA-Mitarbeiter sagen) zu finanzieren, so dass das Auswärtige Amt 41 T DM aus Mitteln der Stiftung „Preußischer Kulturbesitz" zur Verfügung stellte, um die Neuetablierung des Werks im Oktober 1974 zu ermöglichen. Die deutsche dreigliedrige Delegation im Verwaltungsrat hatte sich nachdrücklich für den Transfer eingesetzt, nämlich Dr. Winfried Haase, Dr. Ernst Gerhard Erdmann und Gerhard Muhr.

35 ILO History in 100 images: Max Pechstein's German window, feature 23. November 2017, http://www.genf.diplo.de/Vertretung/genf/en/03-/ilo-dt-fenster-en.html, Quelle: Valentin Klotz, German Permanent Mission in Geneva

36 Die Maße des Stahlgehäuses sind 7,38 m Breite, 4,24 m Höhe.

37 Ebd.

38 Gerald Braunberger, „Deutschland braucht den Freihandel – Immer mehr Menschen glauben an Zölle und Protektionismus", Frankfurter Allgemeine Sonntagszeitung vom 13. Oktober 2024. Der Autor zitiert auch das Buch von Gabriel Felbermayr und Martin Braml, Der Freihandel hat fertig, Wien 2024

39 Ein schönes Porträt „Blaue Boa (Lotte Pechstein) 1917" in „Körper Farbe Licht", S. 80

40 Ralph Ossa (Chefvolkswirt der WTO), „Der Irrweg des Protektionismus", in Frankfurter Allgemeine v. 7. Oktober 2024

41 Alle Zitate in diesem Kapitel folgen, sofern nicht anders angemerkt, Pechstein, Erinnerungen, a. a. O

42 Armin Peter, Lob des Autodidakten – Versuch über die solitäre Bildung, Norderstedt 2024, Kapitel 10 Der Selbstunterricht im Kaleidoskop

43 Heinz Schütte, Der Ursprung der Messer und Beile – Gedanken zum zivilisatorischen Projekt rheinischer Missionare im frühkolonialen Neuguinea, Hamburg 1995.

44 „Wo ist Mangi Melis Schädel?" von Claudia Bröll, Frankfurter Allgemeine vom 2.März 2024, S. 3

45 Schütte, a. a. O., S. 9

46 Ebd. S. 99

47 Ebd, S. 58

48 Ebd. S. 67

49 David A. Morse, Bericht des Generaldirektors, Teil I: Industrialisierung und Arbeit, 50. Tagung, Genf 1966, S. 53

50 Schütte, a. a. O., S 78

51 Ebd., S. 10

52 Pitt hat diesem Phänomen einen Abschnitt gewidmet in seinen ÖPNV-Reportagen „Menschen im Nahverkehr", Norderstedt 2022, S. 215 („Menschen im Gedränge")

53 Roman Zieglgänsberger, Max Pechstein in seinen Selbstbildnissen, Moeller und Baumstark, a. a. O., S. 162

54 Dreißig Jahre Kampf für soziale Gerechtigkeit 1919–1949, Hg. Internationale Arbeitsorganisation, mit einem Vorwort von David A. Morse, Genf 1950, S .8, 17, 44

55 Dr. Bernt Heise, Die Internationale Arbeitsorganisation (IAO) und ihre Bedeutung für die Arbeitnehmer, hrsg. vom DGB, Düsseldorf 1969, S. 22

56 Reiner Tossdorff, Ursprünge der ILO – Die Gründung der Internationalen Arbeitsorganisation und die Rolle der Gewerkschaften, Hamburg 2020, S. 65

57 Erwin Hasselmann, Geschichte der deutschen Konsumgenossenschaften, Frankfurt a. M. 1971, S. 374

58 z. B. Armin Peter, Internationale Aussprache über das Genossenschaftswesen – zur 49. ILO-Tagung 1965, Konsumgenossenschaftliche Rundschau „Der Verbraucher", H. 30, vom 24. 7. 1965, S. 610/11

59 Dreißig Jahre a. o. O., S. 43

60 Ebd. S. 85

61 Vgl. Hans-H. Münkner (Hrsg.), Ausbildung von Genossenschaftspromotoren – 40 Jahre IKE. Bericht über den Studiengang der Diplom-Kooperationsökonomen und des Instituts für Kooperation in Entwicklungsländern (IKE) der Universität Marburg, Marburg 2012. Auch die deutsche co op Gruppe hat in ihrem Seminar für Führungskräfte in Dießen am Ammersee viele Seminare für Genossenschaftsgründer und -praktiker in Zusammenarbeit mit der Friedrich-Ebert-Stiftung und anderen politischen Stiftungen angeboten.

62 Der Schlaf der Vernunft gebiert Ungeheuer.

63 Zitate und Informationen zum Denkmal in: Inauguration of the monument in memory of Albert Thomas, ILO Library, Labordoc. www.ilo.primo.exlibrisgroup.com

64 „Arbeit sollte über allen Wettbewerbskämpfen stehen: sie ist keine Ware (Handelsartikel)“ – „Der Mensch von heute hat eine heilige Pflicht: den Frieden zu schaffen.“

65 Vgl. Reiner Tosstorff, a. a. O., S. 84

66 Leonie von Rüxleben, a. a. O., S. 24

67 Albert Cohen, Die Schöne des Herrn, Stuttgart 1983

68 Dem Buch B. W. Schapers – siehe Fußnote 107 – ist eine Zeichnung Thomas' von Marie de Roode-Heijermans (1924) beigegeben, in der unter dem Titel „Le Directeur“ das Gesicht im schwarzen Strich des dicht behaarten Kopfes fast verschwindet.

69 Pitt, Menschen im Nahverkehr, a. a. O., S. 95

70 Ders., Warum wurde Purzel umgebracht? Novelle, Norderstedt 2022, S 22

71 Ders., Sorge – Der Roman vom Dienen, Norderstedt 2014, hrg. von Waltraut und Armin Peter

72 ILO History in 100 Images – German Permanent Mission in Geneva, 2017, http.//www.genf.diplo.de/Vertretung/genf/en/03-/ilo-dt-fenster-en.html

73 Robert Henri Graf, a. a. O., S. 23

74 Das Ideal und das Leben

75 Das Proletariat, in: Friedrich Wilhelm Fritzsche, Blut-Rosen – Sozialpolitische Gedichte, wieder herausgegeben von Armin Peter, Norderstedt 2021

76 Alexander Brüggemann, „Magna Charta der christlichen Arbeiterbewegung“, Domradio.de vom 25. 7. 2019

77 Zitiert bei Matthias Rüb, „Fremd in dieser Welt“, Frankfurter Allgemeine Sonntagszeitung vom 17. 3. 2024

78 Pitt, Die Heimsuchung des Lesers – Literaturgeschichten, Norderstedt 2020, Kapitel „Der Arbeiter“

79 Matthias Rüb, a. a. O.

80 Gedicht „Grenzenlos“

81 Arbeitskreis für Kunst in Berlin, in: Mitteilungen des deutschen Werkbundes, Nr. 4 (1918) S. 14–15

82 Zitiert bei Renate Amann, Bruno Taut als Genossenschaftsarchitekt, in: Symposium Bruno Taut, Landeshauptstadt Magdeburg, Stadtplanungsamt, Eigenverlag Magdeburg 1995, S. 176. Als Taut 1922 als Stadtbaurat von Magdeburg die Gartenstadt-Kolonie Reform schuf und viele Fassaden in der Stadt bunt bemalen ließ, folgte die zögernde Zustimmung der Bevölkerung wohl nur dem großen Ansehensgewinn, den die Stadt als „bunte Stadt“ verbuchen konnte.

83 Die Schule der Genien – Geschichte einer Theater AG, Norderstedt 2023, S. 147

84 Christian Welzbacher, Edwin Redslob – Biografie eines unverbesserlichen Idealisten, Berlin 2009, S. 123

85 Edwin Redslob, Von Weimar nach Europa – Erlebtes und Durchdachtes, hrsg. von Paul Raabe, Jena o. J., Seiten 123, 147, 172

86 Welzbacher, Edwin Redslob, a. a. O., S 151

87 Zitiert ebd S. 137

88 Lemo – Lebendiges Museum Online, Andrea von Hegel, Deutsches Historisches Museum, Berlin, 13. 9. 2014

89 So der Titel seines Buchs von 1926

90 Die Staatsarchitektur, a. a. O., S 257

91 Maria-Katharina Schulz, Glasmalerei der klassischen Moderne, Frankfurt a. M. 1987, Seite 56

92 Abbildung des schönen, vom Jugendstil inspirierten Glasbildes in Max Pechstein – Körper Farbe Licht, Kunstmuseum Ravensburg, (nicht Teil der dortigen Ausstellung 2016), Köln 2015, S. 16

93 Ebd., S. 58

94 Reichskunstwart Dr. Edwin Redslob, Die künstlerische Formgebung des Reichs, Veröffentlichung des Kunstarchivs Nr. 21, o. J., S. 26

95 Darüber hat Pitt berichtet in seinem Roman-Essay „Vier erfinden ihren Vater“, Kapitel 12 „Die Befragung“, Norderstedt 2018

96 Welzbacher, Edwin Redslob, a. a. O., S. 147

97 Franz Kafka, Das Schloß, Roman, suhrkamp taschenbuch 2565, S. 23, 31

98 Welzbacher, Edwin Redslob, a. a. O. S. 146

99 Walter Gropius – Bauhaus-Manifest, Flugblatt 1918

100 Zitiert bei Armin Peter, Lob des Autodidakten, a. a. O., S. 127, 12. Kapitel „Die geborenen Autodidakten“. Quelle: Als Mensch unter Menschen, Vincent van Gogh in seinen Briefen an den Bruder Theo, 2 Bände, Berlin 1962, Brief 529

101 Hubert Mockenhaupt, Weg und Wirken des geistlichen Sozialpolitikers Heinrich Brauns, München-Paderborn-Wien 1977, S. 225, 266, 260, 261, 227, 262, 177 (in der Reihenfolge der Zitate)

102 Max Osborn, Offizielle Kunst. Eine Reichskunstwart-Ausstellung 1926, in: Christian Welzbacher (Hg.) Der Reichskunstwart – Kulturpolitik und Staatsinszenierung in der Weimarer Republik 1918–1933, S. 89. Osborn war der Präsident des Verbandes der Kunstkritiker und hatte schon 1922 ein Buch über Max Pechstein geschrieben.

103 Bernt Heise, a. a. O., S. 52

104 Jürgen Zeidler, Lithographie und Steindruck in Gewerbe und Kunst, Technik und Geschichte, Ravensburg 1994

105 Veröffentlichung des Kunstarchivs Nr. 21, Berlin o. J., S. 26

106 Der Weg durch den Februar, Roman, marsyas 2024, S. 5

107 Bertus Willem Schaper, Albert Thomas – Dertig Jaar sociaal Reformisme, Leiden 1953. Auch briefliche Mitteilung von Reiner Tosstorff vom 8. 4. 2024

108 Magdalena M. Moeller (Hg), a. a. O., S. 32/33 (die Jahreszahl ein bizarrer Zufall!)

109 Ebd., S. 33

110 Über die berufliche Arbeit von Willi Peter (1901–1942) hat Pitt ausführlich berichtet in „Vier erfinden ihren Vater“, a. a. O., Kapitel 13 „Das Vaterbuch“

111 Reiner Tosstorff, Wilhelm Leuschner gegen Robert Ley – Ablehnung der Nazi-Diktatur durch die Internationale Arbeitskonferenz 1933 in Genf, Frankfurt a. M. 2007, S. 24; Bernt Heise, a. a. O., S. 52

112 Stefan Remeke, Anders links sein – Auf den Spuren von Maria Weber und Gerd Muhr, Essen 2012, S. 427

113 Dazu Klaus Mlynek und Waldemar Röhrbein (Hg.), Geschichte der Stadt Hannover, Band 2, Hannover 1994, S. 609 f.

114 Andreas Röpke, Who's Who in Lower Saxony – Ein politisch-biografischer Leitfaden der britischen Regierungsmacht 1948/49, Position 11 „Beermann, Hermann“. Das Zitat: „nüchterne/besonnene und ruhige Haltung“, „klar und vernünftig argumentierend“ (Ptt.).

115 Er hofft, dass dieser Tag nicht den Schlusspunkt unter seinen Erlebnisbericht „Der Parteibürger und der Kanzler“, Norderstedt 2023, gesetzt hat.

116 60 Jahre später im Buch veröffentlicht, siehe Anmerkung 95

117 Erwin Hasselmann, Geschichte der deutschen Konsumgenossenschaften, Hamburg und Frankfurt 1971, S. 16 ff.; Roswitha Strommer, Lady Byron: eine Förderin früher Genossenschaften, in: Genossenschaftsgründer und Genossenschaftsgründerinnen und ihre Ideen – Beiträge zur 2. Tagung zur Genossenschaftsgeschichte (2007), Norderstedt 2011, S. 85–97

118 Ring-Parabel, Lessing, Nathan der Weise III/5. Pitt hat auf der letzten Seite seiner „Isenburger Parabeln“ vorgeschlagen, sein Büchlein als ein Geschenk „aus lieber Hand“ (Lessing) wie diesen Ring von Leser*in zu Leser*in weiterzureichen.

119 Jürgen Serke, Die verbrannten Dichter – Lebensgeschichten und Dokumente, Göttingen 2023; von Armin Peter spontan am 30. 12. 23 auf Amazon/Bücher besprochen: „Eine wahrhaft tragische Literaturgeschichte“.

120 John Carter u. Percy H. Muir, Bücher, die die Welt verändern, 1968

121 Dieser Ausdruck hat nichts zu tun mit dem von Goebbels verordneten Ersatzbegriff für „Kunstkritik“, doch ein Kritiker war Brandt sicher nicht.

122 Paul Brandt, Schaffende Arbeit und bildende Kunst vom Mittelalter bis zur Gegenwart, Leipzig 1928, Band 2, S. 10, 110, 320–323; das Gedicht von Ernst von Wildenbruch dort S. 15

123 Die Gründerin einer Gewerkschaft der Plätterinnen war die extravagant mutige Helma Steinbach, eine prominente Sozialdemokratin, die Ende des 19. Jh. eine tatkräftige Mitbegründerin der später größten deutschen Konsumgenossenschaft, der „Produktion“ in Hamburg, war.

124 Fritz Schumacher, Ein Denkmal der Arbeit, Zeit Nr. 22/1946 v. 18. Juli 1946

125 Fritz Schumacher, Stufen des Lebens – Erinnerungen eines Baumeisters, Stuttgart 1935, S. 200

126 Confederación de Trabajadores de México, Reunión sobre el Sector Social de la Economía: Las empresas de la economía de interes general en la Republica Federal de Alemania

127 Gottfried Benn, Gedichte, Ges. Werke in vier Bänden, hrsg. v. Dieter Wellershoff, Dritter Band, Limes Verlag 1960/1963, S. 339

128 Die Deutung wird referiert von Christoph Welzbacher, Die Staatsarchitektur, a. a. O., S. 258

129 Armin Peter, Vom Entwicklungshilfeprojekt zum Großbetrieb – Die Katraj co op-Molkerei in Poona/Indien, in: Genossenschaften international, Beiträge zur 7. Tagung zur Genossenschaftsgeschichte 2009 in Berlin, Heinrich-Kaufmann-Stiftung, Norderstedt 2016

130 Pitt, Die Pamir, der Kapitän und der Kadett, Roman, Norderstedt 2017

131 Frankfurter Allgemeine v. 22. 4. 2024, S. 6

132 Schaper, a. a. O., S. 26

133 Armin Peter, Die Schule der Genien – Geschichte einer Theater AG, Norderstedt 2023

134 Vgl. Pitt, Wir ungläubigen Christen – Eine Bittschrift an die Leitenden der Christenheit und alle Gemeinden, Norderstedt 2019

135 Zitat bei Andreas Hüneke, Um die Freiheit in der Kunst und um die Menschlichkeit – Max Pechstein in seiner Zeit, in: Magdalena M. Moeller (Hg), a. a. O., S. 111

136 Gottfried Benn, a. a. O., S. 63 und 545

137 Gottfried Benn, Briefe an F. W. Oelze 1945–1949, Wiesbaden 1979, Brief Nr. 406

138 Hüneke, a. a. O., S. 115

139 Peter Lingens, Gottfried Benns Palau – Gedanken zu einer Neu-Verortung, in: Mitteilungen der Gottfried-Benn-Gesellschaft, H. 14, 7. Jg., 2020, S. 17

140 Mail-Brief vom 23. 3. 2024. Schütte hat viele Bücher geschrieben, doch Pitt hat einen Favoriten, den Aufsatz „Adelbert von Chamisso und die Südsee“ (s. den Wikipedia-Artikel Heinz Schütte/Publizist).

141 Friedrich-Wilhelm Fritzsche, Blut-Rosen, a. a. O.

142 Max Pechstein, Palau – Zeichnungen und Notizen aus der Südsee, Feldafing 1956, eingeleitet von H.-G. Sellenthin, S. 34

143 Dieser Satz wäre ein Zitat mit Goldrand gewesen für Armin Peters „Gota Marilus, Globetrotter“, der Geschichte eines Wassertropfens, die er in Unkenntnis der Arbeiten Pechsteins 2022 geschrieben hat.

144 Vortrag von Armin Peter am 2. 11. 2019 in der Hamburger Tagung zur Genossenschaftsgeschichte „Volksnahrungsmittel Fisch: Henry Everling und die Gemeinwirtschaftliche Hochseefischerei-Gesellschaft“; ders., Artikel „Henry Everling“ in: Franklin Kopitzsch, Dirk Brietzke (Hg.) Hamburgische Biografie – Personenlexikon, Göttingen 2023

145 „Das kurze Leben des Alfred Visha“, Der Spiegel vom 11. 5. 2024; „Die Männer hinter der Fassade“ von Stefanie Diemand, Die Zeit vom 26. Mai 2024; „Ein Notruf pro Woche“ v. C Heinemann und C. Twickel, Die Zeit v. 27. 6. 24

146 „Der tödlichste Arbeitsplatz Deutschlands“, von Jonas Seufert und Marcel Siepmann, Die Zeit v. 28. 11. 2024

147 Armin Peter, Die Internationale Arbeitsorganisation (ILO) und das genossenschaftliche Wohnungswesen, in: Geschichte und Potential der Selbsthilfe – Die Wohnungsbaugenossenschaften, 6. Tagung zur Genossenschaftsgeschichte (2011), Norderstedt 2012

148 Helmut Faust, Geschichte des Genossenschaftsbewegung, Frankfurt a. M. 1965, S. 377

149 Die Mutigen 56 – Deutschlands längster Streik, Doku-Drama, ARD 1. Mai 2024, von Sabine Bernardi und Ingo Helm

150 Die Protagonisten aus Ziff. 45, der erfolgreiche und der gescheiterte, sind Heinz Ruhnau und Alfons Lappas. Gern hätte Pitt auch die Namen derer genannt, die im Kontext ihre verhängnisvollen Rollen gespielt haben. Aber sein Held ist Pechstein.

151 „In Klees Farbtapfen – Der Bauhaus-Erbe: Zum Tod von Albert Hennig, Frankfurter Allgemeine Zeitung vom 19. 8. 1998

152 „ZF hängt fest im Teufelskreis Elektromobilität“, von Benjamin Wagener, Frankfurter Allgemeine v. 27. Juli 2024

153 Rüdiger Safranski, Schiller oder Die Erfindung des Deutschen Idealismus, Biographie, München Wien 2004, S. 465

154 Wulf Segebrecht, Was Schillers Glocke geschlagen hat – vom Nachklang und Widerhall des meistparodierten deutschen Gedichts, München Wien 2005, S. 11

155 Günter Lucks/Harald Stutte, Zehn Tage im Juli. Wie ich den Bombenkrieg auf Hamburg überlebte, Hamburg 2020

156 Wulf Segebrecht, a. a. O., S. 37

157 Aus Pitts Erinnerung. Die Suche nach der Quelle – wahrscheinlich im umfangreichen Briefwechsel Benns mit F.W. Oelze – ist für den alten Pitt trotz des Namensregisters nicht zumutbar: das Blättern in den wohlbekannten Seiten regt ihn zu sehr auf.

158 Nele Poul Soerensen, Mein Vater Gottfried Benn, Wiesbaden 1960. Die Tochter, die in Dänemark lebte, betonte jedoch, dass Benns Ehe mit Dr. Ilse Kaul, 27 Jahre jünger als Benn, keinesfalls eine „Vernunftehe" gewesen sei.

159 Pitt, Sorge, a. a. O., mit dem Motto von Martin Heidegger „Sorge ist immer … Besorgen und Fürsorge". Er hat der Protagonistin, einer Tante seiner Frau, die über viele ihrer Lebensdokumente verfügte, einen fiktiven Namen gegeben, er lautet richtig Kätchen Einhausen (1908–1993)

160 Marcel Reich-Ranicki, Mein Leben, Stuttgart 1999, Seite 85

161 Hans Magnus Enzensberger, Festgemauert aber entbehrlich – Warum ich Schillers berühmte Balladen wegließ, Die Zeit Nr. 44/1966 vom 28. 10. 1966

162 Noch nach bald sechzig Jahren überschreibt die „Zeit", vom 25. April 2024, einen Artikel über viele „nichtssagende Formeln" in der Kommunikation mit „Eingemauert in Plattitüden" – Pitt findet das ungerecht gegen Schiller. Und typisch für den „Katalog der angesagten Meinungen" (Jens Jessen).

163 Vgl. Pitt, Die Heimsuchung des Lesers – Literaturgeschichten, Norderstedt 2020

164 Dazu und zum Medea-Komplex Melanie Möller, Der entmündigte Leser – Für die Freiheit der Literatur, E-Book, Berlin 2024, S. 127

165 Hans Magnus Enzensberger, Überlebenskünstler – 99 literarische Vignetten aus dem 20. Jahrhundert, Berlin 2019, S. 81 (Vign. XX)

166 Pitt, Goethe als Manager – Eine Führungslehre, Hamburg 1984/1986

167 „Schluss mit der Benachteiligung gesetzlich Versicherter", Gespräch mit Andreas Storm anlässlich der Entstehung der DAK-Gesundheit vor 250 Jahren, Hamburger Abendblatt v. 5. Juni 2024.

168 Sandra Kegel, #Kafka, Frankfurter Allgemeine v. 21. Mai 2024

169 „Der zeitlose Schriftsteller", Leitartikel von Andreas Platthaus, Frankfurter Allgemeine v. 3. Juni 2024

170 Thorsten Nagelschmidt, Arbeit, Frankfurt 2020, S. 104

171 5. Buch, 1. Kapitel

172 Vera Fengler, „Ich sehe was, was du nicht siehst", Hamburger Abendblatt vom 21. Mai 2024

173 Transparentgemälde, Goethes Nachwort zu einem von Johann Heinrich Meyer (dem „Kunstmeyer") verfassten Aufsatz, in: Goethe, Cotta-Gesamtausgabe der Werke und Schriften in 22 Bänden, 16. Band, S. 435 f.

174 Einige einzelne Gedanken und Betrachtungen eines Kunstfreundes, a. a. O., S. 435

175 Ruisdael als Dichter, a. a. O., Band 17, S. 271 (geschrieben für das „Morgenblatt für gebildete Stände")

176 Einige einzelne Gedanken, S. 433

177 Hans Magnus Enzensberger, Gedichte 1950–2020, Berlin 2023, S. 135

178 Gottfried Benn – Friedrich Wilhelm Oelze, Briefwechsel 1932–1956, Band 4, Göttingen 2016, Brief 1236 (14. 10. 1954)

179 Als Mensch unter Menschen, a. a. O., Zitate in der Reihenfolge Briefe Nr. 136, 251

180 „Die Sache ist heute so wahr, wie sie es gestern war, und wird morgen ebenso wahr sein".

181 Ebd., Brief 265

182 „Was im Kunstmarkt wichtig ist", Gespräch mit Maike Cruse, Frankfurter Allgemeine v. 8. Juni 2024

183 „Billionen auf den Konten", von Patrick Bernau und Nicole Gomes Rodrigues (Grafik), Frankfurter Allgemeine Sonntagszeitung v. 26. Mai 2023, S. 29

184 Ijoma Mangold, „Unsere Suhrkamps – Wie der legendäre Verlag von Brecht und Hesse von einem Hamburger Baumarkt-Millionär gerettet wurde", Die Zeit v. 10. 10. 24. Pitt gehörte einmal dem Aufsichtsrat des Unternehmens an, unter dessen Dach die Praktiker AG arbeitete.

185 Hari Kunzru, Blue Ruin, E-Book, München 2024, Zitate S. 220, 326

186 Walter Benjamin, Das Kunstwerk im Zeitalter seiner technischen Reproduzierbarkeit, Erste Fassung, E-Book, e-artnow, 2014, S.1984

187 Hilmar Kopper, Die Bank lebt nicht vom Geld allein – Beiträge zur Kultur und Gesellschaft 1994–1997, München 1997, Zitat S. 56

188 „Ich glaube an die Kraft der Kunst", von Vera Fengler, Hamburger Abendblatt vom 17. Juli 2024

189 Armin Peter, Gota Marilus, Globetrotter – Literarisches Spiel, Norderstedt 2022

190 Es gibt diese Szenen in guten Filmen, die nicht vergessen werden. Eine Alarmglocke kann „zeugen laut" („Glocke") von einer Katastrophe. In dem Film von Peter Weir aus dem Jahr 1985 „Der einzige Zeuge" („Witness") ist es ein als Zeuge eines Mordes von Gangstern verfolgter Amisch-Junge in Pennsylvania, der achtjährige Samuel Lapp, der in bedrohlicher Situation beherzt am Glockenseil reißt und die prinzipiell unbewaffneten Gemeindemitglieder von ihren Feldern herbeiruft, die einen schwerbewaffneten Verbrecher ohne einen Schuss stellen. Die Deutschen machen aus jedem Titel einen Reißer, aber hier geht es um Menschen, die Zeugnis von ihrer Glaubensüberzeugung ablegen.

191 In seinem Roman „Gemeinwirtschaft – Der Roman vom Soll und Ist", Norderstedt 2014, hat Pitt einem seiner Protagonisten, nämlich der fiktiven Figur Werner Steinberg, in der er sich verschlüsselt hatte, den geschickten Umgang mit der Technik des Läutens zugeschrieben. Das musste (noch) einmal mit Dank an Helmut Schütze in der Erinnerung an eine 70jährige Freundschaft gesagt werden.

192 Von Pitt dargestellt in „Gemeinwirtschaft", a. a. O.

193 Regie Kasper Heidelbach, erschienen 2006

194 Artikel „Liste von Glocken in Deutschland“, aufgerufen am 28. Mai 2024

195 Pitt, Goethe als Manager, a. a. O., S. 73

196 So der Titel eines der Lese-Dramen Pitts, das noch nicht veröffentlicht ist.

197 Diese Reproduktion einer Figur der Maya aus der archäologischen Zone Palenque im Bundesstaat Chiapas, México, ist ein Geschenk der mexikanischen Gewerkschaften, die Pitt einmal beraten hat, und hängt als goldener Blickfang in der Nähe seines Computers.

198 So der Titel seines Buches „Wir ungläubigen Christen – Eine Bittschrift an die Leitenden der Christenheit und alle Gemeinden“, Norderstedt 2019, in dem er die beiden vom Mitgliederschwund bedrohten Volkskirchen – absolut resonanzlos – um Ideen bittet, „uns“ bei der Stange zu halten.

199 „Malerei und Plastik in Deutschland“, a. a. O., S. 31

200 „… mit der Sonne selbst malen …“, a. a. O., S. 32/33

201 „KI kann nicht begründen, wie sie zur Entscheidung kommt“, Frankfurter Allgemeine, Gespräch mit Katharina Zweig, geführt von Patrick Schlereth, vom 10.6. 2024

202 Albrecht Koch. Er hat sich große Verdienste um den Erhalt der Franckeschen Stiftungen in Halle erworben und ein schönes, leider vergriffenes „Pluralistisches Manifest“ veröffentlicht.

203 In seinem Lese-Drama „Des Pudels Kern“ hat Pitt über die Bedeutung dieses in Goethes Leben oft wiederkehrenden Schicksalsdatums 22. März referiert, in: Konzept und Korrektur, Norderstedt 2024, Seite 277

204 Pitt tippt diese Zeilen 2024 an dem Tag, an dem gemeldet wurde, dass Pelikan, berühmt auch für seine Tinten und Künstlerpapiere, im Besitz des französischen Großkonkurrenten Hamelin aus Caen, den Vertriebsstandort Hannover schließen wird; die Füller werden weiterhin in Peine hergestellt. Ein Pressechef von Pelikan hatte Pitt einen herrlichen Füller geschenkt, als er sein Buch „Goethe als Manager“, 1984, publiziert hatte. Über diesen „Lohn“ hat er (Armin Peter) erzählt in seiner Geschichte einer Theater-AG, „Die Schule der Genien“, denn Pelikan hat das Vereinsabzeichen eines kleinen Tierschutzvereins namens „Pelikan von Lambarene“, in dem der Schüler aktiv war, gesponsort: die beiden Jungvögel unterm Schnabel des fütternden Pelikans, der nicht nur die Füller-Kappe ziert, sondern in seinem sorgenden Selbstopfer auch Motiv mancher kirchlichen Glasfenster ist (wie in einem Prikker-Entwurf).

205 Meyers Konversations-Lexikon – Eine Encyklopädie des allgemeinen Wissens, 4. Auflage, Leipzig und Wien 1890, Siebenter Band, S. 401–408. Staunend hat der zehnjährige Pitt die Farbtafeln der phantastischen Ornamente, der Engel und Heiligen und Ritter betrachtet.

206 Maria-Katharina Schulz, a. a. O., Seite 73

207 Italienische Reise, in seinem Tagebuchblatt für Frau von Stein vom 9. Oktober 1786 vom Lido in Venedig

208 Peter Forster „Und die Kraft und die Herrlichkeit“, Gefühlswelten – Religion bei Pechstein, mit den Tafeln „Rettung Religion?“, in: Roman Zieglgänsberger (Hg.) Max Pechstein – Die Sonne in Schwarzweiß, Wiesbaden 2024, S. 209 ff.

209 In „Das graphische Jahr“, Fritz Gurlitt Berlin 1921, S. 101, zitiert in Graphik Pechstein, Katalog der Ausstellung1972 im Altonaer Museum, Hamburg

210 Wolfgang Knop, a. a. O., Brief Pechsteins an Gerbig 21.12. 1914

211 Die Sonne in Schwarzweiß, a. a. O., Roman Zieglgänsberger, Die Auslöschung der Inspiration, Seite 130

212 Pitt, Vier erfinden, a. a. O., Kapitel 17 „Am Herzschlag sterben Helden nicht“

213 Vgl. Aya Soika, Max Pechstein, der „Führer“ der Brücke, Brücke-Archiv 23, Soika-Bruecke-Archiv_2008_zur_zeitgen_Rezeption_Max_Pechstein.pdf

214 Paul Fechter, Das graphische Werk Max Pechsteins, Berlin 1921

215 Graphik Pechstein, a. a. O., ohne Seitenzahl

216 Carl Zuckmayer, Geheimreport, Göttingen 2002, S. 110, 217

217 1921, Max Pechstein – Werke aus dem Brücke-Museum Berlin, hrsg. von Magdalena M. Moeller, München 2001, Nr. 141

218 Thomas Mann, Tagebücher 1953–1955, Frankfurt a. M. 1995, 1. 4. 1953, auch Anm. S. 419

219 Menschen auf meinen Wegen – Begegnungen gestern und heute, Gütersloh 1955, S. 207 ff

220 A. a. O. Seite 71. „Befreit euch von Worten. Seht nach den Realitäten“

221 Pitt, Für den Redner schreiben – Ghostwriter’s Guide für die redselige Gesellschaft, Düsseldorf 1984

222 ILO, Festschrift für Albert Thomas 1878–1932, Annemasse: A. Granchamp 1932

223 ILO Festschrift, S. 12 „…der unwiderstehliche Charme seiner Beredsamkeit, seine wundervolle Überzeugungskraft, die magnetische Macht seines leidenschaftlichen Enthusiasmus“;
für Goethe: „Das Schicksal (Glück?) ist gegen dich? Nein! Sattle dein Pferd und reite.“ (nicht das Originalzitat);
für Poisson: „mit den zwei großen Bewegungen für den humanen Fortschritt, die Gewerkschaftsbewegung und die Genossenschaftsbewegung“.

224 B. W. Schaper, a. a. O., Seite 18

225 Artikel „Lucien Herr“, Wikipedia, aufgerufen am 7. 7. 24

226 Heinz Schütte, Zwischen den Fronten – Deutsche und österreichische Überläufer zum Viet Minh, Berliner Südostasien-Studien Bd. 6, Berlin 2006/2007, S. 43